核心素养下高中数学课堂教学研究

吴俊杰 ◎著

中国商业出版社

图书在版编目（CIP）数据

核心素养下高中数学课堂教学研究 / 吴俊杰著. 北京 : 中国商业出版社, 2024. 7. -- ISBN 978-7-5208-3003-4

Ⅰ. G633.602

中国国家版本馆 CIP 数据核字第 2024U98W26 号

责任编辑：郝永霞

策划编辑：佟　彤

中国商业出版社出版发行

（www.zgsycb.com　100053　北京广安门内报国寺1号）

总编室：010-63180647　编辑室：010-83118925

发行部：010-83120835/8286

新华书店经销

廊坊市源鹏印务有限公司印刷

787毫米×1092毫米　16开　13.25印张　214千字

2024年7月第1版　2024年7月第1次印刷

定价：68.00元

前　言

2014年，教育部《关于全面深化课程改革落实立德树人根本任务的意见》指出，构建学生发展核心素养体系对提升人才培养质量、增强国家核心竞争力至关重要，是国际教育发展和变革的趋势。研究学生发展核心素养体系主要是明确学生应具备的适应终身发展和社会发展需要的必备品格和关键能力，突出强调个人修养、社会关爱、家国情怀，更加注重自主发展、合作参与、创新实践。

数学学习是培养学生理性思维的基础，也是学生建立理科思维的基础，高中阶段的数学更是关键，不仅是决胜高考的重要学科，也是培养学生逻辑思维能力的基础，对于学生未来的学习生活很关键。在核心素养教育理念下，在高中数学的教学上不仅要培养学生的逻辑思维能力，还要培养他们的自主探究、自主创新能力。因此，教师在教学过程中，要注重课堂的创新，注重核心素养理念的培养，让高中数学发挥出其应有的作用。

本书是高中数学课堂教学方面的书籍，主要探究核心素养下高中数学课堂教学。本书从核心素养与高中数学教学的基础内容入手介绍，先对核心素养下高中数学课堂教学模式、核心素养下高中数学课堂教学方法、核心素养下高中数学课堂教学策略、核心素养下高中数学课堂教学设计展开了详细的论述。最后针对核心素养下高中数学课堂建构以及核心素养下高中数学课堂教学质量的提高进行了全面的分析研究。

本书建立在已有的针对高中数学课堂教学的研究成果上，结合新型的核心素养理念，立足于教学实际，对核心素养下高中数学课堂教学展开了具体的探究，希望能够为广大数学教师的课堂教学提供一份助力。

在本书撰写的过程中，我们得到了很多宝贵的建议，谨在此表示感谢。同时参阅了大量的相关著作和文献，在参考文献中未能一一列出，在此向相关著作和文献的作者表示诚挚的感谢和敬意。由于作者水平有限，编写时间仓促，书中难免会有疏漏不妥之处，恳请专家、同行不吝批评指正。

目 录

第一章　核心素养与高中数学教学

第一节　高中数学核心素养的概念界定

一、核心素养的内涵

“核心素养”是近年国内外教育界普遍关注的议题，世界主要发达国家和地区先后构建了不同的核心素养体系，这些体系从不同的角度诠释了核心素养。在深化课程改革的背景下，清晰界定核心素养的内涵是有效推进核心素养落地的前提。基于此，我们梳理了不同框架中核心素养的定义、特点、内容及价值等，以期更准确地把握核心素养的内涵和实质。由此，进一步回答核心素养到底是什么的基础性问题，为核心素养的深入探讨奠定基础。

（一）核心素养的定义

对核心素养的关注，意味着在当下教育变革的浪潮中对人才质量标准的重新定位。我国对核心素养的研究尚处于探索阶段，对国际上关于核心素养的研究进行综述有助于提高核心素养本土定义的适切性。

关键能力是个人在学习、工作及生活环境中所需的能力，也是对知识和技能的整合与应用体现，使个体未来能有效地参与工作与适应成人生活的社会环境。

核心素养是指覆盖多个生活领域的，促进成功的生活和健全的社会的重要素养。该项目通过多学科的整合，归纳出“能互动地使用工具”“能在异质社群中进行互动”“能自律自主地行动”三方面的核心素养。核心素养是一系列可移植的、具有多种功能的知识、技能和态度，是个体获得个人成就和自我发展、融入社会、胜任工作的必备素养，并且指出这些素养的培育应该在义务教育阶段完成，且成为终身教育的基础。在此基础上，欧盟提出终身学习八大核心素养，包括使用母语交流、使用外语交流、数学素养和基本的科学技术素养、数字素养、学会学习、社会与公民素养、主动意识与创业精神、文化觉识与文化表达。

梳理国外相关研究成果，笔者发现对核心素养的思想基础、价值取向、具体内容的认识有共通之处，我们可以从以下三个维度来剖析核心素养的定义。

维度一，学生核心素养培育的思想基础是“人的全面发展”，具体诠释学生经历教育后必须拥有怎样的基本素养和能力及成为怎样的人才。人的全面发展的当代内涵就是指提高人的综合素质和创新能力，这和核心素养的理念是一致的。核心素养是知识、技能和态度等的综合表现，不是囿于某单一学科的知识和技能，而是非情境化的，适用于不同学习领域、不同情境中。而且各国各地区核心素养体系中的指标大多可按照经合组织的架构划分，分为人与工具互动、人与自己互动、人与社会互动，从分类框架上体现综合性。各个国家在核心素养体系建构中均提到的创新素养的培养也是全面发展理论最核心成分。

维度二，核心素养的价值取向在于满足“个人发展”与“社会发展”的双重需要。在个人的自我实现与发展方面，核心素养必须为人们追求生活目标提供帮助，为实现个人兴趣及终身学习的愿望提供动力，有助于满足个人“优质生活”需求，获得个人成功的人生。同时，在社会发展方面，核心素养可以帮助每个人建立公民身份、行使公民权利、积极融入社会，支持个人在社会文化网络中积极地回应情境的要求与挑战，保障社会的稳定和发展。因此，核心素养不仅可以营造“成功的个人生活”，更有助于建立功能健全的社会，达成“优质社会”的发展愿景。

维度三，核心素养的内容包括知识、能力、态度等多方面，其含义比“知识”的意义更加宽广，并不指向某一学科知识，而是强调个体能够积极主动并且具备一定的方法获得知识和技能；比“能力”的意义更加宽泛，既包括传统的教育领域的知识、能力，又包括学生的情感、态度、价值观。它是一系列知识、技能和态度的集合，以三维整合的方式呈现，有较强的综合性和实践性，如国际上重视的语言交往、信息处理、问题解决、社会合作、创新意识等素养，都是学生获得知识、习得能力、发展情感后相互融合的产物。总之，核心素养是个体适应未来社会需要、获得全面发展、提高生存能力的必备品格和关键能力，是满足终身学习的基本条件，是提高个体综合素质的重要保障。

（二）核心素养的特点

学生核心素养模型的建构既要从个体成长发展的一般规律出发，也要符合教育教学活动实践的客观要求。同时，学生核心素养模型要反映新时期社会对人才的新要求，紧随全球化、信息化发展的大趋势，使学生适应未来社会生活，拥有终身学习的能力。虽然不同国家和地区基于自己的教育实践建构的核心素养框架有所差异，但是最后筛选出的核心素养呈现一些共同的特点。

1. 普遍性

核心素养的普遍性表现在它是不同学习领域、不同情境中都不可或缺的共同底线要求。一方面，核心素养不同于素养，素养是在个体与情境的有效互动中生成的，这些情境包括家庭、职场、社区及其他公共领域等。素养不应该脱离特定的情境，不同的情境所要求的素养也有所不同，抽象地谈论所谓“素养”是没有太大的价值的。而核心素养不是只适用于特定情境或特定人群的特殊素养，而是适用于一切情境和所有人的普遍素养。另一方面，核心素养是一种跨学科素养，它强调各学科都可以发展的、对学生最有用的东西，并不指向某一学科知识，也不针对具体领域的具体问题，而是强调个体能够积极主动并且具备一定的方法获得知识和技能，从人的成长发展与适应未来社会的角度出发，跨学科跨情境地规定了对每一个人都具有重要意义的素养。例如，审美素养不仅仅是音乐、美术课程需要致力促进学生养成的素养，语文课程同样需要对学生进行文学美的浸润，培养其感知美、欣赏美、评价美的意识和基本能力。随着知识时代的开启，知识的增加到了令人目不暇接、耳不暇闻、思所不及的程度。在这样的时代，任何个人都不可能把所有的知识都学懂、弄通，这需要学生养成学会学习的核心素养以适应科学技术日新月异的发展。通过努力学习提高自身的言语信息技能、态度技能、动作技能、智慧技能和认知技能，掌握符合自身特点的一整套科学学习方法体系，从而使自己提高主动学习、终身学习、全面发展和持续发展的能力。这是每个学科课程共同的价值追求，体现了素养要求的普遍性。

2. 系统性

核心素养具有系统性，各指标因素之间相辅相成、相依相促。从纵向来看，素养的生成是从生理到心理，再到文化和思想四个不同的、纵向发展的层面，这四个层面中，前者是后者的基础。“基础”包含两层含义：“一是发生上前者对后者存在一种逻辑在先的意义；二是在内容上后者以萌生的形式存在于前者之中。”这决定了核心素养的习得与养成必须具有整体性、综合性和系统性。从横向来看，核心素养各因素间彼此并非单独存在而是呈现可交互作用、相互渗透、彼此互动的动态发展，甚至是相互依赖可以部分重叠交织。这彰显了“素养”的本质，更彰显了多元面向、多元功能、多元场域、高阶复杂、长期培育等“三多元一高一长”等核心素养的特质。核心素养以整合的方式在实践中发挥作用。例如，反思能力的养成有利于学生对自己的决策、行为、方法以及由此产生的结果进行审视、分析、调整。自我认知素养是主观自我对客观自我合理认识与评价的意识与能力，包括自己对自己身心特征、优缺点、心理活动的认识，清晰认识到自己在集体和社会中的地位及作用，并在此基础上对自己作出合理评价判断。反思能力和自我认知素养的养成与发展是相辅相成、相互促进的，这体现了核心素养之间的系统性。因而，以核心素养引领课程改革可在纵向上促进不同教育阶段课程的连贯性，也可在横向上促进不同领域课程发展的统整性，在提高教师课程设计与教学实施效能的同时激发学生的学习效能。

3. 生长性

核心素养的动态性表现在其是可教可学、动态发展的。学生核心素养的获得是一个循序渐进、不断深化的过程，它可以通过外在刺激，诸如有意的教育进行规划、设计与培养。当学生踏入社会，核心素养是个人通过积极主动与真实情境展开互动而不断延伸、拓展和生长的开放体系，随着社会经验的丰富、个体发展需求的增加，素养的内涵会得到丰富和完善。例如，诸多国家核心素养体系中涉及的沟通交流能力就呈现明显的生长性，学生在进入学校之前就具有一定的表达能力基础，通过学校课程、活动的系统性训练，学生习得较为标准化、系统化的表达方式与沟通技巧，搭建起一套适用于学校、家庭环境的交流沟通能力体系。当学生进入社会以后，社交网络的扩大，面对形形色色的人，适用于学校、家庭的沟通交流方式显得匮乏，在实践的打磨中，个人的沟通交流方式和技巧越发丰富和完善，逐渐形成更加纯熟、多元、完善的沟通交流能力体系。

由此可见，核心素养是可教可学的，具有发展连续性。同时，核心素养是通过外显行为表现出来的，体现为行为意向、行为技能水平等。因此，尽管核心素养是动态发展的，但可以根据相关理论开发相应的工具对其进行测评。例如，学生对社会责任这一核心素养的认识也是随着人生经历的丰富、知识结构的完善而逐渐丰满起来的。低年级的学生或许只能认识到社会责任范畴中自己对家庭的责任，主动承担力所能及的家务，做家庭的小主人。但随着认识角度和认识方式的不断丰富，学生能够形成更加深刻的对社会责任的全面理解，认识到自己与他人（家庭）、集体、社会、自然等方面的关系中应有的职责、任务和使命，意识到自己对社会的责任，即将自己的存在与更大范围内的社会进步联系在一起。

4. 统整性

核心素养的统整性表现在两方面：一方面，核心素养是知识、能力、态度、价值观和情绪的集合体。核心素养并不只指向某一学科知识，它强调个体能够积极主动并且具备一定的方法获得知识和技能，其含义也比“能力”的意义更加宽泛，既包括传统的教育领域的知识、能力，又包括学生的情感、态度、价值观。核心素养超越了知识与能力二元对立的观念，是相关知识、认知技能、态度、价值观和情绪的集合体。它涵盖了稳定的特质、学习结果（如知识和技能）、信念—价值系统、习惯和其他心理特征。在各因素之间凸显了态度因素的重要性，强调了人的反省思考及行动与学习，其目的不仅限于满足基本生活需要，更有助于个人追求生活目标、促进个人发展和有效参与社会活动。例如，“国际理解、创新精神”等更加侧重学生品性修养、态度养成和情感发展。这一超越知识和技能的内涵，可以矫正过去重知识、轻能力、忽略情感态度价值观的教育偏失，更加完善和系统地反映教育目标和素质教育理念。

另一方面，核心素养统整了个人和社会的需求。核心素养的价值追求在于促进个人发展和形成良好的社会，使学生能够发展成为更为健全的个体，能够更好地适应未来社会的发展变化，并为终身学习、终身发展打下良好的基础，并且能够达到促进社会良好运行的目的，由此统整个人、社会两方面的目标与追求。例如，就合作参与素养来说，人类面临问题的复杂化程度和社会分工的精细化发展都决定了合作参与的价值愈加凸显。全球变暖、臭氧空洞、水污染等一系列问题成为需要人类共同面对的燃眉之急，需要大家矢志不渝的共同努力，因而合作已经成为社会发展的重要途径。同时，面对激烈的竞争，个人想取得成功也离不开与他人的合作，因而合作参与素养的养成是个人发展的内在需求。由此可见，合作参与素养统整了社会的需求和个人发展的需求。

（三）核心素养的维度

综合国内外既有研究成果，本书将核心素养划分为三个维度，即人与工具、人与自我以及人与社会。其中，人与工具包括语言运用、信息素养两个向度；人与自我包括自我理解、反思能力、创新精神与实践能力四个向度；人与社会包括合作参与、社会责任和国际理解三个向度。

1. 人与工具

人与工具维度指的是个人能够运用语言、符号、信息技术等进行有效互动的核心素养。工具的恰当运用是人们改造世界的基础，在科学技术迅猛发展的今天，如何有效地利用我们所掌握的工具与技术是处理好社会发展过程中矛盾的关键。分析发现，语言运用和信息素养是人与工具核心素养里的两个关键点。

（1）语言运用

语言运用素养是指交际者在掌握了一种语音、词汇和语法等基本知识和基本规则的前提下，能在特定的语言环境里按照一定规则准确、得体地使用语言进行交流、理解与创造性的表达。合理有效地运用语言是个体在社会中存在并发展的前提基础。个体只有掌握了基本的语言知识、技巧与能力，才能够有效地生存于社会之中。语言运用素养主要包括母语语言运用和外语语言运用两个层面。

（2）信息素养

信息素养是指人们在信息社会中运用现代信息技术获取、利用、开发、评价和传播信息的修养与能力。21 世纪是信息的世纪，如何能够高效地获取信息并充分地开发和利用信息，是人们成功立足于社会的很重要的能力。

信息素养包括信息意识、信息知识、信息能力、信息道德四个层面。

2. 人与自我

人与自我维度指的是作为具有社会性的个人，应该能够明晰自己的能力与目标、了解自己的权利和义务，以为自身更好地适应现代生活奠定基础。在现代社会发展过程中，人只有认清自己，才能够更好地生存与发展。人与自我维度主要包括自我理解、反思能力、创新精神以及实践能力四个层面的内容。

（1）自我理解

自我理解素养是指个体对有关自己的思想和态度认知的概念系统，是对行为、感觉、思想等相关信念、态度的一定水平意识或知识。人对自我的基本理解是人作为“人”的理念基础，“人”只有充分了解自身的社会性存在，才能够更好地生存与发展。自我理解素养包括生理自我理解、心理自我理解与社会自我理解三个层面。

（2）反思能力

反思能力素养指的是拥有自我反思的情感和意志力，对个体所见、所闻、所经历的事情具有批判性和探究性思考的能力，是反思活动能够顺利展开的心理素质特征的综合体。在现今社会发展过程中，反思能力扮演着日益重要的角色。人只有能够对自己的知识、行为作出恰当的反省与思考，才能够获得人生的进步。反思能力素养主要包括自我意识、批判性、探究性、意志力、自我评估五个层面。

（3）创新精神

创新精神是指个体在从事创新活动过程中所表现出来的智识和品质，是一种较为稳定的、积极的心理倾向，是一种勇于对旧思想旧事物进行质疑、创造新思想新事物的精神。创新是一个民族进步的灵魂，是一个国家兴旺发达的不竭动力。在科技迅速发展、全球化日益深化的今天，创新精神扮演着越来越重要的角色。创新精神包含创新意识和创新品质两个层面。

（4）实践能力

实践能力素养是指学生运用知识、技能顺利解决实际问题时具备的生理特征和心理特征的综合。从定义可以看出，实践能力包括知识、技能以及必要的心理品质，它是不同品质的综合体。在人的一生发展过程中，人所习得的各种知识最终都要付诸实践，正所谓“时间是检验真理的唯一标准”。可见，实践能力的培养所占的地位及其发挥的重要作用。实践能力可划分为知识型实践能力和操作型实践能力两个层面。

3. 人与社会

人与社会维度指的是人在社会生活中为适应现代社会环境所表现出来的基本能力。人是社会性动物，“人”只有存在于社会生活场域中，才能够称为“人”。人与社会维度包括合作参与、社会责任和国际理解三个层面的内容。

（1）合作参与

合作参与素养是指学生在学习、生活或社会关系中，为追求共同的目标，为了确保任务的顺利完成，以一种协调的方式一起行动而表现出来的个人态度、技能和品质的总和。现今的社会是一个合作型社会，有鉴于此，人们要养成合作参与的意识，培养合作参与的技能，以便能够在合作型社会中得到更好的发展。合作参与素养包括合作参与意识、合作参与技能、合作参与品质三个层面。

（2）社会责任

社会责任素养是指学生自觉承担与他人（家庭）、集体、社会、自然等方面的关系中应有的职责、任务和使命的情感态度和行为表现。其核心是学生认识到自己对社会的发展，乃至人类发展所应承担的责任。作为现代人，应该有必要的社会责任担当、履行相应的义务，做一个对社会发展有意义的人。社会责任素养包括诚信友善、勇于担当、法制意识、生态意识四个层面。

（3）国际理解

国际理解素养是指理解与欣赏本国及世界各地的历史文化，并深切地体认世界为一整体的地球村、营造多元文化共存、和平安定的人类生活环境的一种世界观，其主要表现是个体对于国际动态、多元文化、人类共同命运等方面的关切和认知。在全球化快速发展的今天，人们对国际社会、环境的理解与认知是立足于当今世界非常重要的因素。

（四）核心素养的价值

核心素养的价值定位体现于以下四个方面。

1. 适应社会诉求与技术发展

教育通过培养人才不断推动科技更新、社会发展，同时社会的发展与进步也会促使教育变革。因此，教育决策要符合社会需求，体现时代发展对人才培养的要求。现代社会是文化共荣、科技发达、提倡交流与合作的时代，核心素养体系中涉及的外语交流、符号运用与沟通表达、文化认同与国际化、团队合作与工作能力、科学技术素养、信息素养等素养都反映出知识经济时代的发展动态，体现出科学技术进步对人才素质的新要求。我国核心素养的提出正是在国际趋势下，充分结合时代特色，聚焦人才培养的创新模式，使得我们培养的人在创新精神、实践能力、社会责任感等方面都能有显著的提升。

2. 关注终身学习和全面发展

全面发展与终身学习是素质教育的根本宗旨，也是各国制定核心素养的基本价值取向。联合国教科文组织、经济合作与发展组织、欧盟以及美国、加拿大、澳大利亚、新西兰、德国核心素养体系的提出和建构都离不开一个鲜明的主题，就是培养学生的终身学习能力。现代社会知识的更新速度越来越快，学生只有拥有终身学习的能力，才不会被时代抛弃。终身学习要求学习者能够依据个人学习需求、能力与具体情况，自定学习进度、选择学习方式，并进行自我导向的学习。强调学习的终身持续性、方式的多样性和学习的自主性，核心素养体系中的信息素养、阅读能力、媒体素养和改进学习的能力、独立学习能力、主动探究、自我反思、规划都有所体现。人的全面发展的当代内涵就是指提高人的综合素质和创新能力，这和核心素养的理念是一致的。国际组织及世界各国对核心素养的遴选不是局限于某单一学科的知识和技能，而是涉及学生全面发展所需要的知识、技能、态度和价值观等方面。例如，各国各地区核心素养体系中的指标大多可按照经济合作与发展组织的架构划分，分为人与工具互动、人与自己互动、人与社会互动，从分类框架上就体现了其综合性，对学生的全面发展大有裨益。

3. 促进自我认同和自主行动

自我认同和自主行动就是指帮助学生建立明确的自我概念以及促使他们把自身的需要和愿望转化为有目的的行动。一方面，个人首先需要建立自我认同，并赋予生命以意义，合理清晰地认识自己、悦纳自己，明确自身的优劣势，从而发挥优势、规避劣势，明确发展方向。了解自我与发展潜能、反思能力、善良诚实等个人品质素养都体现了这一层面的价值。另一方面，在确认发展方向之后能自主行动也尤为重要。在这一价值层面上，核心素养的功能性指向明显，就是帮助学生解决问题，在知识的增加到了令人目不暇接、耳不暇闻、思所不及的时代，获得“鱼”不如掌握“渔”，领会学习窍门，增强实践能力，发扬创新精神；以不变应万变，主动积极地应对挑战。主动探索和研究、解决问题的能力、系统思考与解决问题、规则执行与创新应变等素养充分体现了这一点。

4. 重视生活品质与生存质量

核心素养立足适应现在及未来社会发展的需要，如同是高楼大厦的坚实根基，其稳固性决定了楼房的高度与坚韧度，因而核心素养的培育对人的终身发展具有至关重要的奠基与导向作用，关乎个体的生活品质和生存质量。核心素养除了满足个体立足社会、生存发展的必备能力需求之外，还涵盖学生的个人品质、文化素养和精神境界，影响着他们与社会、自然的相处和互动方式，也决定着日常生活的品位和品质，为个人追求其生活目标提供支持，真正体现着以人为本的教育思想。例如，文化意识、环境研究、个体职业发展、生活规划、管理与解决冲突等，这些指标内容都充分表现这一点。除此之外，核心素养帮助个人增强公民意识，促进个人与社会环境自主互动，拥有成就感和愉悦感，如核心素养体系包含的语言交往能力、合作能力、表达能力等。因此，核心素养不仅满足个人包括学习、工作、生活在内的各个领域的重要需求，而且使个人与他人建立起亲密的关系，更好理解他人和自身所处的世界，与社会展开良性互动，从而拥有美好的生活。

（五）核心素养理论的教学意义

1. 核心素养理论的教学意义

核心素养描绘了我们对新时代人才的美好愿景，而一线教师更加关心的是核心素养的理论如何落地的问题。换句话说，就是核心素养的理论对教学而言具有什么样的现实意义。

一个不容乐观的事实是，从理论到现实就像从理想到现实一样，距离并不短。近年来，随着新课程的实施和推进，我们接受了一个又一个新的理论，这些理论的现实意义在于，我们发现教师的话语系统发生了明显的变化：

突出学生主体，倡导自主、合作、探究学习，运用对话式、讨论式教学，注重知识与技能、过程与方法、情感态度与价值观三维目标的达成……这些渗透在教师的教案里，弥散在教学设计、教学案例、教学论文里，成为教师教学准备、教学研讨、教学反思等活动中使用最频繁、最具说服力，也最显先进性、时代性、前瞻性的活跃语汇。然而，只要深入教学现场，我们就会发现绝大部分教师的绝大部分教学还是以教师讲解为主，学生用耳听、用笔记，很少有真正的活动。学生以书本知识为主，按部就班、机械训练，熟记僵死的答案。即使公开课、展示课，也不过是多问一些问题，多分一些小组，进行一些所谓的合作、讨论、互动。事实上，还是教师牢牢掌控着教学过程，学生没有一点自主活动、自由思想的权利和空间；即使有，也实在少得可怜。

是否可以这样认为，教师话语系统中体现出来的先进的思想和理论仅仅是专家倡导的理论，不是教师实际运用的理论？事实上，教师还没有真正把握新的现实条件、新的教学语境中教学活动的内在规律，教师对教学活动的态度、观念及从事教学活动的信念与专家倡导的理论存在着巨大差异。

对于现实的教学而言，至少在以下三个方面具有超越性的意义。

（1）教学的教育性

抽象点说，教学是提示某种文化内容必须被儿童掌握的一种活动。教学必须借助某种文化内容的习得（学力的形成），同作为生存能力的人格的形成（教学的教育性）联系起来。从我们对核心素养的定义中可以看出，核心素养理论既重视“关键能力”，又重视“必备品格”，这必将对教学现实产生积极的意义。

德国教育家赫尔巴特在“教育的最高目的是道德”的价值定位下，提出了“教育性教学”的著名论断。换个角度说，就是“教学的教育性”，不存在没有教学的教育，也不存在没有教育的教学。“教育性教学”就是指作为“思想圈”的形成的“教学”有助于作为“陶冶德行”的“教育”，而“教育”受到“教学”的支撑，才成为各自本来意义上的“教学”与“教育”。换成更易理解的语言来说，“学力”是同作为生存能力的“人格”联系在一起的，这种“学力”被称为“能动的学力”。确实，“能动的学力”是借助解释、设想、验证等来展开自己的生存世界的一种活动，因而这种形成过程对于儿童而言，不是单纯的苦役的连续，而是受基于生活需求的真正的学习积极性所支配的。

教学的过程其实是向人传递生命气息的过程，人才是教学的本体价值所在。教学活动是学校教育的中心工作，理应顺应时代发展的要求，努力使学生成为他自己，成为与一定社会环境相适应的具体人，而不是被概括、被物化的抽象人。从这个意义上说，教学方式的转变就不再是方法、技术和技能层面的改变，而是教学价值观的变革。尊重每一名学生个体的存在价值，找回“迷失的自我”，促进“人”的发展，这才是有教育性的教学。

（2）教学的在场性

“教”与“学”是教学活动中一对最重要的关系。在这对关系中，“学”无疑处于核心地位，“教”是为“学”服务的。在我们传统的语境中，“学”又往往是与“习”紧密相连的。所以，对教学活动中“学习”的认识能够反映对教学本质的理解。人文主义学习观重视学习主体经验，认为学习的本质在于“意义”，是个人意义的发现或主体意义的形成。我们要注意到，这里的意义有社会意义和个人意义两种。社会意义是指已经确立起来的，不是能够为个人随意地解释的意义，传统的学校教育中的学习就是“正确”地获得这种社会意义。但在现代的学校教育中，个人意义特别受到重视。个人意义指的是学生发现种种事件与观念同自身的关系。学习是意义的建构，意义不是由教材或者教师之类外在的“权威”赋予的，而首先是经由学生自身引申出来的。

苏格拉底的“产婆术”至今仍为教育领域津津乐道。“产婆术”源于苏格拉底的“先天观念”，在他看来，人的观念是天生的，不是后天培育的。因此，教师的教学就类似于产婆将胎儿“引出”，产婆无法由外而内地赐给产妇婴儿，只能由内而外将婴儿接生下来。虽然苏格拉底拥有知识，但他并不教授真理，而是让学生接受他的帮助，凭借自己的力量去探究真理、产出真理，抵达真理的彼岸。换言之，必须有学生个人的“在场”的教学，才能使学习真正发生。

在场包括了此时此地个人所具体经验的（包括自身世界在内的）整个世界。或许在教师和其他人的眼里，这个在场充满了错误、错觉，充满了“事实的不完全解释”，但对于学生来说，这个在场是他能够知道的唯一的现实。在场常常是同学生自身相关的，所以学习总是离不开自我。倘若学习称得上名副其实的学习，那么这种学习一定浸透着学生的自我概念。没有了学生的在场，就一定不会有学习发生。夸美纽斯认为，传统的教学方法就是“用别人的眼睛去看，用别人的脑筋去使自己聪明”，教师传授的仅仅是带着坚硬外壳的明确知识，学生难以打破知识的外壳，不能获得知识中有价值的内核，当然无法将其内化成自己的知识，也自然无法形成自己的能力和素养。核心素养理论重在引导学生自己去发现知识，而且把发现了的知识通过“经验的能动再建或者统整”视为真理。这种经验的能动再建或者统整之能量，英国哲学家波兰尼谓之“默会知识”，而“默会知识”才代表着在场的学生个体真正的学习和理解。

（3）教学的交互性

在教学中，学生与教材如何相遇？学习什么？怎样学习？在这些问题上，教师起着十分重要的引导作用。收集信息后照本宣科地传递给学生这样机械的行为对教师而言并不困难。真正困难的既不是呈现教材，也不是提供信息，而是帮助学生发现、理解教材的意义并且付诸行动。为了有助于探究意义、发现意义，学生和教师之间的交互作用就显得尤其重要。

核心素养理论十分强调学习共同体的创建，意在通过师生之间、生生之间的交互作用，通过个人知识和学科知识的对话互动，使教学的过程成为学生核心素养生成的过程，使教学和学习的过程成为知识创造的过程、真理发现的过程。

教学活动是借助教材、教具等媒介而展开的活动，是师生、生生之间的交互活动，这一过程中浸润着对话性实践。学习共同体的教学从本质上说就是一种对话性实践。第一维度是同客观世界（题材、教材）的对话性实践，这种实践是认知性、文化性的实践；第二维度是同教师与伙伴的对话性实践。学习绝不是单枪匹马，而是通过师生之间的沟通来展开的，这种实践是人际性、社会性的实践；第三维度是同自身的对话性实践。学生不仅同题材、教师以及课堂里的伙伴展开对话，而且在同自身的对话中形成着自我的主体性来展开学习，这种实践是自我内在的存在性实践。这样看来，学习就是同客观世界对话、同他者对话、同自我对话的交互性实践，是以三位一体的方式来寻求建构世界、建构伙伴、建构自我的对话性实践。

2. 核心素养促进课堂变革

核心素养从总体上勾勒了新时代人才必须具备的人格品质及关键能力，必将规约学校教育的方向与方法，也必然会促进学校课堂的变革。

（1）课堂价值的变革

在以效率为目的的时代，如何使规模化的教学保持较高的质量和效益是许多人思考和关注的现实问题。然而，我们常常把学科成绩、升学率作为评价教学质量的唯一指标。课堂中知识讲解是不是清楚、容量是不是充足、结构是不是完整、练习是不是充分，成为考量课堂质量的基本问题。如何在最短的时间内将最丰富的知识融入课堂并嵌入学生的认知结构成为课堂最基本的价值线索。这种以知识主义、效率主义为价值导向的课堂把原本鲜活而极富个性的学生框定在抽象而冷漠的知识世界中，机械重复、被动接受、死记硬背得到了前所未有的重视，想象力被标准答案“绑架”，好奇心被固化程式销蚀。学生课桌上的“书山”越来越高，头脑中的思想越来越少。

核心素养促使课堂定位从知识、能力立意走向思维、智慧立意，把课堂建构从传授知识、培养能力定位到“改变思维、启迪智慧、点化生命”的核心素养高度，即为改变思维、启迪智慧而教（学），这就一定会重塑课堂教学的价值。

课堂的价值体现着学校的教育目标及教育哲学。回顾教育哲学的历史，我们可以看到，作为教育保守主义的代表，西方古典教育理论认为学校的主要目标是培养智力，文艺复兴时期的人文主义把传递文化和发展学生的理性能力作为目标。早期的教育自由主义认为，学校的目标是为学生的生活做准备并提供生活的实践，而美国教育哲学家约翰·杜威在《我的教育信条》中鲜明地提出“教育就是生活”，学校目标被明确界定为学生的全面发展，另外还被赋予重建社会秩序的重任。受新的哲学思潮的影响，教育自由主义被重新界定。存在主义者认为学校目标是个体解放，即个体自由；行为主义者认为教学目标应该满足个人、社会和文化的需要，详细界定学校应该为每名学生做什么；人本主义者则鼓励学生自己设计个人目标，学校目标由学生的个人目标来限定；后现代主义认为，学校是学生发展智力和促进理性成熟的地方，同时，学校也是学生学会参与民主政治、学会在社会中和平地生活的地方。不同的哲学观、生活观体现出不同的课堂价值观。从发展学生核心素养的视角去定位我们现在的课堂教学的价值和目标，那就应该是传递文化、培养智力，发展学生理性、塑造学生精神、解放学生个体，促进学生自我实现，为了社会利益而生存、生活。总之，课堂是为了作为活生生的人的学生的全面发展，为了全体学生的发展。

（2）课堂内容的变革

尽管培养自由个性与民主意识的“教育启蒙”从 17 世纪夸美纽斯时就已经开始萌芽，然而时至今日，学生的自由个性与主体权利似乎从来没有在教学中得到应有的尊重。其实，教师和成人对自己的人性和权利又何尝有过明晰的意识？于是，教学过程就成了教师向学生传递现成知识和客观真理的过程，教师就很容易直观地将课程本质理解为知识的承载与传递。执着地迷信知识，坚定地传授知识，让学生在最短的时间内接受最多的知识，这种意识在我们的课堂教学中根深蒂固。这是一种静态的知识观，学科知识是不以人的意志为转移的客观真理，是固定的、普遍有效的，是可输入、可输出、可传递、可接受的静态存在。这样，“课程即学科”“课程即知识”就有了生存的土壤。

学科知识不再是等待学生记忆和内化的静态的“现成结论”和“标准答案”，而是与学生的思想、体验、生活经验积极互动的对象。学生不再是课程的被动接受者，而是课程知识的积极建构者。学科知识纳入课程、进入课堂的根本目的是产生学生的学科理解，丰富学生的生活经验。学生的思想和体验是最重要的课程，“学生即课程”。这样的知识是动态的知识，这样的教学是有“人”的教学。

同样，教师与课程的关系也不是二元对立的分离、排斥关系，而是有机统一的融合关系。教师的经验、生命和教师对学科知识的理解本身就是课程的一部分。教师不是课程的旁观者和被动实施者，而是课程的理解者和创造者。教师的课程理解是教师基于批判意识和思维对学科知识产生的自己的观点和认识。教师还要基于自己的课程理解、专业特长和学生需求，对外部课程进行改变或再创造，也要创造学校特色课程以进一步满足学生的个性化发展需求。“教师即课程”，教师绝不再是照着书本原封不动地教，而是把书本知识、学科知识转化为自己的经验，然后通过教学环节转化为学生经验。

康德看到了“科学认识或科学理性的局限性，所以他要限制知识的应用，为道德信仰、为自由保留地盘”。核心素养视域下的课堂使学科知识有了文化意义、思维意义、价值意义，即人的意义。

（3）课堂方法的变革

核心素养积极倡导项目学习、跨学科主题整合、真实情境的实践活动等课堂教学方式，这不是改变知识传授的方式，而是改变教与学的性质。教学不再是知识传授的过程，而是教师和学生合作探究和创造知识的过程。教师要在倾听、理解学生思想的基础上，不断创生出适合学生需要的探究主题或问题情境，在课堂教学中围绕这些主题或问题与学生展开对话与探究，不断将学生的思想引向深入。这样的教学，不再是传统意义上目标任务式的教学。这样的课堂，知识的容量不一定大，教学的环节不一定多，甚至连原先设定的教学任务都不一定能够按时完成，但是，这样的课堂教学观照的是学生质疑的品质、探究的精神和求真的情操。这样的课堂教学舒展着学生自由的个性，张扬着学生个体的权利。

（4）课堂评价的变革

长期以来，中小学教师提起对课堂的评价绝大多数聚焦于对教师的教的分析，评价教师的教学素养怎样、对教材的把握是否到位、教学目标的设置是否合理、教学思路是否清晰、教学结构是否完整、教学方法是否得当。然而，教的效果如何归根结底是要通过学生学得如何，学生获得了哪些发展、取得了哪些进步来判断的。核心素养视域下的课堂评价充分关注课堂中学生的学，根据学生学的质量高低来判断课堂的质量。当然，对学的评价不是简单地评价学生对知识点的掌握程度，更不是通过测定学生的学业成绩高低来评价课堂。课堂评价的目的不是分类、甄别、选拔，而是学生的发展。在教学过程中侧重成绩等的测定本身，不能算作真正的课堂评价。何况，历来的学业成绩评价都是局限于对知识、技能的评价，情感、态度、意志等高级认知领域并没有被列入评价的视野。因此，课堂评价的要义在于，要十分重视评价的反馈功能，及时反馈教学的状态，根据反馈的结果及时矫正教学活动的轨迹。

另外，课堂评价要注意到学科教学的等价性。虽然教师都知道音乐、体育、美术等也在学校课程体系中，但相对于语文、数学、英语、物理、化学等通过中考、高考不断强化的所谓核心课程而言，这些课程还是逃避不了被贴上“副科”标签的命运，最多只能作为或隐或现、时有时无的“边缘课程”存在，被“主科”挤占、挪用的现象也就司空见惯。教师的基本假设是，学生的时间是有限的，用在“副科”上的时间多了，用在“主科”上的时间自然就少了，教学质量自然也就难以保证了。人拥有的任何一种能力在价值上是没有高低贵贱之分的，从教育学的观点出发，发展任何一种能力都是等价的。所以，学校课程中的每一门学科都要重视对课堂的评价，不能厚此薄彼。

（5）课堂研究的变革

传统的课堂研究是基于经验的，我们总是习惯于主观地揣定哪些知识技能是学生必需的，哪些教学方法是适合学生的，哪些教育因素和变量对课堂是有影响的。传统课堂研究的基本模式是“问题—实践—总结—经验”，逻辑性、针对性、操作性强，易于被教师接受和运用。但这种模式往往问题提炼、聚焦不够，实践过程、方法简单，实证相对缺乏，总结与经验也常常是主观化、臆断式、灵感性的，所得出的结论只具有一定的特殊性，有较大的片面性、模糊性与随意性。究其根源，在于没有大量的数据调查，缺乏足够的数据支撑，更少了科学的数据分析。

在核心素养视域下，我们要积极研究互联网背景下与教育新形态匹配的课堂教学及研究形式。

一方面，课堂研究是基于技术的。在大数据时代，基于互联网和云计算技术，人们可以获得与分析更多的数据，而不再依赖小规模的采样，进而可以更清楚地发现样本无法揭示的细节信息，提高对问题的洞察力和决策力。大数据的战略意义不在于拥有海量信息，而在于通过对海量信息的处理、分析和加工，为决策服务、让数据增值。大数据背景下的课堂研究实质上是一种实证研究，这必然导致研究方式由主观经验转向客观实证。例如，对课堂教学中学生学习的研究分析，可以借助视频传输、数据采集、个性化的数据分析软件，让学生个体化地感受得到精准的量化与体现。学生在课堂学习中的现实需求与即时心态可以依靠数据，经过技术转化和动态整合分析，变得可读、可视、可量化，为教师跟踪学生学习进程、及时调整教学策略提供科学依据。运用大数据的实证研究，能够使课堂研究的视角真正实现由“教”向“学”的转化。

另一方面，课堂研究又是超越技术的。教师是学校教育中发展着的鲜活个体，课堂研究不是弥漫着工具理性的、模糊着教师自我的活动，而是在商谈理性引导下的实践体验。只有当教师将课堂研究融入自己职业的生命意识，将自我、他人、社会作为一个整体，用自己的生命去参悟和体会时，才能超越时空的限制，“观古今于须臾，抚四海于一瞬”，课堂教学也才会处于永不休止的创造和运动状态之中。教师在对已经发生的课堂生活及时回忆反思、总结得失的同时，深刻体验到置身其中的喜怒哀乐、酸甜苦辣，深切感知个体生命的存在状态，赋予了生活以具体可感的意义。在这个过程中，教师的情感、价值观得到了充分的释放，成就感、自由感油然而生，这正是课堂研究的魅力所在。

二、数学的价值

（一）数学精神及其教育价值

1. 数学精神的内涵和特性

所谓数学精神，既指人类从事数学活动中的思维方式、行为规范、价值取向、理想追求等意向性心理的集中表征，又指人类对数学经验、数学知识、数学方法、数学思想、数学意识、数学观念等不断概括和内化的产物。

意向性是精神的本质属性，数学精神是数学的精神属性的体现。数学精神有以下两个显著特性。

（1）综合性

数学精神是一个极其宽泛的综合性范畴，不仅包含人在数学精神活动中的主观性、目的性、内省性、选择性、价值性等，而且可以进一步拓宽范畴。具体地说，以概念、判断、推理等自觉的思维形式为特征的认识活动；数学创造、数学解题、数学教学等自觉的精神生产活动；数学思维的展开、设计、调控、决策等认知活动；感觉、知觉、表象等低层次的心理活动都可以囊括在数学精神范畴之内。

（2）层次性

①认识层次。认识层次主要表现为数学认识的客观性、逻辑性和实践的可检验性，它们直接体现了数学科学的本质特征，并且内化为数学精神的科学成分。

②气质层次。美国科学社会学家默顿提出了六条公认的科学精神气质：普遍主义、公有主义、无私利性、有条理的怀疑主义、个体主义、情感中立。

它明确了科学工作者的行为规范和道德取向，表现为数学精神的人文成分。

③价值层次。“数学不仅追求真，还追求美、追求善。”求真、求善、求美是数学精神的科学成分和人文成分的融合和升华，这是数学精神乃至科学精神的最高层次。

2. 数学精神的存在形态

（1）主观形态和客观形态

数学精神按存在形态可以分为主观精神和客观精神。主观精神指存在于人脑中，作为人脑机能和属性的感觉、知觉、表象、思维方法、思维规则、逻辑范畴以及情感、意志、兴趣等；客观精神是主观精神的外化和物化，数学的客观精神形成了数学精神文化，主要由两个部分组成：一是主观精神的内容依附或储存在一定的物质材料上而物化为客观精神，如存在于论文、论著、教材、书籍中的数学理论、数学知识以及数学思想方法等；二是呈现为主观精神的思维方式和心理状态等依附在一定的物质材料上而外化为客观精神，如集中反映人类的数学思维方式和意向性心理的数学意识、数学观念、数学传统等。

（2）科学形态与人文形态

人类精神通常可以分为科学精神和人文精神两大类。科学精神即指认识自然、适应自然以及变更自然活动中的理想追求、行为规范和价值准则的集中表征；人文精神是指对人世探求和处理的一切活动中的理想追求、行为规范和价值准则的集中表征。正如钱学森所说，科学与人文是一个硬币的两面。

数学中的科学精神有：应用化精神、扩张化——一般化精神、组织化——系统化精神、统一建设精神、严密化精神、思想经济化精神，还有思考自由精神、数字化精神等。数学中的人文精神有：自我激励、自我完善的精神，求实探索、致力发现的精神，唯物辩证、创新进取的精神，无私奉献、团结协作的精神等。

科学形态与人文形态两者之间，没有截然分明的界限，差异在于人所关注的对象不同而形成的两种不同的形态：当人类认识自然对象或数学对象时，科学精神就发生了；当人类意识自身时，人文精神就发生了。而当人在反省自己时，科学精神和人文精神便融入了理智、心灵和情感交织在一起的深层背景，变得难以区分。数学精神是科学形态的数学精神和人文形态的数学精神相互渗透、有机融合的统一体。如果说科学形态的数学精神对思维活动取得的成果具有深刻影响，那么，人文形态的数学精神则对思维活动起着激发、监控和指导作用。

（3）个体形态和群体形态

从数学精神活动及其成果的主体或载体的角度看，数学精神又可以分成个体精神和群体精神。所谓个体（数学家、数学工作者或学生）精神是指作为个体的精神主体而存在的精神现象，包括个体的思维活动、认知活动、决策活动、无意识的心理活动，还包括思想体系、知识体系、气质心态等客观精神通过学习、教育等过程后而内化为个体的认知结构、思维方式、价值取向、行为规范、理想追求等。所谓群体精神是指不依赖个体精神而存在、为人们以自觉或不自觉的方式普遍接受的精神现象，包括由数学的思想体系和知识体系所反映出来的自觉的理性精神和由数学家、数学工作者、数学学习者所普遍认可的行为规范、价值取向、数学传统等。

个体精神和群体精神紧密相连，可以互相转化。任何个体精神总从属于一定的群体精神，并在其熏陶和影响下逐步形成。同样，群体精神也离不开个体精神，总是存在于个体精神之中，一旦某个人或某个学派的个体精神为群体所接受并促进社会的进步和繁荣，它就成了全人类共同的精神财富。

3. 数学精神的教育价值

所谓教育价值，应该是指教育对社会或个人等主体的存在或发展而言，呈现什么样的意义和具有什么样的价值。因而，数学精神的教育价值包括社会性价值、个人性价值和教育性价值三个方面。

（1）数学精神的社会性价值

作为一种“看不见的数学”——数学精神，不仅对于数学本身的生存、进化和发展具有科学性价值，而且集中体现了人类的理性精神，因此，对于人类的文明进步又具有非常重要的社会性价值。每一个民族的每一项重大事业的背景，总是存在着某种决定这项事业成败，与特定时代和特定社会文化背景直接相关联的时代精神力量。因此，我们应该进一步认识“科教兴国”战略的深刻内涵：“兴国”既包括物质文明建设，也包括精神文明建设；“兴国”之所以要靠科学，是因为科学精神、科学思想是最根本的精神力量。这一伟大战略必将结束所谓“李约瑟现象”这段历史，并把我们的国家建设成既有物质现代化又有精神现代化的高度文明的社会。

（2）数学精神的个人性价值

①数学精神具有显示自我的人力价值

因为数学精神有两种组成成分：一是精神性成分即人文形态的数学精神；二是数学性成分即科学形态的数学精神。前者以意向性为特征，集中反映人的情感、意志等非认知心理因素，它是数学精神的非智力成分；后者是以研究性为特征，集中反映思维方式、思维策略等认知心理因素，它是数学精神的智力成分。从系统论的观点来看，前者是动力系统，后者是操作系统。并且由这两种成分合而为一的数学精神还具有一种“元认知”的力量，它对于数学思维活动的监控、调节具有导航作用，对于数学思维能力的发展和数学认知结构的完善具有促进作用，对于非智力因素向智力因素转变具有明显的转化作用。

②数学精神具有完善自我的人格价值

被誉为西方名将摇篮的美国西点军校之所以设置许多高深的数学课程，正是因为数学的学习能严格地培训学员们把握军事行动的能力和适应性，能使学员们在军事行动中的那种特殊的活力和灵活的快速性互相结合起来，并为学员们进入和驰骋于高等军事科学领域而铺平道路。数学是真、善、美的统一体，数学精神对于求真、持善、臻美，形成完美的三维人格，促进德育、智育、美育全面发展，终身持续发展具有重大作用。

（3）数学精神的教育性价值

数学精神不仅对教育以外的系统具有价值，而且对教育本身也呈现重大的意义，这就是数学精神的教育性价值。它包含以下三个方面。

第一，理解和认识数学精神，有助于我们转变旧的，树立新的数学教育观念。例如，转变以发展智力为中心，树立智力和非智力协调发展的教育观念；转变片面强调“数学属性”，树立“数学属性”和“精神属性”相互渗透、相互促进的教育观念；转变以短期的功利性为目的，树立以终身素质教育为目的的教育观念；转变单纯地提高人的数学知识水平和能力，寻求数学素质教育和人文素质教育有机整合的教育观念。

第二，弘扬和研究数学精神，将为数学教育注入新的血液、增添新的活力。为了使学生真正理解和驾驭数学，将包括数学思想方法、数学意识、数学观念在内的数学精神列入数学教育目的、融入数学课程中发展性领域内容，并进入数学课堂教学，成为必然趋势。

第三，数学精神水平上的数学教育是一项着眼于人的素质不断发展和提高的教育，也许它将代表着未来数学教育发展的新方向。

4. 数学素质教育的价值取向

数学是科学的工具，在人类物质文明的进程中已充分显示出其实用价值。数学更是一种文化，是人类智慧的结晶，其价值已渗透到人类社会的每一个角落。数学本质的双重性决定了作为教育任务的数学价值取向应是多极的。数学教育不仅是知识的传授和能力的培养，而且是一种文化熏陶和素质的培养。数学素质教育应该是人文教育和科学教育的相互渗透，即整合。树立新型的教育观是深化教育改革的关键。

从教育哲学的角度看，人类教育发展史上主要存在着两类基本的教育观，即人文主义教育观和科学主义教育观。人文主义教育观，是培养人文精神的教育，它通过把人类积累的智慧精神、心性精神与阅历经验传授给下一代，以期使人能洞察人生、完善心智、净化灵魂、理解人生的意义与目的，找到正确的生活方式，其价值取向是以个体的自我完善为最崇高的教育目标。欧洲的文艺复兴运动确立了人文主义价值，为人文主义教育奠定了理论基础。自十七八世纪以来，随着工业与科技的发展，培养有科学素养的国民成为学校教育的首要任务，进而形成了科学主义的教育观。

科学主义教育观是以传授科学技术知识、开发智力，征服自然、改造自然，促进物质财富增长和社会发展为目的，以社会发展需求为价值取向的目标体系。我国改革开放以后，西方科学主义教育观在我国占据了一定地位，“问题解决”的数学教育法已被国人接受。“问题”是数学的心脏，通过解决问题来达到掌握知识、提高能力之效，无疑是可取的。但如果把数学教育的价值仅仅局限在知识层面上，而忽视了文化价值，其功效只能是有限的。这种教育观从本质上讲属于科学主义、实用主义的教育观，随着时代的发展，已日益显示出其不足。

科学技术对人类社会的发展虽然起着巨大作用，但不能代替一切。学校教育只重视科技生产发展的工具性功能，而忽视人自身发展的功能，就会助长功利主义倾向的发展，社会的道德水平就会下降，文明社会就会腐败和崩溃，阻碍经济发展，出现道德堕落。目前，这种现象已成为当今社会的隐患，引起了广大有识之士的关注。

我国的教育改革正推行素质教育，素质教育是以人的全面发展为宗旨，数学教育在人的全面发展中的功能是工具性功能、育智功能和自我完善功能的统一体。数学教育的价值体现在可以通过数学的思想和精神提升人的精神生活，培养既有健全的人格又有生产技能，既有明确的生活目标又有高雅的审美情趣，还能创造、懂得生活的人，把传递人类文化的价值观念和伦理道德规范与传授数学有机地结合起来，以实现人文教育与科学教育的整合，这正是数学素质教育的价值取向，也是数学教育发展的必然。

（二）认识数学精神，确立新教育价值观

1. 素质教育：一种新的价值观

自从 20 世纪 90 年代初，我国教育界提出学校教育要从“应试教育”转向“素质教育”，“素质教育”一词就被多次写进党和国家的政策文件中，并成为广大教育工作者的自觉语言。党的十六大报告再次强调“全面推进素质教育”，明确了我国教育改革和发展的长远方针。

要全面建设社会主义强国，就必须大力发展教育和科学事业。当今世界，综合国力的竞争说到底是人才的竞争，而人才的基础是教育。因此，我们应该从中华民族伟大复兴的高度来认识素质教育的意义。

素质教育绝不是一种权宜之计，更不是换一种提法而已。我们常常只注意到了素质教育的具体的、操作性的意义和内容，而忽视了素质教育的本质意义。素质教育的本质在于它的思想性和时代性，在于它提出了一种新的教育价值观。教育的价值观影响着教育的全过程和教育活动的各个方面，它可能被提升为一种理论，支配教育的实施；也可能潜移默化地作用于教育工作者，影响教育的行为。素质教育无疑是对应试教育价值观的否定和更新，是根据时代变化、社会发展的形势，提出的新的价值观。

首先，素质教育是强调以人为对象，以人自身的发展为目的的教育。应试教育把分数和升学率看作衡量教育成败的最重要的标准，是把学生看成被动接受的容器，采用的教学方法基本上是灌输与死记硬背；素质教育则是把学生看作能动的主体，根据学生的特点和需要，以学生的发展为本位。

其次，素质教育强调学生有个性地发展。学生有个性地发展是学生自身发展的落脚点和最终体现。应试教育因为过于强调统一的标准和筛选淘汰，不可能认真地去关心不同学生的个别性的发展，长此以往，逐渐形成了肯定共同性而否定个别性的价值倾向，导致对于在共同性的竞争中处于不利地位的学生则不得不放松甚至放弃教育。而在素质教育中每位学生都受到同样的重视，学生不同的特点都受到尊重，并且主张在课程设置、教学形式、评价方式等各个方面为学生个性的发展创造条件。

再次，素质教育注重可接受性，更注重可发展性。20 世纪 60 年代后期出现了终身教育的概念，到 20 世纪 70 年代便成为一种被普遍接受的教育观念。其根源在于它反映了一种新的社会趋势和新的价值追求，即社会节奏加快，知识更新周期缩短，一次教育终身受益观念被打破。教育不再是一个被动的短暂的消极接受过程，而是一个主动的终身的积极发展过程。素质教育正是顺应了这样一种潮流，它重视书本知识的积累，更重视现实生活能力的发展；重视接受性的学习，更重视独立的、创造性性格的养成。

最后，素质教育是大众的教育。近代以来，选择英才教育还是大众教育一直是不同的教育理想和政策的根本分歧之一。大众教育虽然并不排斥英才教育，并且为英才的成长提供渠道，但在制定教育政策和安排教育财政时，不再将英才教育作为优先考虑的对象，而是以多数人的利益为考虑问题的出发点。

以学生为本位、以学生的个性发展为本位、以学生的可发展性为本位和以大众教育为本位的素质教育，是一种价值观的转变，也是一种思维方式的转变。学生是千差万别的，社会生活和社会的需要是千差万别的，而应试教育却恪守一种评判标准和选拔标准，这怎么能够引领中国教育面向现代化、面向世界、面向未来呢？因此，党的十六大报告再次强调“全面推进素质教育”，具有深远的历史意义和深刻的现实意义。

2. 对素质教育与应试教育价值观的探讨

虽然素质教育的提出已经有几十年了，然而，中国教育的实际状况仍然不容乐观，有人戏称为“素质教育轰轰烈烈，应试教育扎扎实实”。按照一般的理解，素质教育有着诸多的好处，可以提高学生的素质，是真正为学生的未来考虑的；而应试教育却是只图考上大学，会贻误学生终身的。

可是，在素质教育与应试教育的选择与实践上为什么还会表现出巨大的反差呢？

显然，我们不能认为赞同应试教育者都是冥顽不化的榆木疙瘩，同时也不能认为反对素质教育者都是思想落后的反动分子。另外，我们也不能认为赞同应试教育者都是非理性的，因为如果说个别人、个别学校、个别教育部门是非理性的，还可以接受的话，那么，全国这么多教育部门、这么多学校、这么多人都是非理性的，就有点不可思议，也违背了社会常识。众人皆醉（沉迷于应试教育）我独醒（倡导素质教育），无论如何也是不能服众的。因此，我们就必须换一个角度来看这个问题。这是素质教育和应试教育背后的价值观在发挥作用，因此，我们可以从价值观的角度对这个问题作探讨。素质教育的价值是指向国家、社会的，体现着国家、社会的利益。因为只有学生的素质得到真正的提高，才能为国家、社会做出更大的贡献。而应试教育的价值观是指向个人、家庭乃至学校、教育部门的，体现着个人、家庭乃至学校、教育部门的利益，是个人、家庭乃至学校、教育部门对现行教育体制的必然反应。在中国教育资源还相对短缺的背景下，在中国现行的招生、就业、户籍制度下，考上大学一切就都解决了——工作有了，地位有了，名誉有了，对于农村的孩子来说，城市户口也有了。如此，为高考而学习就是再理性不过的选择了，还有谁能称之为非理性的呢？

国家、社会从自身的利益出发去倡导素质教育无疑是合乎理性的，学生必须有真才实学才能够为国家、社会做出较大的贡献，那种空有文凭、没有实际本领的学生对国家和社会又有何益呢！然而为本身利益着想，个人、家庭乃至学校、教育部门选择“扎扎实实的应试教育”，也是合乎理性的。因为，只有考上大学，个人才能有更好的发展；只有孩子考上大学，家长脸上才有面子，才能为子女少操点心；只有更多的学生考上大学，学校才能被周围的社区认可；只有让更多的学生考上大学，教育部门说话才能理直气壮，这才是“教育质量”的“真正体现”。

更明确地说，素质教育与应试教育所体现的价值观是对立的，二者的对立近似于教育目的的个人本位与社会本位之争，或者说是个人本位与社会本位之争在当代教育领域的具体体现。社会本位论者从教育为社会服务的目的出发，肯定要为素质教育擂鼓喝彩；而个人本位论者从教育为个人服务的目的出发，自然要为应试教育加油助威（虽然从长远来看，应试教育反而还有可能损害个人的发展）。从这个角度出发，是不是可以让我们更全面地理解素质教育与应试教育之间的关系呢?

既然素质教育与应试教育在价值观上是对立的，那么解决这一对矛盾就必须从价值观的整合入手。我们当然承认国家、社会在教育上的利益，但我们也要承认个人在教育上的利益。如此，我们就必须承认应试教育就是个人在现行教育体制下的一种必然反应，或者说是合理选择。国家举办教育，就是要按照预定的教育目的把学生培养成符合国家需要的各种人才。从理论上讲，学生也应该按照国家的要求规范自己，才能获得相应的回报。但是，学生作为具有主体性的人，不是仅仅根据国家的条文，而是根据社会的现实来选择的，这就是国家大力提倡素质教育而应试教育却大行其道的原因。至此，答案也就很明确了，仅仅停留在提倡、下文件的层次，素质教育是难以推行的，最重要的是改革现行教育体制，这是摆在我们面前最为严峻的任务。

3. 科学人文主义的数学教育价值观

课程是教育体制的“心脏”，始终处于教育的核心地位。课程设计反映的是一种价值取向。20世纪的教育思想存在着两种近乎对立的价值取向：人文主义与科学主义。人文主义教育价值观重视道德、弘扬价值理性，它认为处处讲实用，会大大降低人的生存意义及学科本身固有的价值。科学主义教育价值观是讲求实用，推崇工具理性，它认为处处讲道德，无助于人与社会实际问题的解决。数学教育作为整个大教育的一个子系统，相应地存在两种数学教育价值观的分裂，即科学主义的数学教育价值观和人文主义的数学教育价值观。

人文主义的数学教育价值观的核心是重视纯数学，把数学逻辑的严密性、语言的抽象性、表达形式的优美性等奉为圭臬。它认为数学是文化的核心、精英或少数天才的产物，并且认为数学是一种理性的艺术，而理性的艺术只有通过逻辑和数学语言才能培养。它反对应用数学，认为人的“数字化”使人变成毫无感情、麻木不仁的动物，不利于人类自身问题的解决，而其他科学的“数字化”导致功利主义的泛滥，给人类带来灾难。科学主义的数学教育价值观的核心重视应用数学，把数学知识视为工具。它认为纯理论的数学只是用笔在纸上做毫无意义的形式化和符号化的游戏，并不能解决实际问题，如吃、穿等。

两种教育价值观的对立与冲突也表现在教学上。持人文主义数学教育观的人习惯按“统一大纲、统一标准”要求学生，课堂教学只着眼于要领的精确表述，而忽视概念是如何抽象出来的，难于理解概念的实质；只着眼于定义、定理和法则，而忽视基本的事实和现象，不知道应从实际出发；只着眼于演绎推理系统的严密，而忽视非形式化的思维方式（如直觉、顿悟等），造成学生学习上的困难。持科学主义数学教育价值观的人在教学上认为，只需教给学生适当水平的数学，为其成人就业做好准备。课堂教学能根据社会的需要，从社会实际反映数学；不注重知识的连贯性、系统性、严密性；不注重数学知识所蕴含的数学思想方法；造成学生数学基础差，只关注数学的实用性。

两种数学教育价值观都顾此失彼，对数学教育难以作出满意的回答。科学主义的“数字化”给世界文明带来了先进的科学技术和发达的生产力，也造就了只见事实、只从物质上的成就来理解科学，却不去思考科学的人生价值、思考科学的精神的人。基于这一点，国际社会认识到，科学性的数学教育必须融合人文性的数学教育，才能达到理想的教育效果。联合国教科文组织在分析未来的课程目标时指出，未来教育的重点在于以下四个方面。

第一，由于人类的问题不能单独靠科学解决，故必须从社会的角度包括社会准则、伦理道德来考虑。

第二，不是按照学科的逻辑，而是把生物、社会问题与人们生活密切相关的事件包括在课程里面。

第三，教学应当涉及经常用的，并且有实际价值的课题，而且把它们作为贯穿学科的线索，作为全部课程的一部分。

第四，鼓励学生综合具有普遍性的问题，让他们获得某些技能和看法。

纵观各国数学课程改革，课程设计上都在努力体现科学人文主义教育价值观，具体表现如下。

（1）适度淡化形式，突出数学文化的原创性

数学理论以逻辑的严密性为特征，但数学是人类文化，它具有原创性，即数学的原理和内容是由人们在生产实践中直接发现或发明的。因此，形式性与（文化）原创性是数学人文价值的两个侧面，强调严谨必然导致原创性

的丢失，而淡化形式并不会降低数学的人文价值；相反，更加凸显了人文价值中最闪光的一面，即创造性。与此同时，数学文化原创性的凸显，进一步丰富了数学的科学价值，使得数学看起来像是一门科学，更直接作用于社会生活与学生的实际。

（2）知识多层次化，面向大众

人文主义的数学教育价值观一方面强调精英数学，另一方面强调数学在文化中的核心地位。既然数学是文化的核心，那么就要承认数学的普遍性、普及性，这样看来，精英数学与大众数学势不两立。其实不然，数学知识的多层次化就能解决这对矛盾。数学知识的多层次化能保证怀有各种不同兴趣的学生从数学学习中得到益处，让更富有数学头脑的学生学习精英数学，同时又能让普通大众学习对他们有用的数学。而且，知识的多层次化能推广数学的科学价值，使得大多数人能运用数学去解决实际问题。因此，数学课程不仅具多样性，更富有浓郁的科学人文性，这已成为数学课程设计潮流。

（3）突出应用意识，加强社会实践性

数学是科学的最强有力的武器，其科学价值备受各国的推崇。自然科学和社会科学都争相“数字化”，以表明其成熟的程度。数学教育也不甘落后，“问题解决”“数学建模”经常出现在各国的数学教育杂志上，强调数学应用现已成为各发达国家课程内容改革的共同特点。例如，美国的新课程标准将数学应用贯穿其始末，其课程最大的特点是提供大量的问题解决方案。

数学应用很适合持科学主义数学教育价值观的人的口味。但各国已认识到，过分强调应用将导致数学的实用主义、功利主义和非人性化；也认识到将会失去数学的人文价值（如严谨性、文化性），数学将失去生长、发展的土壤。因此，各国在加强数学应用的同时，非常重视数学态度和数学精神的培养，这也是持人文主义数学教育价值观的人努力的结果。

（4）重视数学态度、数学思想方法、数学精神

各国在设计数学课程时，强调在数学课程中引入对数学探索过程的了解、对数学方法的认识以及对数学思想的点拨指引。数学的本质、方法和思想是数学人文性最重要的一面，它们的作用充分体现了数学的社会价值及数学的地位，是体现未来社会公民素养的重要标志。

科学人文主义的数学教育价值观领导数学教育发展的潮流，运用它指

导课程建设时，应考虑四个关系：严谨性与数学文化的原创性、应用与实用、数字化与人性化、精英与大众。只有将它们协调起来，数学教育才能培养既有能力又有思想的合格公民，这是我国实施素质教育的途径之一。

4. 如何实现数学价值

（1）数学精神及其教育价值

数学与其他科学一样，也具有两种价值：物质价值和精神价值。许多远见卓识的数学家和数学教育家“最为关心”的正是数学精神。数学是一种精神，一种理性的精神。正是这种精神，激发、促进、鼓舞并驱使人类的思维得以运用到最完善的程度，也正是这种精神，试图决定性地影响人类的物质、道德和社会生活；试图回答人类自身存在提出的问题；努力去理解和控制自然；尽力去探求和确立已经获得知识的最深刻和最完美的内涵。因此，充分认识数学精神及其教育价值，确立科学与人文融合的新教育价值观，是全面实施数学素质教育的崭新课题。

（2）将“数学教育”的重心放在教育上

“数学教育”这四个字，包含了“数学”和“教育”两个词。我们把数学教育的重心放在数学上，还是放在教育上，将直接影响教师的教学行为，进而影响到学生的学习状况。如果将“数学教育”的重心放在数学上，我们当然就会利用学校为我们提供的时间和空间为学生学习数学知识服务，为培养未来的数学专业人才服务。然而，我们是否考虑过，在我们国家，只有不到 1% 的人将来有机会从事与数学有直接关系的工作。这样做，显然是只关注了少数人，而忽视了绝大多数人的需求。如果将“数学教育”的重心放在教育上，我们就会考虑如何利用自身的专业修养，利用学校提供给我们的环境，促进每一个学生的全面发展，而不仅仅关注数学这一学科的成绩。因此，当我们看到有的学生在数学学习方面成绩好一点，而有的学生在数学学习上暂时有些困难，就会觉得这是非常正常的事情，把这件事情看作人的差异性、多样性的具体体现，进而坦然地去接受这样的事实。

（3）教师要更新教学观念

21 世纪，更加重视人的潜能开发，重视创新意识的培养，重视科学精神和人文精神的塑造，重视人生观、价值观的提高以及实践能力的提高等，这是历史赋予教师的神圣使命。教师作为新教材的实践者、引路人，只有具备与之相适应的新观念，才能准确地理解和把握新教材的宗旨，领会新教材的编写意图，才能使自己在教育教学实践中做到有的放矢。

另外，要以培养创新精神和实践能力为主要目的，换句话说，就是要构建旨在培养创新精神和实践能力的学习方式和教学方式，要注重培养学生的科学思维品质，鼓励学生对书本的质疑和对教师的超越，赞赏学生富有个性化的理解和表达，要积极引导学生从事实验活动和实践行动，培养学生勤于动手、勇于实践的意识和习惯。

（三）数学教育的价值

1. 略论数学教育的科学价值

对于数学教育，时下人们谈论较多的是它的人文价值。这的确需要进一步加强研究和实践，却似乎有点冷落对数学教育科学价值的研究。这是否表明数学教育的科学价值在理论上已经清楚、在实践中已经解决了呢？答案是否定的，在数学教育实践中仍需要加强对学生科学意识、科学观、科学精神的培养，需要加强数学与科学的联系；在理论上仍需要澄清数学课程中数学的“科学性”与“人文性”（这里的“人文性”是指数学教育的人文性，而不仅指数学的人文性）的关系，确立数学课程改革中的“数学科学价值”定位等。这里主要探讨数学的科学价值、数学教育的科学素养价值和数学教育的“数学科学价值”。

（1）数学的科学价值

数学的科学价值是指数学对自然科学的产生与发展的作用和意义。自19世纪20年代以来，数学的研究对象和方法在本质上越来越凸显与（自然）科学的区别，数学也就从科学中分离出来，自立“门户”，自成体系。然而，这种分离并不是数学与科学的割裂，而是表明数学的应用更加广泛，不仅包括（自然）科学，也包括政治学、历史学、经济学、语言学、军事学等人文、社会科学，以及音乐、绘画、雕塑等艺术科学，还涉及技术、经济建设乃至社会的许多领域。特别是当今时代，科学技术迅猛发展，科学数字化的趋势越来越明显，现代科学正朝着广泛应用数学的方向发展。

数学对于科学的价值表现在诸如物理、化学、生物、天文等学科的产生和发展的许多方面。如果从数学的要素来看，具体表现在以下四个方面。

①数学知识的应用

在科学的产生和发展中，应用数学知识是最为直接的，也是最为广泛的，这从天文学的发展可以窥见一斑。哥白尼在提出日心说时，并没有多少观测证据，甚至在某种程度上，一些结果还不如原来的地心说准确，然而，正是他依据数学的理论、运用数学的方法建立起新的天文学理论；开普勒则进一步在天文学上应用数学，他利用第谷、布拉赫的大量观测数据，通过大量的计算和数学分析工作，其结果使得他抛弃了从古希腊人开始就一直认为行星具有圆形轨道的观点，从而建立起新的行星运行理论；到了伽利略和笛卡儿那里，数学就成了一般的科学方法。

②数学（符号）语言的应用

数学是科学的主要术语。数学语言与科学之间的联系早在古希腊自然哲学中就已经凸显。在现代，把数学看成一种新的强有力的符号体系，对一切科学的目的来说，这种符号体系比言语的符号体系具有无比的优越性。“近代自然科学之父”伽利略也认为，展现在我们眼前的宇宙像一本用数学语言写成的大书，如果不掌握数学的符号语言，就像在黑暗的迷宫里游荡，什么也认识不清。比如，当代物理学的基本规律——牛顿力学的运动规律，牛顿万有引力定律，电磁场原理，热力学第一、第二定律，统计力学原理，狭义相对论原理，广义相对论原理，量子力学定律，电子的相对论波动原理，规范场论等的表述，如果没有数学语言是不可想象的。

③数学思想方法的应用

数学计算、数学证明、数学模型等方法对科学的产生起着至关重要的作用。在现代科学中，由于数学思想方法的广泛应用，从而产生了大量与计算有关的边缘科学和交叉科学，如计算力学、计算流体力学、计算结构力学、计算物理学、计算化学、计算生物学、计算胚胎学、计算地质学、计算地震学、数值气象学等。

④数学思维方式的应用

诸如符号化、数字化、抽象化、公理化、结构化、逻辑分析、推理计算、从数据进行推断、优化等数学思维方式，在科学理论的建构和发展中起着非常重要的作用。

（2）数学教育的科学素养价值

数学教育的科学素养价值，是指数学教育对形成人的科学素养（如科学意识，科学思想、方法，科学精神，科学态度，科学品质）的意义和作用。数学教育之所以具有这种价值，是因为数学仍保留着科学的许多特性，如“都具有对可以理解的规则的信念；想象力和严格逻辑的相互影响；诚实与公开的思想；同行评论的极端重要性；第一个取得重大发现的价值；国际范围和随着大功率电子计算机的发展，运用电子计算机技术开辟新的研究领域”。具体来说，它有如下四个特性。

①数学中的科学特性

早在古希腊时代，数学与科学本是同一的，而近现代数学与科学都是寻找一般规律和关系的学问。“世界是可被认识的”的科学观，科学的“真、善、美”的本质观，科学理论评价的“外部的确认”与“内部的完美”两条标准，科学知识的发展性和不确定性，科学探索中的“观察”“实验”“验证”“证据”，科学的解释和预测功能等诸多的科学特性也无一不是数学的特性。

②数学中的科学思想方法

无论是实证方法、理性方法、臻美方法，还是科学发现中的类比推理、合情推理、直觉和灵感，无不与数学的发现方法和模式完全相同和一致。法国著名科学家、哲学家庞加莱就较为详尽地论述了“数学美”和“数学直觉”在数学发现和学习中的作用，他指出：“数学的美感、数和形的和谐感、几何学的雅致感，这是一切真正的数学家都知道的审美感……缺乏这种审美感的人永远不会成为真正的创造者”；“没有直觉，年轻人在理解数学时便无从着手；他们不可能学会热爱它，他们从中看到的只是空洞的玩弄辞藻的争论；尤其是没有直觉，他们永远也不会有应用数学的能力……如果直觉对学生是有用的，那么对有创造性的科学家来说，它更是须臾不可或缺的。”

③数学中的科学精神

科学精神究竟包括哪一些？到目前为止，说法不一。数学体现的科学精神有：求真、求实、客观的精神，合理怀疑、批判、创新的精神，民主、平等、合作的精神，不断探索、顽强执着、锲而不舍的精神，等等。

④数学的科学应用

数学的产生和发展同其他科学一样来自问题。这里的问题一般可分为实际问题和理论问题两类。科学所研究的自然界无疑是实际问题的源泉，如作为世界上发展最早、历史最长的天文学之一的中国古代天文学，它所研究的历法编算和天象观测与数学就有着密切的联系。实际上，当时的数学家也就是天文学家，许多数学成果是在编算历法的过程中得到的，如分数运算、勾股测量术、剩余定理、内插法、高次方程等。不仅如此，科学的理论问题也是数学研究的问题来源，一个著名的例子就是爱因斯坦相对论的理论问题促成了黎曼几何的产生。

（3）数学教育的“数学科学价值”

数学教育的“数学科学价值”本应是没有疑问的，但现在却成了一个复杂的课题。随着人们对数学的本质和价值的认识不断发展，人们在反思如何认识数学教育中数学的“科学性”与“人文性”的关系、如何看待中小学数学内容的性质定位和价值取向、中小学究竟应该教授什么样的数学等若干认识论和价值论的问题。

数学教育不是“数学”与“教育”的简单相加，其至少包括两个方面，即“数学”既是教育的“目的”，也是教育的“手段”。作为手段，学生通过学习数学（主要是知识、理论及相应的数学活动，如数学解题、数学证明等）来提高思维能力和分析及解决问题的能力，形成良好的个性品质和心理结构，增强民族的自尊心和自豪感；作为目的，学生要学会数学、理解数学、掌握数学，既要通过数学教育使学生获得基础的数学知识、基本的数学技能和重要的数学思想方法，又要形成正确的数学观和一定的数学意识。根据“目的与手段相统一”的哲学原理，掌握数学知识是至关重要的。忽视知识，实际上“在很大程度上是形而上学思维方式的产物，割裂了知识与方法、知识与能力之间的关系”。“可以相信，无论什么时候，扎实的知识功底、广博的知识视野、合理的知识结构和良好的知识素养，都是教育所要追求的目标，这在知识激增时代也不例外，甚至更加重要。通过知识而获得发展，这算得上是一条颠扑不破的教育真理。”这表明，数学教育的“数学方面”与“教育方面”两者是统一的，两者之间必然要保持一定的均衡，忽视哪一方面都是不合理的、不公正的。

当前，我国的数学教育（包括其他的学科教育）不仅加重了学生的负担，而且数学已成为筛选学生的“筛子”。这是由我国社会、经济、传统文化诸多因素综合作用造成的，绝不能不加分析地把一切责任都归咎于数学课程。

综上所述，在任何情况下，数学仍然是数学（数学是文化，它首先应该是“数学科学”，核心也是“数学科学”），数学教育绝不可忽视其“数学科学价值”——基础知识、基本技能和体现数学本质的数学活动（如数学推理、数学证明、数学思维、数学理性）。只有这样，才能真正实现数学教育的“人文价值”。

2. 如何引导学生学习有价值的数学

如何培养学生应用数学的意识和综合运用所学知识解决问题的能力，引导学生学习有价值的数学呢？

（1）以生活的方式呈现数学内容

数学是和现实生活联系最密切的学科之一，许多数学知识来源于生产、生活实际。教师要善于挖掘生活中的素材，让数学贴近生活，使学生发现数学就在自己身边，感受数学应用的广泛性。因此，在教学中，教师应非常重视以学生容易理解的、生活化的方式呈现数学内容。

通过以生活化的方式呈现数学内容，学生渐渐明白数学与生活实际紧密联系，数学知识来源于生活实际，生活中处处蕴含着数学。因此，这一方法有助于学生养成良好的数学意识。

（2）以活动化的方式尝试数学应用

学习数学可以帮助人们解决日常生活中的问题。但仅仅让学生枯燥地演算书本上的习题，学生是不可能很好地体会这一点的。

在教学中，教师可以常常配合所学的知识内容，有目的地组织学生开展活动，使学生在开放的实践空间中学习数学、应用数学。

数学教学应尽量贴近学生的生活实际，教师要充分利用学生已有的生活经验，引导学生把所学的数学知识应用到现实中去，让学生在感知、认知的气氛中乐学、学会、会学，并结合教学内容，组织学生参加社会实践，培养学生善于运用数学眼光从现实生活中发现和提出数学问题的能力。

三、对数学核心素养的理解

数学素养是指个体识别和理解数学在现实世界中所起作用的个人能力，做出有理有据的数学判断的个人能力以及作为一个有独创精神、关心社会、善于思考的公民，利用数学并参与其中以满足个人生活中各种需要的能力。

笔者认为，数学素养是指学生通过数学知识、方法的积累与掌握、运用与内化，在实际情境中经历从数学的角度思考问题，用数学思想分析问题，用数学方法解决问题，从而形成的能力、习惯和品质等。

数学核心素养是指数学学习者应具备的适应终身发展和社会发展需要的必备数学品格和数学关键能力，是学生学习数学所应达成的有特定意义的一种综合性能力，应当在教与学的过程中引起教师与学生的关注。数学核心素养以数学知识与技能为基础，以运用数学知识与技能解决问题为表现形式，反映了数学的本质与相关的数学思想，是在数学学习过程中形成的。

四、高中数学核心素养的特征

根据国内外对数学核心素养的研究，有国内学者提炼总结了数学核心素养的特征，即综合性、阶段性和持久性。

综合性是指数学核心素养是数学核心知识、核心能力、数学思考和数学态度等的综合体现。数学核心知识和核心能力是表现，数学思考是手段，数学态度则是最终目标。学生在进行数学学习的过程中除了要运用计算、推理、想象等基础知识和基本技能之外，还要思考用什么样的方式解决数学问题和用什么样的思路解答问题，这就是一种综合能力。数学核心素养依托数学的核心知识和核心能力，外化于运用基础知识和基本技能解决问题的过程，从而形成正确的数学态度。

阶段性是指学生的数学核心素养表现为不同层次水平、不同阶段。对于同一个数学问题，不同年级的学生会采用不同的方法去解决，理解水平及思维的复杂程度会随着年纪和知识水平的不同而不同，从而形成不同水平与阶段的数学核心素养。

持久性是指数学核心素养伴随着学生的进一步学习以及将来走向生活和工作的历程。每个人在其工作生活中都会有意识地运用数学思维方式去解决问题，包括数学问题和数学以外的问题，这就是数学核心素养持久性的基本体现。数学学习并不是一项即时性的活动，而是一项持久活动，在数学学习的过程中所形成的数学核心素养才是数学学习的终极目的，令学生终身受益。

五、数学核心素养的教育价值

（一）数学核心素养有利于培养正确的数学观

数学观是人们对数学的基本看法的总和，包括数学事实、知识、内容和方法的总体判断，以及对数学的科学价值、哲学价值、文化价值、社会价值和教育价值的认识与定位。数学抽象通过培养学生抽象思考和理解能力，帮助学生理解数学概念、命题定理之间的内在关联，厘清知识之间的关系，树立正确的数学观；逻辑推理主要通过合理的演绎推理、归纳类比、合情推理、猜想论证等思维活动，帮助学生用理性的思维分析问题，明辨是非，形成有条理的数学观；数学建模培养学生提出问题、建构模型、解决问题的能力，形成从数学角度分析问题，用数学语言表达问题的习惯，形成下意识的数学观；数学运算、直观想象和数据分析培养了学生的数学应用意识，将数学与生活紧密联系起来。

（二）数学核心素养能有效地指导数学教学实践

数学核心素养是学生适应社会发展以及自身终身发展所必需的数学品质和数学关键能力，教育的目的就是培养社会需要的人和满足社会需要的人，所以数学核心素养不但对学生数学素养的培养提出了要求，而且对教学实践提供了参考。《义务教育课程方案和课程标准》（2022 年版）就是为了落实数学核心素养的培养，包括教学目标的制定要突出核心素养，情境设计与问题设计要有利于发展学生的数学核心素养，教学评价也要基于对数学核心素养的达成。基于对数学核心素养的考查，《义务教育课程方案和课程标准》（2022 年版）对高中数学学业水平考试以及数学高考命题提出了相关要求，对教材进行编写时要以发展学生数学核心素养为宗旨等。基于数学核心素养的课程标准已经成为国内外数学教学发展趋势，以此为前提，作为教育改革发展的抓手，促进在教学实践中落实数学核心素养，改变了传统只重视结果的教学观念，教学设计立足于培养学生哪种数学素养和预期达到哪种思维水平，使得课堂教学更加重视学生思维与能力的发展，提高教师的教学效果。

（三）数学核心素养是学生数学素养的评价标准

数学素养是个体在从事数学活动和社会活动的过程中，能够下意识地使用数学化的思维去观察、分析、解决问题的思维品质。它包括数学基本知识、基本技能、数学思想方法、创新能力、数学观，是在学生掌握归纳推理、数学运算、直观想象等基础知识和基本技能的基础上建立的数学态度，对贯穿数学素养中最基本最重要的能力思想方法进行了分类，确定了六大核心素养。数学核心素养是学生进行数学学习活动和社会生活的必备品质，是评价高中数学教学的重要因素，推动了课堂改革对数学核心素养的培养。

第二节　核心素养与高中数学教学

核心素养的培养是渗透在教学中的，下面以高中数学课堂题目和课后题目教学为例，探索如何在高中数学教学中渗透核心素养培养意识，实现核心素养培养目标。

一、改编题核心素养培养教学策略

（一）重视数学对象的本质属性，培养学生抽象素养

立足于当前对人才的需求，数学教育家及一线教师对数学改编题的编写原则和改编方法有较为成熟的理论和实践成果，但其需要遵循的改编理念始终聚焦于对学生核心素养的培养上，相同题目背景，不同的出题视角，应从不同角度考查学生对数学知识的掌握情况。尽管大多数改编题是由概念、定理、成题直接改编而成，如改变信息形态、改变条件或结论、多题的组合等，通常情况下的改编题是围绕难点设题的，背景更丰富、语言更复杂、对象更抽象。但是数学知识间的网络关系不会变，数学对象的本质特征不会变，所谓万变不离其宗，学生只要彻底掌握了数学对象的本质属性，不管题是从哪个角度，以哪种方式改编的，学生都会抓住问题的核心并运用相关数学知识和方法解决。

（二）教师要弄清题目结构，帮助学生发展逻辑推理素养

数学改编题教学与数学概念教学相同，首先教师本人要对数学概念有深刻的理解，如进行数轴教学时，在一名数学教师的眼中，数轴不只是三要素那么简单，数学内容具有网络状的特点，承载了数和形的结合，是后续两点间距离公式的铺垫，是从一维数轴到二维平面直角坐标系再到三维空间直角坐标系的发展基础，是数与点一一对应的理解平台。当教师本人对数轴问题的深层结构有了深刻的理解，就清楚了改编题的难点所在，也就清楚了哪

些地方设计了铺垫式问题，就可以将这个结构向纵向延伸、发展，更可能基于这道改编题进行二次、三次，以及多次有价值的改编。只有提高教师的教学水平，才能够在进行数学改编题教学时引导学生的思维路线，发展学生逻辑推理素养。

（三）采取恰当的改编方式，落实数学运算素养

改编题是对已有数学问题的条件和结论的部分内容进行改编，从而得到新命题，改编题不仅承载了原题的知识内容，蕴含了数学思想方法，也传承了命题人的教学意图。数学改编题服务的主体是学生，因此在对数学问题改编的过程中，应以学生的认知水平和心理发展规律作为改编的依据，围绕教学重难点改编，保障改编题的价值，起到有利于学生发展的作用。改编原题的方式有以下四种。

1. 改变表述方式

例如，将结论舍去，把证明题改编为探索题；在问题中增加中间的设问，即将一问变成分步设问，相当于给出思维线索，这样梯度化的提问方式降低了难度，能够满足不同层次学生的需求。

2. 改变问题的条件

适当地增删已知条件，将隐蔽的条件明显化、明显的条件隐蔽化，直接条件间接化、间接条件直接化，抽象条件具体化、具体条件抽象化。

3. 改变考察对象

改变考察对象是指在问题中主要条件不改变的情况下，改变其结论中的考察对象，如将考查面积的问题换成考查线段问题，与原题相比，改变考察对象后得到的改编题更加综合化。

4. 改变逻辑关联

改变逻辑关联是指按照命题人的设计意图，改变条件中的结构关系或逻辑关联的改编原题的方式。

二、开放题核心素养培养教学策略

（一）增加其他学科情境类型，培养学生抽象素养和建模素养

众所周知，数学是门工具学科，物理和化学离不开数学推理和运算，在教学中可以从其他情境中引导学生把相关问题抽象成数学问题，然后利用数学模型解决该问题，这样学生就经历了观察、比较、抽象概括的过程。通

过解决该情境的问题，可以培养学生的抽象概括能力和数学建模能力，进而培养学生抽象素养和建模素养。物理与数学的关系尤为密切，如物理中小球的简谐运动可以用来描述三角函数图像的发生发展过程。在进行函数的导数概念教学中，会引入物理意义；对受力物体进行受力分析时，就需要运用平面向量；可能学生总是记不住正余弦函数图像，但是可以通过回忆物理实验小摆锤的运动轨迹，联想到图像和性质；可能学生对于导数这一抽象概念不是很理解，但是通过高一学习物理时对于加速度的理解，可将对加速度的理解迁移到导数中，于是对导数有了深层的理解；可能学生不熟悉平面向量基本定理，但是通过物理受力分析习题的训练，可以帮助学生熟练掌握这部分内容。而从物理实验的简谐运动中引导学生抽象出三角函数线，学生通过发现、比较、概括抽象出三角函数，从具体的情境中抽象出数学问题，培养学生观察能力和概括能力；通过建立这样的数学模型解决问题，培养学生利用数学模型解决实际问题的能力，还可以引起学生探究思考的兴趣。

因此，教师应多思考数学与其他学科的联系，会有意想不到的良好效果，如语文诗句“不尽长江滚滚来”可以用来描述无穷数列，生物中遗传与进化的学习中，遗传的概率问题正是数学里的概率知识。数学与其他学科具有很强的相关性，平时多思考多学习，一定会对开放题教学有良好效果。

（二）借助教材中的开放题教学，培养学生数据分析素养

教材是基于要培养什么样的学生而制定的，因此它具有较高的价值，必修教材呈现的内容是每个学生必须习得的数学素养，因此教材中的开放题具有较高的研究意义。

（三）重视开放题知识的产生发展过程，发展学生逻辑推理素养

开放题能有效培养学生思维的创造性和逻辑推理能力，但这只能建立在学生理解并掌握知识的基础上，否则学生思维发展就是无源之水、无本之木。一般来说，数学知识的产生大多来源于数学内部的需要和实际的需要，教师进行开放题教学活动时，可以根据“知识背景—知识形成—知识间的联系”的过程引导学生经历数学知识的形成过程，在这样的探究中激发他们的学习兴趣，帮助他们厘清知识之间的联系，建立知识之间的整体结构，促进他们理解知识本质，发展他们的思维能力。

三、信息给予题数学核心素养培养教学策略

（一）提高学生阅读理解能力，培养学生抽象素养

信息给予题原则上可以说是新题型的阅读理解题，这类阅读理解题有三个特点。

1. 内容新

题目中常常是学生没有学过的定义、运算、公式、法则等，要求学生自学理解并运用这些陌生的内容解决问题。

2. 抽象性

这类题目对定义、运算、公式、法则等表述一般比较抽象和简洁，没有解释性文字，没有教师的分析帮助，考查学生独立学习和抽象思维的能力。

3. 时间短

这类题要求学生在有限的时间内理解新信息并解决问题，没有足够的时间可以研究或者模仿，要求学生具有敏捷的思维。

因此，学生的数学阅读能力对解决信息给予题至关重要，而数学语言具有与自然语言所不同的简洁性和严谨性，这些特点使得只通过语文或者其他学科的学习提高数学阅读能力具有一定的困难，因此在平时的数学教学中要重视培养学生数学语言的语感，提高阅读能力。在解题过程中，学生的思维经历了阅读新信息、概括关键信息、联想类比、分析推理，其中主要运用了分析综合、类比联想、归纳演绎、抽象概括等思维方法，学生经历了观察、思考、抽象、概括、表达的过程，是对信息抽象概括并表达的过程，最后运用有效策略解决集合问题，培养了抽象概括能力，有利于数学抽象素养的形成。

（二）培养学生类比迁移能力，提高学生逻辑推理素养

信息给予题是近年来高考数学命题以能力立意为显著特点的创新题，将“四基”迁移到陌生的情境，学生无法套用现成的题型、解题模式解决问题，考查学生将知识迁移到新情境的适应能力，从而检测学生的学习潜力。在教授学生解决创新题时，培养学生在进行知识迁移时分析归纳、类比推理的习惯，重视学生独立思考、自主推理的能力，学生经历了自主分析问题、提出问题、做出假设、进行验证、得出结论的过程，提高了类比推理的能力，提高了学生逻辑推理素养。

四、应用题教学核心素养培养策略

（一）重视学生阅读理解能力，突出数学抽象素养

阅读是一个复杂的信息加工过程，是个体通过图片、文字、公式等材料提取信息、整合并重组信息的过程。数学应用题的最大特点就是文字信息量大，这就需要学生主体在解答应用题的过程中简化问题，通过阅读，将有效的数学信息从中抽象概括出来，形成数学问题，然后建构新的数学模型，选取恰当的策略解决问题。在解决数学问题时，教师总是习惯性地抢着做学生的任务（读题），然后继续帮助分析讲解本道题基于什么样的背景，考查了哪些知识点，运用什么法则、公式能够解决。表面上看这样的做法启发了学生思考、引导了学生的解题思路、节约了课上做题讲题的时间、减轻了学生的负担，但其实是减少了学生自主分析题目的机会，减少了学生思考问题的时间。在这样一个被教师带着走的教学过程里，被忽略的学生才是解决应用题的主体，建构主义理论提出知识不是由教师机械传授过来的，而是学生在教师指导下进行有意义的知识建构，建立知识之间的联系，而不是机械操作和简单的模仿。我们可以先让学生独立分析理解题目信息，并让学生把他觉得重要的信息提取出来，再进行小组讨论这些信息与我们之前学过的哪些知识有关系，最后让学生表达自己的解题思路：通过自己的阅读分析获得了哪些重要的信息？材料中包含了怎样的等量关系和数量关系或者内在联系？能够运用什么样的数学思想和方法？还有什么样的困惑没有解决？有没有其他小组帮忙补充？学生只有经历尝试和实践，才能够将知识内化为数学知识的整体结构，在做题的时候才能逐步提高学生数学阅读能力，将实际问题抽象成数学问题，从而培养了学生的数学抽象素养。

（二）发展学生自主学习能力，培养学生模型意识

在这个信息技术高速发展的时代，大量新鲜事物的出现，代表当代的时代特征。数学应用题也体现着时代特点，以时代为背景的考题不断出现，如华为、小米手机的生产率问题，全球化贸易利润问题，其中还伴随着专业名词出现，这样的情况也为学生解决数学应用题增加了难度，“两耳不闻窗外事，一心只读圣贤书”的时代已然过去，故步自封只会限制社会的发展，限制学生的发展，可以让学生平时看看体育盛事了解赛制。

（三）重视建模思想的应用，培养学生数学建模素养

数学建模思想在解决数学应用题的作用上是至关重要的，也是数学建模素养的重要体现。数学建模思想是指通过将现实的问题或者情境抽象为数学问题，建立方程、不等式、函数等模型来表现数学问题中的数量关系以及变化规律，然后利用数学思想方法解决这类问题的方法策略和意识。高考题开始逐渐在题目中渗透建模思想，需要学生有意识地运用数学语言表达问题，建立数学模型，运用数学方法解决问题。数学创新型应用题涉及的数学模型主要有概率统计模型、排列组合模型、解析几何模型、数列模型、线性规划模型、函数模型和立体几何模型。教师要以相关模型为背景设置练习题，重视建模思想的运用，锻炼学生熟练掌握建模思想的能力，进而培养学生数学建模能力。在数学解题中运用建模思想的策略有这四种：（1）学生清楚解题关键和目标、解题重点是什么，了解问题背景。（2）对数据分析整理，将有效信息列举出来，构建对应的模型，弄清应用题中的数学关系。（3）建立数学模型，将现实问题抽象并转化为数学问题，在头脑中搜索相关数学知识解决问题。（4）将运算结果回归到数学应用题，检验计算结果的正确性。

（四）设计生活性较强的应用题，提高学生数学建模素养

数学知识既来源于生活，又会运用到生活中。生活生产离不开数学，数学应用题更应该偏重生活化的问题，教师要具有生活化意识，将生活元素与应用题有机融合，一方面能够使学生热爱生活、贴近生活、观察生活，发现生活中蕴含的数学问题，认识到数学并不是空洞无用的理论知识，而是能帮助我们更好地解决生活中实际问题的工具，感受数学的应用价值；另一方面，数学是门比较抽象的学科，生活性较强的数学能够引起学生兴趣，能够使得题目不过于抽象，提高学生学习数学的兴致，进而喜欢学数学。教师在选择生活类素材的时候要尽量贴近生活，如果题目中涉及的情境较为陌生，也不会收到良好的教学效果。应用题完美地实现了抽象问题具体化、生活化，学生能够在生活情境中抽象出数学模型，并利用数学模型解题。提高学生学习积极性的同时提高了数学建模素养，感受到数学的生活价值。

五、以小课题和探究性作业等形式培养核心素养的教学策略

（一）选择合适的素材，培养学生逻辑推理素养

并非所有的知识都可以以探究性作业的形式开展研究性学习，教师的责任就是要发现那些能够引起学生讨论的，通过探索、交流、分享，可以得到深刻理解的数学题目。学习是个能动的过程，学习是学习者积累越来越多的外部信息，让学生经历数学知识的探索过程，积累越来越多的有关他们认识事物的程序，也就是这种发现问题、探索问题、解决问题的能力养成以及数学思维的锻炼。其主要有以下四个课题发掘途径。

1. 从新授课中选择课题

在学生原有认知基础上，把教材中的某些定理或者法则列为研究性学习课题，让学生自己去发现、检验、论证和推广。

2. 从教材的拓展中选择课题

教材并没有很明确地对某些内容进行讲解，但是这些内容又是需要学生掌握的，这就可以当成研究性学习的课题。

3. 选择跨学科的综合性问题

例如，一元二次方程与抛物线的关系、声波与正弦定理的关系、单摆与三角函数的关系，加强数学与其他学科的联系，完善学生的认知结构。

4. 从正在进行的社会调查中选择课题

让学生通过社会调查的方式开展研究性学习，能够尽可能地提供学习的直接经验，在探究实践中获得积极的情感体验。例如，丈量某商场、哪家购物超市最便宜？

（二）让学生亲历对数据的收集与处理过程，培养学生数据分析素养

研究性学习是一种主动探索和合作交流实践性教学活动，主张学习过程与学习结果的完美统一，目的就是让学生在实践过程中，不断地提高自己发现问题、分析问题、解决问题的能力。首先，让学生感受到解决问题就必须收集数据、整理数据、分析数据，再让学生经历完整的收集、整理、描述、分析数据的全过程，感悟数据分析的独特魅力。学生对数据收集整理的过程就是对数学问题的生成、发展、演变、形成的再创造过程，只有切身经历数据的收集和处理过程，对处理数据过程中出现的问题进行反复思考和改进，才能更加清楚地知道收集数据、筛选数据、处理数据的过程和方法。例如，

学生只有经历了对水塔数据的收集、整理、描述、分析，才能清楚地知道能收集到多少水塔的资料，解决测量高度问题需要收集哪些数据，需要做哪些准备，其中要收集的最基本的数据有哪些、能够用哪种方法解决问题和一共有几种解决办法等。通过让学生亲身参与对数据收集和处理的过程，培养学生数据分析素养。

（三）感悟模型思想，培养学生数学建模素养

研究性学习的课题大多是开放性的、可探究性的问题，将模型思想融入对问题的求解有利于学生通过实践对其内涵进行感悟，不仅巩固新知识的生成，而且培养学生建模求解的好习惯，进而形成建模素养。例如，可结合某一实际情境中的探究性问题的求解过程帮助学生总结并提炼函数“图像解题”的方法，还可以继续引申，运用这类方法解决相同情境下的相似问题，然后对这样的问题进行归纳。例如，在某一情境中对二元不等式的考查，教师可以引导学生建立函数模型，结合函数图像帮助理解，进而在此基础上求得结果。又如，一些几何背景的探究性问题，平面几何或者立体几何的本质都是图形，像前面案例中测量水塔的高度问题，本质就是三角形问题，自然也是用函数图像解题的。学生在经过对研究性课题的思考之后，教师从旁协助，解决问题时直接获得建模经验和综合能力的发展。

第三节　核心素养下高中数学课堂教学原则

一、主体性原则

主体性原则是高中数学核心素养培养的基础原则之一，因为核心素养的培养目标就是高中生，而高中生是学习的主体。在教学活动中教师是主导，学生是主体，教师和学生是教学活动中相辅相成的互动双方。教师应该最大限度地尊重和发挥学生的主体作用，培养学生的自主探究和实践能力，实现教育的最终目标。课堂是教育教学最重要的阵地，在高中数学课堂教育教学中，认识和确立学生的主体地位，有利于贯彻素质教育精神，提高课堂教学实际效率，最终实现核心素养的培养。

（一）新课程标准下“以人为本”教育观念的确立

“以人为本”是当代世界主流教育观念，也是我国当下正在进行新课

程改革的基本教育理念之一，其基本内涵是：人类社会的任何活动都要以满足人的生存和发展为目的，它强调人是自然、社会、自身的主体。现代教育理念中，“以人为本”就是指在教育教学中，以学生个体发展所需要的知识与能力需求为基本依据，注重培养学生的自我学习和进步的能力，从而促进学生自身健康成长和社会的进步。作为教育工作者，在教育教学过程中，应该充分尊重和践行“以人为本”的教育理念。

教学活动是师生积极参与、交往互动、共同发展的过程。有效的教学活动是学生学与教师教的统一，学生是学习的主体，教师是学习的组织者、引导者与合作者。“以人为本”教育观念得以确立和体现，学生被视为数学教育教学的主体。数学教育教学活动必须根据学生的实际情况，培养学生的自主精神和主体意识，让他们自觉地投入数学学习活动，积极主动地探索知识。

1.“以人为本”确立教育价值取向

教育的根本目标是培养人，“以人为本”是一种正确的、符合社会发展潮流和教育发展趋势的教育价值取向。“以人为本”强调尊重人，重视人的培养，要求充分开发学生的个体潜能，让学生学习丰富的知识和优秀的学习思维方法，同时还要培养健全的人格。在教师心中，要将每一个学生都视为独一无二的受教育主体，不能采取整齐划一的教育方法和原则，承认和尊重差异，从学生的角度去思考教育教学问题，更好地引导学生学习，努力让每一个学生在原有基础上都能通过教育而得到发展。

2.“以人为本”尊重生命成长规律

教育的对象是生命，是一个个品性独特、个性鲜明的人。教育的使命就是了解生命，引导生命成长，让每个生命都找到自己的成长之路，从而成就生命，让生命找寻到属于生命本身的价值。每一个生命都有着独一无二的特点，以人为本就是在尊重和理解学生生命基本规律的基础上，遵循生命成长的规律，对学生进行引导和培养，找到学生生命中的潜力和长处，帮助学生发展潜能，实现个体化生命全面自由的发展。

（二）数学课堂教学中如何体现学生的主体地位

数学课堂是一个系统工程，备课、上课、评价都是课堂教学的重要环节，在每一个环节的各方面都要做到“以学生为主体”去思考和设计，把握好实施过程的每一个环节，挖掘每位学生的优势潜能，在有效完成教学任务过程中，让每一个学生在原有基础上都能得到发展，真正实现“以人为本”。

1. 备课时应该从学生实际情况出发，将学生视为备课的目标主体

备课是数学课堂教学的前期准备工作，在备课的时候，教师首先要想到的就是备课的主体对象是学生，认识到学生是备课工作的目标主体。在“以人为本”教育理念下，教师备课时不仅要关注知识结构的系统性和完整性，更要充分了解学生、考虑学生的需求。在“以人为本”理念指导下备课，应该从学生的认知心理和认知水平出发，通过良好的教学设计来引导学生学习数学知识，提高数学能力与素质。备课工作很重要，其好坏直接关系到整个数学课堂教学的质量。在每次备课的时候，教师都要充分考虑班上学生的现有基础、学习能力、学习要求和学习兴趣，找到能够激发学生兴趣的问题，在课堂上促进学生主体能力的发展。

2. 上课时应把课堂还给学生，让学生成为课堂教学的思考和行动主体

“以人为本”理念的确立，使得课堂教学由重教向重学转变，让学生成为课堂教学的思考和行动主体，充分尊重和突出学生在数学课堂教学中的主体地位。“以人为本”要求把课堂还给学生，教师只是课堂教学的组织者和引导者，学生才是课堂教学的主体。要把课堂还给学生，就应该充分了解学生的独特性，让学生成为课堂教学的培养主体；就应该充分调动学生的学习能动性，让学生成为数学课堂教学思考的主体。数学课堂教学应该培养学生自信心、责任感和主动意识，给学生提供思考、探究和具体动手操作的机会，启发学生思考和辩论，成为课堂思维的主体。把课堂还给学生，需要尊重和培养学生的独立性。自主学习的实质就是独立性，独立性是自主学习的基础和根本。教师要把学生视为不以自己的意志转移的客观存在，将学生当作具有独立性的人来看待。

3. 评价应该着眼于学生的能力发展，让学生成为未来进步的主体

在“以人为本”理念下，数学课堂教学中的评价环节应该着眼于学生的能力发展，而不仅仅关注数学知识的掌握情况。科学的、发展的过程性评价，可以让学生了解自我认知水平、基本技能及综合能力的提高程度，同时还可以反映教师的教学水平、教学能力和教学效果。数学课堂的教学评价，应该把学生的人的发展放在最重要的位置上，还应该基于学生多种能力的培

养与发展，把握好一些基本的能力标准。

（三）主体性原则的价值和意义

素质教育是我国当前教育发展的主流观念，数学作为自然科学基础学科，具有很强的概括性、抽象性和逻辑性，是中学教育必不可少的基础学科，对发展学生智力、培养学生能力，特别是在培养人的思维方面具有非常重要的意义。在数学课堂教育教学实践中，学生主体地位的确立能够提高教学效果，提高其数学文化修养，促进学生的全面进步。

1. 学生主体地位的确立代表着观念的进步

学生主体地位的确立是我国教育观念的一大进步。教育的根本目标就是培养人和发展人，“以人为本”理念下学生主体地位的确立，意味着教育观念回归到了教育的价值原点，同时也符合世界教育发展的潮流，是我国教育观念的一大进步。

2. 学生主体地位的确立有利于学生全面发展

学生主体地位的确立能够促进学生生命的全面主动发展。生命成长和发展的根本动力是自我发展需求，学生主体地位的确立就是正确认识到了生命成长的规律与要求。只有学生作为人的生命主体性得到认可和尊重，才能够真正实现生命的全面主动发展。

3. 学生主体地位的确立能够提高课堂教学效率

学生主体地位的确立能够促进数学课堂教学效果的提高。学生在课堂教学中主体地位的确立有利于发展学生的学习主动性，从而有效提高教育教学效果和效率。自从笔者在课堂教学中，注重学生主体地位，教学成绩提升的效果非常明显。

4. 学生主体地位的确立有利于核心素养的培养

在核心素养培养要求背景下，高中数学课堂教育教学要“以人为本”，要面向发展，让每个学生都能够积极主动参与学习过程。教师作为课堂教育教学的组织者和引导者，应该认识到学生主体性地位的重要性和必要性，通过合理的途径和方法促使学生成为学习活动的主体，实现学生健康成长和课堂效率提高的双重目标。

二、自主性原则

自主性是指人在活动中的独立性和主动性，它表现为个体自由地、独立地支配自己言行的状态。数学学习的自主性原则就是学生独立或者在教师的帮助下制订学习计划，并且在完成学习任务的过程中坚持的一种独立、主动的原则。自主性原则有助于培养学生独立思考和探索的能力，下面就以任务型教学方式来探索自主性原则如何具体融入数学教学。

基于核心素养下的任务型教学的含义为：教师要把以数学核心素养为核心的课程目标作为任务的基础，以学生为中心提出具体的任务，联系学生的生活实际与个人经验，为学生建立具体的学习情境，引导学生围绕任务的完成展开活动，通过自主学习、合作交流完成任务，获得知识的主动建构，形成数学核心素养，从而更好地实现教学目标。

（一）教师提出任务应满足的要求

教师提出任务的要求有以下六个方面。

①任务的提出应该体现分层，即任务目标的多样性。也就是教师提出的任务要针对学生的不同能力水平，提供给学生的任务应满足涉及学习内容基本一致，但是程度有所区别。

②任务提出的难度需要教师把控，符合学生的认知水平。应该满足“最近发展区”，是需要学生通过一定的努力才能完成的，培养学生“跳一跳，摘个桃”的思想，有利于培养学生的主动探索精神。

③增强任务的延展性以及探究性。教师对于任务的提出不应该只是局限于课本上已有的知识，而更应该做到课本知识与理论实际相结合，给学生更多的思考想象与探索学习的空间，促进学生核心素养的发展。

④任务的提出应体现以学生为主体的精神。也就是说，教师在提出任务时，可以适当涉及关于完成任务会获得怎样发展的内容，让学生通过教师提出的任务知道这节课是以我（学生）为中心的，激发学生学习的积极性，从而养成主动学习的好习惯。

⑤任务的提出要符合数学核心素养。目前，我国对于高中数学教学的要求，已经不仅是使学生掌握知识，更重要的是学生核心素养的发展，所以任务的提出对于发展学生的核心素养应该是有积极意义的。

⑥任务的提出要有人文主义精神。教师要提出有价值的任务，符合对学生人文精神进行培养的规律。此外，提出的任务还应该对高中生学习态度、行为规范、道德准则产生终身的影响。

（二）任务型教学的实施过程

任务型教学的实施过程应注重以下七个方面。

①在任务型课堂教学中，要注重学生主体地位。把足够的时间留给学生主动学习、交流讨论。让学生感受到作为学习主体的乐趣，促成学生主动学习的心态。

②任务型课堂教学是适合于各种课型的教学模式。任务型教学模式不仅适用于新授课，对于复习课、练习课、活动课都具有实际意义，所以，要求教师合理利用。

③任务型教学过程中，要注重对于学习情境的创设。一方面，学习情境的创设要符合学生的现实生活，有利于调动学生学习的兴趣以及积极性；另一方面，教学情境要与本节课的内容密切联系。

④任务型教学过程的完整性。对于任务型课堂教学，教师很容易忽视的一点是评价。这里的评价包括两个方面：一方面是指学生的自评，即学生对于自身在本节课中任务的完成度、积极参与程度以及情感方面收获的评价；另一方面是指教师对于学生的评价，对于学生的具体表现以及运用的数学方法的评价。综合以上两种评价，才能对学生的发展起到反馈的作用，达到促进学生核心素养全面发展的目的。

⑤任务型课堂教学要做到面向全体学生。也就是说，使得班级里所有的学生都参与进来，虽然每个学生已有的知识水平不同，但是通过教师提出不同的任务，每个学生都可以找到适合自己的任务，积极参与课堂。教师在这一过程中要做到必须时刻关注学生，督促所有学生积极参与。

⑥教师要主动参与学生的活动。任务型教学模式中，强调任务是由学生主动学习、合作交流完成的，但是也不可忽视教师在这个过程中的主导作用，教师是学生完成任务的引导者。因此，教师应该积极地参与学生的活动，对于学生在完成任务过程中存在的疑问，教师应该给予适时的引导。

⑦教师既要做到使全体学生全面发展，又要根据学生的特点获得个性发展。任务型教学并不只是知识的学习，也是促进核心素养发展的过程，更是促进学生全方位和谐发展的过程。

（三）任务型教学对于教师自身的要求

数学任务型教学中教师要做到以下三个方面。

①教师应该转变教育理念，提高自身专业素养，提高自己的教育教学水平。教师作为数学教学活动的执行者，数学任务型教学要获得更好的发展，必须要求教师理解并且做到熟练操作，才能在教学中更好地运用任务型教学，促进学生的发展。

②教师要有反思的精神。时刻牢记“反思 + 学习 = 成长”的理念。对于任务型教学中出现的问题，教师要及时进行反思，善于从自身寻找问题。反思自己对于任务型教学理解得是否透彻；教学的具体实施是否存在问题。

③教师要善于利用教学资源。这既包括教师对于学校内部的设备资源，如多媒体的应用，也包括教师对于教材的开发和利用。

（四）影响任务型教学的其他方面

对影响数学任务型教学的问题应做到以下三个方面。

①对教师进行系统的培训，使教师对任务型教学模式理论有更深的领悟，并能形成自己独特的理解。以便教师在以后的教学过程中更好地运用任务型教学促进学生核心素养的发展。

②学校对于任务型教学模式应该持支持鼓励的态度，一方面注重教学资源的开发。随着课程标准的实施以及新课程改革，学校应该大力发展新型的有利于学生全面发展的教学模式。而任务型教学模式正好应运而生，学校应该主动帮助教师解决教学过程中的困难，促进任务型教学模式的不断完善。另一方面，要加强对于教学资源的开放，给教师提供配套的教学资源。

③应该培养学生主动学习的心态以及自主学习的能力。学生主动学习是任务型课堂教学顺利进行的重要影响因素，只有学生积极主动地配合教师，主动完成任务，才能使教学完成，才能达到促进学生全面发展的目的。学生要想完成任务，必须有完成任务的能力，所以培养学生一定的自主学习能力是很有必要的。

三、思维性原则

数学要想发展，关键在于数学思想和思维的发展。在我国高中数学教学中，教师不仅要重视数学知识的传授，更要重视数学思维的培养。数学是一门非常注重逻辑思维的学科，数学思维的发展是数学能力发展的基础，数学思维的进步是实现数学核心素养培养的关键因素。下面就以逆向思维来探讨一下高中数学核心素养培养中，如何将思维性原则具体应用到数学教学过程中。在高中数学解题过程中，有时候按照常规逻辑思维方式无法顺利解答题目，反而应用逆向思维则可以比较轻松地解答题目。高中生需要在学习和训练中掌握一定的逆向思维解题方法，诸如对数学定义的逆向运用以及反证法思维等，这样可以多一种解题思路，提高解题效率。

（一）逆向思维对于数学解题有着极大的重要性

在高中数学解题过程中，大部分学生习惯使用正向思维，通过已知条件和方法来解答所遇到的数学题目。在大部分情况下，这种方法是适用的。然而有时，通过正向思维方式解答数学题目会很难，甚至感觉到无从下手，面对这种情况，高中生就可以选择通过逆向思维的方式来尝试解答数学题目。

在数学发展史以及科学发展史的历程中，逆向思维是一种很重要的思维方式，甚至在某种程度上推动了数学以及科学的发展，通过逆向思维方式解决问题的情况屡见不鲜。对高中生来说，逆向思维是一种很好的思维训练方式，可以拓宽思维，逆向思维是对数学思维的灵活运用。从实用的角度来讲，还可以大大提高数学解题的效率。尤其是遇到一些正向思维难以解决的数学问题时，逆向思维通常会有更好的效果。

（二）逆向思维解题的方法探索

高中生在使用逆向思维解题的时候，需要讲究一定的方法和策略，这样可以提高逆向思维解题的针对性和有效性。

1. 对数学定义的逆向使用

数学定义是数学解题的基础工具，某些数学定义实际具有一定的逆向特点。在遇到一些数学题目的时候，如果发现通过正向思维无法解决问题，则可以考虑逆向使用一些对应的数学定义，通常可以让题目变得更加简单，从而有利于解出答案。通过对数学定义的逆向使用可以大大简化求解过程，让一些复杂的数学题的解题过程变得更加简单。

2. 反证法思维

反证法是一种常见的数学证明方法，通常从否定命题的结论入手，将命题结论的否定假设为推理的已知条件，然后通过正确的规范的逻辑推理，得出的结果与已知条件、数学公理法则等相矛盾。如果出现这种矛盾，则说明假设不成立，因此命题从相反的方面获得了证明。通常反证法通过三个步骤进行，第一步是反设，也就是做出与命题求证结论相反的假设；第二步是归谬，也就是将第一步的假设作为条件，然后采用正确规范的逻辑推理得出矛盾的结论；第三步就是结论，说明假设不成立，从而证明原命题结论是成立的。反证法既可以用于解答题，也可以用于快速解答判断题、选择题等题型。通过反证法，对应一些正向思维难以证明的问题可以更迅速、更简单地进行证明，而且逻辑上也是符合要求的。

综上所述，我们可以看到逆向思维在高中数学解题中具有特别的作用。高中生在日常学习和训练中，需要掌握一定的逆向思维方法。在高中数学题目解题中，并非所有的题目都适合使用逆向思维。有些数学题目，使用正向思维可以更快更准确地得出答案，这个时候就应该选择正向思维。逆向思维属于一种解题选择，遇到一些正向思维难以切入或者难以解决的数学题时，逆向思维可以提供一个解题的思路选择，通常会有出其不意的好效果。但学生学习逆向思维解题的时候，千万不要看到数学题就尝试用逆向思维，而是要根据实际情况来判断是否适合应用逆向思维。

四、人文性原则

人文性原则主要是为了让高中生真正了解数学的文化魅力，了解数学的发展历史，从而真正对数学产生爱。数学文化，也属于高中数学文化素养之一。尽管在高中核心素养中并没有将其单独列出来，实际上从数学的发展来看，注重数学文化的学习也成为要求之一。在新版高中数学教材中，有许多涉及中国数学史的内容，这些内容体现了中国历史进程中数学发展的高度，展示了中国古代数学家取得的成就。过去，我们的高中数学教学对中国数学史和传统文化的教育不够重视，这是因为我国现代数学教学体系基本上源自西方，并且中国古代数学知识大多用文言阐述，而不是用公式表达，使得一些习惯了现代数学表达方式的学生学习理解起来并不轻松。其实，中国数学史与传统文化是我国数学发展的瑰宝，在高中数学课堂教学中渗透数学史和传统文化教育能够提高数学学科魅力，增强高中生的文化自信。

（一）渗透中国数学史与传统文化，让高中数学课堂变得更有魅力

在一些高中生的眼中，高中数学课堂是枯燥乏味的，各种抽象的公式和计算，让部分高中生甚至对数学课堂学习望而生畏，更不用说去领略数学之美了。在文理分科的时候，有些高中生仅仅因为害怕数学学习而选择文科，实际上文科也需要学习数学。由此可见，数学没有学好的话，会对高中生造

成很大的困扰。之所以出现这种情况，与我们高中数学课堂教学中缺乏生动性有关，如果在课堂教学中能够渗透中国数学史的一些传统文化内容，则可以让我们的课堂变得更活跃、更有魅力。

（二）渗透中国数学史教育有助于激活高中生的学习兴趣

高中数学教材之所以会选编一定数量的中国数学史知识，一方面是为了让学生了解中国数学史相关的传统数学文化知识；另一方面也有通过数学史知识激活高中生学习数学知识兴趣的目的。兴趣产生的缘由是多方面的，但是一旦有了兴趣，高中生数学成绩就会显著提高，数学思维能力和水平也会得到极大的发展和进步。

高中数学教材中有一些数学史和传统文化的内容，教师还可以通过自己的方式来收集整理一些中国数学史和传统文化的材料，然后在课堂教学的过程中巧妙地渗透进去，这样可以让学生感受到一种文化的魅力，从而产生学习的兴趣。例如，在圆周率的求解上，中国古代长期领先于世界，比较著名的就是刘徽的割圆术，但其实刘徽割圆术的价值不仅在于对圆周率的精确求解，而且已经具备了极限思想雏形和无穷小分割的数学方法，这就是我国古人的数学智慧。教师在讲解的时候，可以加入一些中国古代圆周率求解的历史故事、人物和他们的数学思想，还可以与西方在圆周率的求解历程上进行对比，增加课堂的趣味性，让高中生去领悟古人的数学智慧。圆周率求解也有一些经典题目，甚至衍生出一些高考试题，教师可以将其整理出来，然后在课堂上边讲述古代数学史相关知识边引导学生去分析，两者融合起来教学，让数学教学生动起来，让学生产生一种跟中国历史著名数学家进行数学智慧交流的感觉，这样的教学方式学生会更感兴趣。

其实，高中数学的难度并不高。在教学实践中，笔者发现如果学生真正对学习感兴趣的话，成绩都可以显著提高。最为关键的是，对学习有兴趣的学生教起来非常轻松，因为他们有足够的学习主动性，教师指点一下就效果明显。中国数学传统文化非常丰富，简直就是一座丰富的文化宝藏，高中数学教师应该努力挖掘其中与高中数学知识相关、与高中数学思想相关的内容，在课堂教学中，合理渗透、巧妙融入，让数学教学变得丰富立体，也给学生更多产生学习兴趣的契机。这样既可以提高数学学习成绩，也可以发展高中生数学思维，这是一种非常难得的教学突破点。

（三）渗透中国数学史教育能够帮助高中生提高文化自信

我国数学基础教育采用的是源自西方的近现代数学体系，导致有些人产生一种错觉，那就是中国古代对于现代数学体系的贡献很小，甚至有人会认为中国古代几乎没有突出的数学成就和成果。实际上，我国古代数学的发展水平在很长一段时间里都居于世界先进水平，真正落后是到了近现代。例如，著名的毕达哥拉斯定理，在我国古代被称为“勾股定理”，在公元前11世纪商朝的时候就由商高发现和提出，比毕达哥拉斯学派公元前6世纪提出这个定理要早500多年。然而在世界数学领域，大部分人喜欢用毕达哥拉斯定理来称呼，这就是我国近现代数学落后，中国数学史知识没有产生世界影响力的缘故。让高中生了解中国数学史知识，真正地对中国古代数学史有了解，就会对古人的数学智慧更加佩服，能够产生一种民族自豪感，这是一个国家崛起需要的文化底蕴和文化自信。

中国古代数学史大多是基于现实需求产生的，如观测天象来制定历法、亭台楼阁和宫殿的设计及土木建筑、水利工程、仓储管理运输、造船海运等，比较注重实用性，而对于抽象性的概括不够，这也是中国古代数学没有发展成为体系化数学的一个重要原因。加上中国古代教育更偏重人文教育，而对数学教育的普及重视程度不够，导致数学知识的传播范围不广，有很多时候是父子、师徒相传，很容易出现传承断层，有些古人的研究成果没有流传下来，更谈不上发扬光大。西方近代数学启蒙的时候，数学家都从古代希腊罗马的数学和哲学中寻找灵感，追本溯源，从而开启了近现代数学高速发展的时代。中国古代数学拥有丰富的资源，对中国古代数学史的探究与分析，也能够整理出中国古代数学发展的脉络，其中的经验教训对于现代中国数学发展依旧有着重大而深远的意义。

在课堂教学中让高中生了解和学习中国数学史、渗透中国传统文化，可以帮助高中生提高数学文化素养，让他们知道中国古代曾经有过灿烂的高度发达的数学成就，中国古人拥有高超的数学智慧和钻研精神，引导高中生思考中国数学近现代落后的原因，提高他们的思维境界和高度。

高中数学课堂教学不应该仅仅是数学知识的传授和解题技巧的训练，更应该是一种数学精神的熏陶。在高中数学课堂教学中，渗透中国数学史的教学内容，可以引领学生探索中国古代数学智慧，让学生产生一种数学文化自豪感。当然，如果学生对中国古代数学史产生兴趣并主动探索研究的话，这会在很大程度上提高学生的数学文化修养，这也是符合数学核心素养培养目标和要求的。

五、创造性原则

随着国际交流的逐步加强，在教育教学领域，学生之间的比拼已经不是停留在知识层面，而是更注重创造能力。培养学生的创造精神和优秀的创造性思维是新课程改革背景下高中数学教学中一项长期而艰巨的任务。创造性原则是核心素养培养下的重要原则之一。在数学核心素养中，抽象素养对于创造性的影响最大。下面就以高中数学抽象素养培养为例，对创造性原则如何融入教学进行探讨。

（一）数学抽象素养概念和内涵

数学抽象素养是指通过对数量关系与空间形式的抽象，得到数学研究对象的素养。数学抽象是数学的基本思想，是形成理性思维的重要基础，反映了数学的本质特征。数学抽象使得数学成为高度概括、表达准确、结论一般、有序多级的系统。数学抽象素养的教育价值是通过高中数学课程的学习，学生能在问题情境中抽象出数学概念，积累从具体到抽象的数学活动经验；养成在生活实践中理性看待问题、思考问题的习惯，并能把握事物本质；运用数学抽象的思维方式思考并解决问题。数学抽象素养具体表现为获得数学概念和规则，提出数学命题和模型，形成数学方法与思想，认识数学结构与体系。

数学抽象素养可以划分为三个水平，这三个水平是根据数学抽象素养的具体表现和能体现出数学抽象素养的四个方面，即情境与问题、知识与技能、思维与表达、交流与反思来表述的。

水平一：能在熟悉情境中抽象出数学问题，形成数学概念和规则，能在特例基础上归纳并形成简单的数学命题；能了解命题的条件与结论，能模仿学过的数学方法解决简单问题；了解用数学语言表达的推理论证，能在解决相似的问题中感悟数学的通性通法和其中的数学思想。交流中，能结合实际情境解释相关抽象概念。

水平二：能在关联的情境中抽象出一般的数学概念和规则，将已知数学命题推广到更一般的情形，在新的情境中选择和运用数学方法解决问题；

能理解数学命题的条件与结论，用恰当的例子解释抽象的数学概念和规则，构建相关数学知识之间的联系；能理解用数学语言表达的概念规则，进行推理论证，提炼出解决一类问题的数学方法，理解其中的数学思想。在交流中，能用一般概念解释具体现象。

水平三：能在综合的情境中抽象出数学问题，并用恰当的数学语言予以表达，能在得到的数学结论基础上形成新命题，针对具体问题运用或创造数学方法解决问题；能通过数学对象、运算或关系理解数学的抽象结构，理解数学结论的一般性，能感悟高度概括、有序多级的数学知识体系。在现实情境中能把握研究对象的数学特征，并用准确的数学语言予以表达；能感悟数学的通性通法和其中蕴含的数学思想。在交流中，能用数学原理解释自然现象和社会现象。

（二）高中生数学抽象素养的培养建议

要想使每一个高中生数学抽象素养在原有基础上有所提高、有所进步，需要多方共同努力，坚持不懈地为学生的发展而奋斗。数学抽象素养是高中生数学核心素养的重要内容，也是抽象逻辑思维发展的基础，高中生抽象素养的培养，需要教师用心去引导。

1. 在实践中践行

俗话说，一个人的思想决定一个人的行为。在教学中亦是如此，教师的教育理念决定教师的教育行为。例如，近几年全球各国都在倡导的核心素养；又如，比较经典或者被多数人认同倡导的“在活动中学”“生长数学”“每天进步一点点”“精讲多练”“以学生为中心”等先进教育理念。这里要提一点，“在活动中学”教育思想，我认为它是教育史类书籍里众多思想中的一个，一个高处不胜寒的教育理念。对教师而言，应积极在课堂实践中践行国家倡导的、自己认同信仰的教育理念。无论是自己的课堂还是其他优秀教师的课堂，亲身感受并在思考后践行之，日复一日，一以贯之，学生会离我们的期望教育目标越来越近。要发展高中生的数学抽象素养，那教师必定要厘清数学抽象素养的来龙去脉，如与数学核心素养的关系，与逻辑推理、直观想象、数学运算、数学建模、数据分析的关系，与三维目标的关系等，再经过同行间交流，自己思考总结并凝练。最后把培养学生数学抽象素养内化于自己的教育理念中，用理念指导行动，学生的数学抽象素养必定会有所提高。校内同行间交流和自己思考总结，这些都是更新教育理念的好途径，除此之外，教师应该积极主动参加数学教育相关的会议或讲座，从学校之外吸收优秀的教育理念方法，不断丰富自己的教育阅历。

2. 在备课中潜心研究数学抽象素养

人们常说“台上一分钟，台下十年功”，这句话在教师身上体现得淋漓尽致。对多数教师来说，备课应该是最磨人最耗时的事情。由于这个原因，部分教师投机取巧，经常随便备一备就走上讲台。这样，学生的数学抽象素养怎能有所提高。在现实教学中，教师每份教案的生产流程应该是听课—大学教材—中学教材—教参—习题—教案选—相关课外书。教师备课到底是站在搬运工的角度还是站在教材编写者的角度，不同的选择会导致不同效果的课堂。要发展高中生的数学抽象素养，备课时，教师必定要设计好在哪里、怎么组织活动，怎么说才能有针对性地培养学生的数学抽象素养。备课实际上就是教学规划，它决定着教师教学活动的展开。好的备课充分考虑了学情以及教学内容，这样的备课更有利于实现培养学生数学抽象素养的教学目标。

3. 课堂教学中注意落实数学抽象素养

在概念教学时，教师应在师生互动基础上，通过某些适当途径一步步启发学生抽象出数学概念。真正有效果的课堂学习是师生双方的互动，这是很多教育家、优秀教师所认同的看法。可反观高中数学课堂，极少数教师的课堂才会有意识地、有目的地、自然地穿插有意义的师生活动，多数教师的课堂仍然是满堂灌填鸭式，以教师为中心。例如，一节新授课，按照教材情境问题引入，学生不会做，教师开始讲，给出新概念，继续讲例题，学生随堂练习，教师继续讲题，最后总结布置作业。这样的新授课与习题课有多大区别，在这样的课堂中只能看到教师唱“独角戏”般地完成教学任务，这样的课堂教学怎会有利于学生数学抽象素养的培养？在师生互动的基础上，再加上教师的精心启发会使学生更好地吸收概念形成过程。

采用多样化的课堂教学方式，以更好地落实数学抽象素养。教学方式有很多，如讲授法、阅读自学、信息化教学等。教师应针对不同内容采用不同的教学方式，不要仅仅局限于讲授与练习。在实践中，我发现信息化教学在高中课堂的应用比较匮乏，高中数学中很多概念，如立体几何中的定理，对学生来说非常抽象，有时仅靠教师讲解，学生还是不容易理解。抽象的数学概念经常是学生学习的一个难点，那么教师可以趁此机会借助信息化教学手段培养学生的数学抽象素养，使学生轻松愉悦地经历数学抽象活动过程，培养数学抽象素养。在合适情况下，多采用信息化教学可以很好地在课堂上帮助学生抓住概念本质，突破难点，提高学生的数学抽象素养。

课堂教学更关注学生亲历数学过程的多寡。学生数学素养差异的原因主要体现为亲历过程的多寡，反映在探索中获得的体验的丰富程度上，即独立探索、思考数学问题的机会和程度。在有意识培养学生数学抽象素养的目标下，亲历数学过程的多寡可以理解为：使学生更多地经历数学抽象活动过程。数学抽象过程也就是经历一次完整的数学问题发现过程。学生通过发现问题的活动，就能逐渐理解怎样用数学的眼光观察现实世界，学会舍弃事物表面，看清数学本质。课堂教学中落实数学核心素养，完成教学内容、教学目标与学生多参与，这两者通过教师的精心设计是可以双赢的。除了课堂教学中让学生多亲历情境与问题的过程，在课后倡导学生将教师精心筛选的数学问题以独立探索、思考的方式或小组内讨论的方式完成，重点是学生亲历数学问题解决的过程，以此来提高学生的数学抽象素养。

课堂教学落脚点可以放在体现数学抽象素养的四个方面，即情境与问题、知识与技能、思维与表达、交流与反思。在这四个方面可以体现数学抽象素养，那在课堂教学中，教师可以时刻审视自己在这四方面是否做到期望目标。即教师准备在这四方面如何培养学生的数学抽象素养，学生的课堂反应是否达到期望中的水平。因此，在课堂教学中，要想培养学生数学抽象素养，可以把落脚点放在情境与问题、知识与技能、思维与表达、交流与反思这四个方面。

4. 课后开展利于培养高中生数学抽象素养的活动

开展学生说题活动，由教师制订详细计划负责培养学生说题。作为教师，我们深切体会到教学相长的道理和益处，学生说题是一个特别高效的学习方法，通过说题，可以培养学生解决数学问题时的思维习惯、思维品质，同时学生的数学抽象素养得以发展。以及在说题中，学生不仅学会解这道题，更举一反三学会了解一类题，从中巩固、加深了对题中涉及的概念的理解，逐渐抓住概念的本质，毫无疑问也会提高学生的数学抽象素养。因此，开展学生说题活动是培养高中生数学抽象素养的一个既有效又具有可操作性的途径。

强调概念应用。课后考概念这个活动，对于自学能力差的学生，很适用也很有必要。高中数学有些模块概念偏多，而且学生特别容易混淆，如平面向量这一模块。有些模块概念特别抽象，本就是高中数学的难点内容，如圆锥曲线这一模块。对于有这样特点的数学概念，对自学能力差的学生，考概念相当于推动他们理解抽象概念，并在逐步练习中将其内化于自己的认知结构，最终使其数学抽象素养得到提高。

第二章　核心素养下高中数学课堂教学模式

第一节　高中数学课堂教学模式

惰性是每个人都会有的，这直接导致了学生的自主意识较差，再加上长期灌输式教学模式，导致学生一直处于被动的学习状态，进而导致学生的自主能力较差；另外则是课业的压力让学生缺乏自主学习的时间。同时，高中数学知识相对来说更加抽象，理解起来更加困难，这在某种程度上影响了学生自主学习意识的发挥。所以，在新课程理念的不断深入下，教师要更新教育教学思想，需要采用多样化的教学模式培养学生的自主学习意识，促使学生养成良好的学习习惯。

一、高中数学课堂教学模式的内涵

随着科学技术的发展，教育面临着新的科技革命的挑战，促进人们利用新的理论和技术去研究学校教育和教学问题。现代心理学和思维科学对人脑活动机制的揭示，发生认识论对个体认识过程的概括，认知心理学对人脑接收和选择信息活动的研究，特别是系统论、控制论、信息加工理论等的产生，对教学实践产生了深刻的影响，也给教学模式研究提出了许多新的课题。因此，这一阶段在教育领域出现了许多新的教学思想和理论，与此同时也产生了许多新的教学模式。

二、课堂教学模式的特征与结构

课堂教学模式是教学活动的基本结构，每个教师在教学工作中都在自觉不自觉地按照一定的教学模式进行教学。了解课堂教学模式的特征和结构，有助于教师在教学过程中更好地发挥作用。教学模式作为一个完整的功能系统，有其区别于其他系统的特征，课堂教学模式的主要特征包括以下六个方面。

（一）指向性

任何一种教学模式都是围绕一定的教学目标设计的，而且每种教学模式的有效运用也都需要一定的条件，因此不存在对任何教学过程都适用的普适性的模式，也谈不上哪一种教学模式是最好的。评价教学模式的标准是在一定的情况下这种教学模式是否达到特定目标。因此，在选择教学模式时必须注意不同教学模式的特点和性能，注意教学模式的指向性。

（二）操作性

课堂教学模式操作性的特点是指任何一种教学模式，都应该是便于把握、理解和运用的。教学模式如果不具有操作性，就难以让人把握、模仿和学习，以致教学模式难以发展到今天比较完善的层面。同时，教学模式是一个程序，是一套完整的系统，应用教学模式在一定层面上说就是要按照一定的程序和规范来进行教学活动。

（三）开放性

教学模式是随着教学实践观念和教育理论的变化而不断进步着的。虽然教学模式一旦形成，其基本构架就具有一定的稳定性，但是这并不意味着一种教学模式的构成要素、内部结构就不会发生变化。一个教学模式的形成初期，它只是一个雏形，很多东西还不完善，需要在实践中不断检验和完善。五段教学模式的发展历史充分说明了这一点。赫尔巴特最初提出的是四段教学模式，但是他的学生在日后的实践中不断获得新的经验和新的观念，从而把四段教学模式中的第一段分为了两步，逐步形成了五段教学模式。

（四）完整性

教学模式是教学现实和教学理论的统一，所以它有一套完整的结构和一系列的运行要求，体现着理论上的自圆其说和过程上的有始有终。它既是一定教学理论的简要形式，又是一个完整的过程与体系。

（五）稳定性

几乎所有教学模式都强调了教学模式应具有相对稳定性。这是因为教学模式不是从个别的偶然的教学实践中产生出来的，它是对大量教学活动的理论概括，在不同程度上揭示了教学活动的普遍性的规律。而且，从实践角度看，科学性、普遍性是稳定性的基础，只有具有稳定性才有可行性。但是，教学模式的稳定性是相对的，一定的教学模式总是与当时的社会经济发展水平相一致的，总是和人们对教学的理解相关的。人们对教育的目的看法发生变化，教学手段随着科技水平的提升发生变化，教学模式也会不断发生变化。

（六）灵活性

教学模式具有相对的稳定性，这并不否认教学模式具有一定的灵活性。教学模式的灵活性一方面表现为对学科特点的充分关注，另一方面则表现为教学方法的多样化。由于教学模式中的程序需要起到普遍参照的作用，因此，在一般情况下教学模式并不涉及具体的学科教学内容，而只是对教学内容的性质提出特定的要求。同时，教学模式作为某种教学理论或思想在教学活动中的具体表现形式应受到学科特点、教学内容的影响和制约，因此不能不考虑学科特点、教学内容的主动适应。

第二节　核心素养下的课堂教学模式

一、核心素养在高中数学教学中所展现的意义

（一）促进学生全身心的良好发展

应用核心素养理念最主要的目的就是全面提高学生的综合素质与能力，培养优秀人才。但是要想实现这一伟大愿望，就需要教师努力推行新型的教学方式，将教学的重点转为对学生综合素质与能力培养的方面上。可以说在高中教学数学中，大力践行核心素养理念可以从本质上减少忽视培养学生其他素质与能力的现象发生，有效促进学生全身心的良好发展，所以我们从中可以发现核心素养在高中数学教学中所展现的积极意义。

（二）加快推进传统教学方式的革新

在教育观念不断更新与发展的情况下，对传统教学方式进行变革与创新已成为一个必然的发展趋势。在高中数学教学中，由于受到以往教育观念的强烈影响，教师在传授知识时以多注重提高学生学习成绩为主要目的，而较少培养或是完全忽视提高学生其他方面的能力，从而导致学生全身心的良好发展受到严重的阻碍。但是如果在基于核心素养的理念下，教师的教学方式则会发生较大程度上的转变，改为重视学生除考试能力之外其他素质与能力的培养上。因此，在高中数学教学中大力践行核心素养的理念有助于高中

数学教学模式的进一步发展。

（三）有效提高学习数学知识的技能

拥有数学知识的技能是高中生学习数学的基础目的和主要愿望。随着学生学习阶段的不断爬升，对于数学知识的学习也从简单易懂转变成为枯燥难学的境地。因此，对于高中数学知识的教学，教师就需要更多以学生为主体，通过观察学生对数学知识的学习效果，制定更加科学有效的教学进度安排。由此在有效增加学生数学知识积累的基础上，也能同时有效培养学生灵活应用所学的数学知识来解决有关问题的能力，让学生在课堂中能够更为自信和熟练地展现自己的数学技能，实现学生数学技能与实际生活的完美融合。除此之外，教师也要适当结合学生个人的学习能力和个性差异来开展基础知识及课外知识的教学与延伸，有秩序地提高学生学习数学知识的技能，使学生在今后的数学知识学习中更加顺利且高效。

二、基于核心素养下高中数学教学模式的形成

（一）锻炼自学能力，提高学习热情

教师通过在日常的数学教学中增设小组讨论的形式，以此来增加学生的学习兴趣、提高学生的学习热情，与此同时也能在无形中使学生自主学习的能力得到一定程度上的锻炼。但是，因为传统的教学方式对学生的影响较为深远，使得学生大多欣然接受教师采用传统的方式进行教学，由此导致大部分学生对新推行的教学方式只是处于被动接受的状态，从而极大地降低高中数学的教学效率。因此，如何在推行新教学方式的基础上营造课堂良好的学习氛围，来锻炼学生自学能力，重新培养学生的学习兴趣、提高学生学习热情，这是教师亟须研究的一个重要问题，而且研究这一问题也有助于加快推进核心素养下高中数学教学模式的进一步形成。

（二）转变教学方式，践行核心素养

就高中数学教学来说，要想达到高效率的教学最重要的一个方面就是应对教学方式进行一定的转变。因为目前的高中数学教学方式还处于教师单方面传授知识给学生的阶段，所以教师个人的整体能力及水平将直接对学生学习知识的效果产生密不可分的联系。教师在日常的讲授中通常都花费大部分的时间，而正是这大部分的时间被占用，使得教师与学生之间互动的机会逐渐变少，久而久之便使大多数的学生逐渐丧失实践与创新的基本能力。

但是如果从核心素养的角度上出发，以往传统的教学方式便会得到很大程度上的变革与创新。比如，教师在重新树立培养学生综合素质的理念后，对学生日常的实践活动和思维能力的培养更加注重，通过将以往需要讲解的大部分时间进行严格控制后，将其缩短成原来的一半，而被节省下来的一半时间就可以完全留给学生进行自由讨论或是向教师提出疑难问题再由教师进行及时解答。通过实行这种教学方式，教师在提高自身教学效率的同时，也在较大程度上使学生的综合素质与能力得到了较好的培养。因此，在基于核心素养下对高中数学教学模式进行不断的创新与发展，对高中学生及教师所带来的益处是无法预计的。

（三）促使课堂教学与实际生活的有效融合

知识是从实际的生活中所孕育而生的，因此各个学科的知识都能很好地运用到实际生活中，尤其是数学知识。所以，在高中数学教学中，通过创设课堂教学与实际生活有效融合的方式，能有效提高学生对于灵活运用数学知识解决实际生活问题的能力，并在运用知识的过程中，对其数学知识的理解也能更加深入。除此之外，学生通过教师创设的新型教学方式，还能无形中使学生的团结协作能力及日常交际能力得到一定的锻炼，由此可以极大激发学生学习高中数学的兴趣和更加真实地感受到生活所带来的乐趣，有效促进核心素养下高中数学教学模式的顺利推行。

综上，在高中数学教学中，更应以重视核心素养发展为主要的教学目的，创新与发展传统教学方式，践行核心素养理念，采取多种生动有趣的方式进行教学以有助于提高数学课堂的整体教学效率以及提高学生的综合素质与能力，进而使高中数学教学模式能够获得更大程度的发展。

第三节　高中数学专题化教学

一、数学概念教学

（一）数学概念的特点

数学概念是构建数学理论大厦的基石，是学生进行数学思维的核心。学生在解决计算、证明、作图等具体问题时无时无刻不用到数学概念。例如，不理解二次根式的概念，则化简二次根式就无法进行；不了解直角三角形、斜边、斜边上的高、边在直线上的射影、等比中项等概念，则论证“直角三角形中，斜边上的高是两直角边在斜边上的射影的比例中项”也将变得困难。所以，概念教学在数学教学中占有特别重要的地位。

数学概念主要有以下三个特点。

1. 数学概念具有高度的概括性和抽象性

数学概念是客观事物的数和形方面的本质属性的反映，它是排除一类对象的具体物质内容（如颜色、气味、重量等）以后的抽象。例如，从 5 个苹果、5 个女孩、5 棵树等不同的实际情境抽象概括出数字“5”。数学概念的抽象程度、概括程度还表现出层次性。有些概念具有明显的直观意义，如几何中的直线角、圆等概念，代数中的自然数、负数。有的概念是通过对已有的概念进一步抽象概括而产生的，如函数、分式、向量等，还有许多概念则纯粹是“思维的自由想象和创造的产物”，如四元数、n 维空间、群、环、域等。

2. 数学概念具有一定的系统结构

数学概念是随着数学知识的发展而不断发展，学习数学概念也要在数学知识体系中不断加深认识。例如，一次函数—二次函数—有理分式函数—指数函数—对数函数—三角函数—反三角函数等概念之间都有其内在的联系。数学课程总是把许多重要的数学概念、数学思想按螺旋上升的方式分散安排。这就要求教师不仅要了解所教内容的意义和应用，更要经常“瞻前顾后”，适当地强调该内容与其他内容的联系，促进学生不断从新的角度理解原有的知识，对认知结构进行调整和重新组织。

在中学数学中，函数、集合、映射等概念常常可以充当包摄性的建构工具。例如，代数式的最大公因式，方程组的解，直线的交点，独立事件同时发生的概率等这些貌似无关、相距很远的概念，如能用集合的交集与并集的概念来统一，它们的共同特征就一目了然。因此，教学要始终重视知识的整体理解和整体加工处理，将原来彼此分散、彼此分割开来的知识联系成一个统一的整体，揭示出整体规律、整体思想以及处理问题的多种角度和方法。

从数学概念之间的关系中来学习概念，可深化对所学概念的认识，有利于加深对有关概念的理解，也便于学生记忆。

3. 许多数学概念同时具有两种属性

数学概念既表现为一种动态的算法、操作过程，又表现为一种静态的结构、对象。例如，三角函数 cos 可以看作 x 与 r 之比的运算，又可以作为比值。不仅如此，许多研究表明，数学概念的认知顺序通常是“先过程后对象”。例如，现在的函数教学仍要从“变量观点”的定义开始，因为它是一个过程性质的概念，与函数的“对应”观点相比较，更易于学生掌握。

针对数学概念的二重性特征，在实际运用时必须根据情境的需要，灵活地改变认识的角度，有时要把某个概念当作有操作步骤的过程，有时又需将它作为一个整体性的静态的对象。

（二）数学概念教与学的认知心理学基础

现行中学数学课程标准指出：数学课程不仅要考虑数学自身的特点，更应遵循学生学习数学的心理规律，强调数学教学活动必须建立在学生的认知发展水平和已有的知识经验基础之上。认知心理学认为学习就是学习者原有认知结构的组织和重新组织。这要求教师在进行数学教学时，既要注意学习材料本身的意义和逻辑性，也要关注学生的已有知识基础以及学生学习数学的动机和兴趣。

1. 学生数学学习的情感因素

认知主义心理学认为，学生的概念形成过程不是消极、被动的，而是个人积极、主动地尝试探究、发现概念的过程。没有学生的积极参与活动和思考，就不可能产生有效的学习。而参与程度与学生学习时产生的情感因素密切相关，如学习数学的动机、对学习内容的喜好、成功的学习经历体验、适度的学习焦虑、成就感、自信心与意志等。反之，超负荷的训练、枯燥无味的学习过程、屡次失败的经历都会给学生数学学习留下阴影。

因此，数学教学应该关注学习者的情感因素，使学生的非智力因素与智力因素协调发展。教师应当为学生创设一个积极向上而又民主和谐的数学学习环境，使得他们能够在其中自主地、充满自信地学习数学，平等地交流各自的数学理解并通过相互合作去解决所面对的问题。

在教学任务的设计和安排方面，要充分考虑学生认知的需要，这种需要不是指社会或经济的需要，而是指智力上的需要。当学生因现有知识的局限，面对问题情境产生困难时，他们更有可能体验一种想要解决问题的内在愿望。问题的解决可能导致他们对现有知识的修正或新知识的建构。

一般而言，好的数学任务应具有以下特征：①它的关注点应该是数学；②对学生而言它是富有挑战性的，但也是可达到的；③它要求学生解释和验证他们的答案。

2. 学生的日常经验在数学概念形成中的影响

学生过去的经验既包括日常生活经验，又包括在学校数学课中已获得的知识、技能，是保证学生顺利掌握新数学概念的重要条件。

近年来，研究者关注比较多的是学生的日常概念（或者前概念）与科学概念之间的关系。科学概念是指定义明确的，有一定逻辑意义和体系属性的概念。我们在课程中所教的数学概念就属于科学概念。对于同一个概念，学生在系统地学习科学知识之前所具有的想法被人们称为“前概念”。也有一些研究者用“自发性概念”来表示产生于学生日常生活的自然形成的认识。

现代学习心理学和实践研究表明，儿童在进入学校之前、在学习数学之先，头脑里并非空白一片，像一块“白板”。事实上，他们在日常的生活实践中已形成了一定的“数学概念”，他们对现实世界中的空间形式和数量关系有自己的看法和理解。这些概念通常具有合理的成分，但不精确，有些甚至是错误的。其中，与科学概念不同的观念被称为错误概念。

作为教师，我们应明确日常概念对科学概念的理解可以产生积极或消极的两种影响。事实上，学生掌握的科学概念许多是从日常概念中发展而来的，研究学生自身的经验和概念可以使教师更好地理解他们考虑问题的方法和理由。因此，概念教学要以学生的日常概念为基础进行设计，对照科学概念，帮助学生从自发性概念中去粗取精、去伪存真，提高概念教学的效果。

3. 新旧概念之间的不同关系及学习类型

根据抽象程度的不同，新旧概念之间一般可以有三种关系，这些关系分别对应以下三种学习类型。

（1）下位关系学习或类属学习

当新知识从属于学生数学认知结构中已有的、包容范围较广的知识时，则构成下位关系。这是新知识与学生已有认知结构之间的一种最为普遍的关系。例如，学生先学习了“三角形”的概念，再学习等腰三角形、等边三角形，或者锐角、钝角、直角三角形的概念时就构成下位关系的学习。又如，学生掌握“函数”的一般定义、性质以后，再学习具体的函数，如幂函数、指数函数、对数函数、三角函数等，也构成下位关系学习。从中可以看出，这种学习一般表现为通过增加条件对上位概念进行限制或补充而形成新的概念。

（2）上位关系学习或总括学习

当要学习的新知识比已有知识的概括程度更高、包容范围更广，可以把一系列已有知识包容其中时，即原有的观念是从属观念，而新学习的观念是总括性观念。新旧知识之间便构成一种上下位关系，这时的学习就称为上位学习或总括学习。例如，高中数学中的“导数概念”就是对学生已学习的“瞬时变化率”概念的进一步概括。实数概念是对“有理数无理数”或“正数”“负数”“零”概念的发展。在上位关系学习过程中，关键是从下位概念中归纳概括出它们的共同特征。

（3）并列结合学习

如果新旧知识之间既不产生下位关系，又不产生上位关系，但是新的内容与学习者已有的一些观念有某种属性或结构的相似，就可以通过合理地组织这些潜在的已有的观念学习新知识，这种学习类型就称为并列结合学习。在实际学习中，很多新概念的学习都属于这种学习。

例如，学习“直线与平面的平行（垂直）”就需要组织学生在平面几何中获得的“直线与直线的平行（垂直）”的知识进行学习。学习“负数”就需要组织学生已有的“相反意义的量”的观念。“向量”的概念可以组织学生在物理学习中已建立的“位移”“速度”等概念，进一步可以通过类比数及其运算研究向量运算。通过并列结合学习，学生能够从貌似无关的两个事物中发现它们的某些共同本质特征，从而获得对知识的一种全新理解。

从上面的论述中可以发现，无论哪种类型的概念学习，在教学开始时，一般需要一些先于具体的教学内容而向学生呈现的一种引导性材料，它的作用是在学生认知结构中，在原有的观念和新的学习任务之间建立起关联。这些材料在认知心理学中称作“先行组织者”，这种教学策略就是先行组织者策略。

（三）数学概念教学的方法

学生的概念学习从本质上看就是概念获得的过程，它要在教师的指导下进行。一般来说，概念获得包括概念形成与概念同化两种方式。学生理解和掌握概念的过程实际上是掌握同类事物的共同、关键属性的过程。如果某类数学对象的关键属性主要是由学生对大量同类数学对象的不同例证进行分析、类比、猜测、联想、归纳等活动基础上，独立概括出来的，那么这种概念获得的方式就叫作“概念形成”。

概念形成的心理过程依次是：感知、辨别不同事例；从一类相同事例中抽出共性；将这种共性与记忆中的观念相联系；同已知的其他概念分化；将本质属性一般化；下定义。

我们以概念形成理论为基础简述数学概念的教学过程，概念教学的基本步骤依次是：创设情境引入数学概念；分析、比较不同的例证，对相关属性进行概括和综合；从例证中概括出共同特征；抽象出概念的本质属性；形成概念的定义，并用符号表示数学概念；概念正反例证辨析，进一步明确概念的内涵和外延；概念的初步应用，建立与相关概念的联系。

二、数学命题教学

（一）数学命题及其教学的基本内涵

在数学中，用来表示数学判断的陈述句或符号的组合叫作数学命题，它们揭示了从现实世界的空间形式和数量关系中抽象出来的一般规律。由于正确的数学命题一般包括公理、定理、公式、法则等，因此，数学命题的教学主要指数学公理、定理、公式、法则等的教学。数学命题的教学不仅是数学概念教学的展开与深化，同时也是数学问题解决教学的基础，而且是形成数学技能、培养数学能力的重要途径。因此，数学命题的教学对于学生的数学学习具有重要意义。

（二）数学命题的教学方法

数学是人们在对客观世界定性把握和定量刻画的基础上，逐步抽象概括，形成模型、方法和理论并进行应用的过程。这个过程充满探索与创造，这个过程中产生的一些思考方式，逐渐成为数学科学研究与应用的思维特征。因此，数学教学不仅要关注学生怎样理解，还要关注学生思维方式的训练和培养。例如，促进学生有条理地思考、有效地进行表达和交流，用数学方式描述问题、分析问题、解决问题，使学生逐渐摒弃基于经验的思维习惯，形成良好的数学修养，最终能运用数学的思维方式去观察、分析现实社会。

“培养学生用数学思想方法思考问题”也是数学课程标准的基本目标

之一。例如，“经历运用数学符号和图形描述现实世界的过程，建立初步的数感和符号感，发展抽象思维”，“丰富对现实空间及图形的认识，建立初步的空间观念，发展形象思维”，“经历运用数据描述信息、作出判断的过程，发展统计观念”这三个方面更加丰富了数学思维方式的内涵。在数学情境中，思维活动一般包括解释、预测、猜想、证明、符号化、结构化、计算、一般化、公式化、转化、探寻与分类等。数学命题教学的设计应凸显数学猜想的形成过程以及数学证明的探索发现过程，并按照“观察（实验）—归纳—猜想—证明”的数学活动过程进行教学设计，不断发展学生的合情推理能力和逻辑推理能力。

1. 数学公理的教学方法

数学公理是指一组不证自明的命题，与不用定义的原始概念地位作用类似。数学公理的教学，首先应当使学生了解什么是公理，体会引入公理的必要性。公理这个名称，首次出现于初中几何，是在学生初步掌握推理方法的基础上提出的。教学时可以引导学生回忆前面一些定理的证明过程，使学生认识定理的证明是以它前面的一些定理为依据的。在此基础上可以这样提出问题：“如果每一个后面的定理都依据前面的定理来推证，那么怎样来证明第一个定理呢？”由此，让学生体会到每一数学体系内，必定存在着一些作为推理基础且不加证明的原始命题，即数学公理。

公理教学宜采用学生自己动手探索、观察实验，或者由学生熟知的具体事例或生活经验归纳出规律的策略。公理的真实性是人们从长期的生产实践中总结出来的，在教学中应该让学生理解这种真实性，明确公理的意义教学才能收到好的效果。例如，对于直线的基本性质（公理）：“经过两点有一条直线，并且只有一条直线。”教材中已采取了用实验来明确的办法，即过一个点作直线，再过两个点作直线，然后总结出规律。在教学中，这个过程最好让学生自己动手，在纸上实践，并可以让学生考虑和尝试过三个点作直线（有时能画一条，有时画不出），这样学生对“有且只有”含义的理解更为明确、深刻。

2. 定理、公式的证明

（1）引导学生分清定理、公式的条件与结论

这既是弄清命题本身的要求，又是对命题进行证明的前提，也是应用

命题来解决问题的需要。每个数学定理、公式都有相应的适用范围，都是在某些条件下或某个范围内成立的相对真理。例如，算术根的运算法则是以各个算术根存在为前提；对数运算法则必须以各对数有意义为前提等。

弄清与定理、公式有关的概念、关键词的意义。例如，学习定理“在角平分线上的点到这个角的两边距离相等”。应让学生回忆“角平分线”和“点到直线的距离”这两个概念。学习定理“同弧或等弧所对的圆周角相等”时，就需特别强调“等弧”的概念，它并非长度相等的弧，而是“在同圆或等圆中，能够互相重合的弧”。又如，“过直线外一点有且仅有一条直线与已知直线平行”其关键词“有且仅有”指出存在性与唯一性。

（2）帮助学生掌握定理、公式的证明

定理、公式的证明是定理的重要组成部分，是定理教学的重点，许多定理的证明方法本身就是重要的数学方法，所以定理的证明不仅是得出结论的手段，本身也是学生学习的重要内容。定理证明的教学还是学生学习思维方法、发展思维能力、培养良好的思维品质和思维习惯的最为重要的过程。教学时，教师要着重分析，使学生了解证明的思路和方法。对于定理、公式证明，以下的教学处理常常是有效的。

①分析证明的思路，掌握证明的方法

掌握证明的方法主要是掌握思考的方法，要让学生掌握“从求证着想，从已知入手”的方法。“从求证着想”，即通常所说的分析法或逆推法，从要证的结论想起，看看要使之成立必须具备些什么条件，进一步又想，要使这些条件成立，又需什么条件……如此继续下去，直到与已知条件或已学的定义、公理、定理联系上。“从已知入手”即综合法或顺推，将组成证明的推理过程从已知开始逐步展开，直至推出结论为止。通过前一过程，找到证明的途径，再通过后一过程，完成证明的书写。分析是通向发现之路，综合是通向论证之路。教科书由于文字表达的局限，多采用综合法写出证明，教师应注意，教学中需自己做教学法的处理。

②注意定理、公式的多种证法

对一个命题采用多种证明方法，不仅可以拓宽学生的思路、训练思维能力，而且能使学生从横向和纵向方面把握命题，加深对命题的理解。但考虑到教学时间的限制，可以以一种证明为主，另外的证明方法经教师提示后由学生自己在课后完成。

三、数学解题方式教学

（一）数学解题教学的作用

解题是中学数学教学过程的一个重要组成部分，国内外数学教育部门都在众多国际性活动的参与中表现出对该问题的一致性的重视，同时加以研究并实施。

1. 学生的需要

从学生学习角度来看，它能使学生加深并巩固所学基础知识以及基本技能；它能促成学生综合运用知识和技能的数学实践活动，借以提高对基本问题目标谋求转化的数学思维能力以及获得可能的思维方法创新。

2. 教师的需要

从教师教学的角度看，作为学生数学学习的指导者，教师不仅要组织好学生共同完成数学课本上的知识学习、进行必要的技能训练，而且要能正确熟练地解答学生在数学习题训练中产生的问题，给予他们有效的指导和个别化帮助；清楚数学习题的功能和结构，根据教学的具体需要，合理地选配习题；不仅要熟悉中学数学习题的各种技能和技巧（创新），还要掌握解题中的数学思想方法和策略；编制具有一定适应性水平的命题和评价，以期与社会需求适应性对接。教师的职责决定着教师解题必须先行一步，要做指导者，必须先做探索者。这样教师必须优先解题，数学问题的亲历过程就成为数学教师自身发展的基本功和培养途径。

3. 解题教学的功能

数学解题教学目的在于发展能力，属于师生双方的共同活动，是需要培养和培训才能达到的。可见，一个不具备较强数学解题能力的数学教师，称不上真正意义上的数学名师。

高中生参与解题活动是“驾驭知识的学习”，是知识学习的较高层次。在教学的各个阶段，通过解题能使教师和学生一起掌握知识，形成必要的技能技巧，发展数学思维，从而建立起良好的知识结构和思维系统，这就是数学解题教学的基本功能。

综上所述，数学解题教学具有以下两方面的作用：一方面深化教学内容，促进和考量师生数学思维能力的发展；另一方面考量数学教师专业水平的优劣，催化数学名师的成长。

通过解题可以评价教学的效果和水平。虽然对教学效果和水平的评价可以选择其他形式，但目前仍是以解题为主要的评价手段。目前，我国中学数学评价（含日常测试、中考、高考）以考查学生知识水平为主，同时结合考查能力水平。而自主招生考试和各类数学竞赛则以考查能力为主。根据解答情况作出评价，这是对数学解题教学评价功能的一个重要应用。实际上，对学生的评价可间接地作为教师教学水平的依据。

（二）数学解题的认知过程及解题思维模式

数学题都是由条件、运算、目标（结论）构成的，解题就是解题者所建构的从条件指向结论的思维链。

1. 解题观点

从教育心理学的观点看，解题过程就是以思维为主导、以题目目标为定向的高级心理活动过程。实践告诉我们，解题过程是知识的运用过程，是解题者（个人）面向对象的数学化过程，包括对其形式化、表格化和图形化，进而纳入一个特定的模式化系统中，确认系统内部所满足的整体属性和局部属性。在此基础上确认个别对象在系统中的身份、位置、属性，借以实现它与其他对象的关联，使解题目标明确。

可见，解题过程首先是一个数学化的过程，进而是主体知识的延伸或称为扩展。我们可以看到它与课本主体知识系统的地位的不同：课本主体知识是被作为“两个重心”展现的，既作为“知识”，又作为“过程”；“习题”则仅作为一种“过程”展开，而并不作为公认的结论。也就是说，它未能作为“定理”加以对待，这个过程仅仅作为能力发展，这就是我们所持的数学解题观点。

2. 解题理论

由于解题的实践性属性，决定了它必然表现出特有的实践形态。虽然在这个实践形态上诸家的理解众说纷纭，可谓仁者见仁，智者见智，但共同的是都在期盼一种明确的、带有鲜明指导作用的“学说”，借以构成指导作用，消减个人解题的“盲动行为”，提高解题实践的效率和质量，形成对某些认可性、认定性评价的有效支持。如此看来，这样的一种期盼由于需求而变得具有现实意义。因为有效而具有价值并成为人们的追求。那么，什么是解题理论呢？

理论是思想的进一步表述。由上可见，数学解题是实践的，同时它又离不开数学知识本身；知识是它的重要依托。是否可以这样讲，解题是基于知识之上的再创造过程。否则，我们将无法解释为什么有些人已经懂得了那些知识，却不能有效地回答有关问题了。假若我们可以认同这个观点，那么，解题理论将可以上升为一种学说，即“基于知识之上的数学再创造”的实践学说。由此，作为一种学说，它必须能呈现有益于实践的数学思维的可操作模式——解题思维模式。

3. 解题思维模式（四进程）

解题实践呈现了以下的一般性认知操作：认识与理解题目“环境”；全面识别信息，并把握目标和它所处的“地位”；联想与探索，联想已知和可能获得的信息，实施指向目标的探索；分析、处理，并探索性地提出解题的各种“设想”；完成解题方案的逻辑组织化。

一般地，数学解题的思维过程都清晰地表现为以下四个连贯的思维进程。

模式断定：审题，准确地认清题目条件和目标及其“环境”状态。

目标定位：题目的目标是什么，是否考虑转换成更加适宜的新目标。

路径探求：分析题目的条件及各种量之间的关系，探求达到目标的途径。

技术实现：从已知条件出发，采用恰当的技术方法，对探求路径予以落实。

在前三个进程中都存有“探求”问题，即模式探求、目标探求、路径探求。三者又具有顺序性，模式在先，紧接着是目标，最后是路径。三者之间构成了一个特定环境下以目标为核心的实践探索的过程，它是动态的。这三者构成了解题思维过程的主体，但不能称其为全部。

（三）数学解题教学的基本要求

数学解题能力是数学能力的主要标志，对教师、师范生和中学生来说，就是数学水平的标志，需要经历逐步提高的发展过程。通过数学解题教学，应该逐步达到如下基本要求。

第一，思维严谨，具有自我判断能力。

第二，能迅速确定目标、进程，尤其是模式断定具有举足轻重的作用。

第三，能用数学语言准确地表达自己的思维活动过程，用数学语言达成自我适应的表述。

第四，能合理、准确地进行运算，力求计算正确，作图清晰，表述规范。

第五，养成解题后的反思习惯。

（四）培养解题能力的基本途径

解题不仅是指解决纯数学题，也包含和数学有关的应用问题以及从实际问题中建构数学模型。解题教学在课堂教学中要占据合理的比例，事实上，它属于“驾驭知识的教学”，通过它学生才能获得能力的跨越发展。

1. 培养学生认真审题的习惯，提高审题能力

数学问题一般包括已知条件和需要解决的问题两部分，审题就是要求学生对条件和问题进行全面认识，对与条件和问题有关的情况进行分析研究。具体地说，就是要分清题目中哪些是已知、哪些是未知，涉及哪些数学基本知识点（概念、术语、符号等），进而对系统作出模式断定。对于复杂的综合题，还要注意观察可能的数形特点。

2. 引导学生发现规律，寻求解题途径

数学问题中已知条件和需要解决的问题之间有内在的逻辑联系和必然的因果关系，解数学题的过程就是灵活运用所学知识，去揭示这种联系和关系的过程。揭示了这种逻辑联系也就找到了由条件到结果的途径。寻求解题途径的方法一般有顺推法、逆推法、等价转化、特殊化、一般化、归纳、类比等。解题时运用这些特有方法寻找解题途径是否奏效，其关键在于是否能灵活运用和大胆试探。

3. 培养学生在解题后进行反思的习惯

待解决问题之后，再回过头来对自己的解题活动加以回顾与探讨、分析与研究，是非常必要的一个环节。这是数学解题过程的最后阶段，也是提高学生解题能力最有意义的阶段。学生通过对解题的结果和解法进行细致分析，通过对解题的主要思想、关键因素和同一类型问题的解法进行概括，从解题中抽出数学的基本思想和基本方法加以概括，并将其运用到新问题中。

4. 合理地控制学生的解题活动

学生的解题活动最能影响他们的思维发展，要使数学解题活动在发展学生思维方面取得最佳效果，还必须合理地控制学生的解题活动，即要求在教师指导下，由学生独立地进行探索解题。

要合理地控制学生的解题活动，就是要创设情境、启迪思维、指明方向，引导学生主动、独立地活动，向学生提供功能特征显著，又能使他们充分认识其功能作用的数学问题。可见，这是不同于“知识教学”的高层活动。

（五）常用的数学解题思想

1. 转化思想

在数学解题教学中，我们常常将困难问题转化为容易问题，陌生问题转化为熟悉问题，这就是转化思想，又称作“化归思想”。它是解决新问题、获得新知识的重要思想，其他许多重要的数学思想，如数形结合思想、分类讨论思想、方程与函数思想、整体思想等均体现了化归过程。因此，转化思想是数学思想的核心和精髓，是数学思想的灵魂。在课标及新教材中蕴含转化思想的知识点极多，教学中要十分重视对转化思想的渗透和运用，通过不断地渗透、不断地积累，让学生逐渐内化为自己的经验，形成解决问题的自觉意识。

2. 函数思想

函数思想是指变量与变量的一种对应思想，或者说是一个集合到另一个集合的映射思想。数学中常常将某一变量看作另一变量的函数，反过来，把问题中复杂的解析式当作单一字母处理，这就是变量代换。函数思想的核心就是力图把事物间的关系化作特定函数关系，借助函数性质解决问题。

3. 方程思想

人们通过长期解决问题的实践，不但对方程的概念、同解方程的原理、解方程的方法有了深刻的认识，而且认识到方程是已知量与未知量构成的矛盾统一体，它是从已知探索未知的桥梁。从分析问题中的数量关系入手，抓住等量关系，运用数学形式语言将相等关系转化为未知量的限制条件，再通过解方程使问题获解的思维方法，称为方程思想。方程思想是笛卡儿首先总结出来的，是解决大量数学问题的导航器，在代数、几何乃至数学各个分支学科中都有广泛的应用。方程思想是函数思想的一种定值变形。

4. 数形结合思想

将数与式的代数信息和点与形的几何信息互相转换，把数量关系的精确性与几何图形的直观性有机结合起来，从而易于将已知条件和解题目标联系起来，使问题得到解决，这种解题方法即数形结合方法。几何图形中存在一定的数量关系，根据图形内在的数量关系去揭示几何图形的某些性质，从这点出发，可以用代数的方法去解一些几何题。解析法就是通过坐标变换将几何问题化为代数问题的，数形结合关系是双向的。

5. 分类思想

分类思想是一种依据数学对象本质属性的相同点和差异点，将数学对象分为不同种类的思想，数学分类要满足以下两点要求。

相称性，即保证分类对象既不重复又不遗漏。

同一性，即每次分类必须保持同一的分类标准。分类标准必须根据具体情况而定，即使同一数学对象也有不同的分类标准，导致不同的分类结果。

6. 归纳与类比思想

归纳与类比是重要的数学方法，也是解题的基本思想方法。特别对于非常规数学问题，归纳与类比是探求解题途径的重要手段。我们在解决问题时，往往从特殊的、简单的、局部的事例出发，探求一般的规律，这种由特殊到一般的思维活动就是归纳。显然，归纳必然会产生猜想；或者把已知的、熟悉的数学事实与要解决的问题进行比照，通过某些相同或相似的性质联想另外相同或类似的性质，这种由此及彼的思维方法就是联想。显然，联想即会发生类比。

“归纳—猜想”“联想—类比”是引导发现和创造的重要手段和途径。

第三章　核心素养下高中数学课堂教学方法

第一节　高效课堂教学

一、高效教学的背景

在新课改不断深入的背景下，学校教学发生了很大的变化，传统的教学模式逐渐得到更新，高中数学教学中，教师也开始运用新型的教学模式来不断提升学生的课堂参与度。然而，从实际来看，在课堂教学中有些教师过于注重教学的形式，或采用单一的教学模式，导致很多教学模式的应用徒有其表，无法充分发挥其应有的作用。例如，有的教师运用合作教学模式，为学生进行分组学习，但是很多小组间的学生却在相互闲聊，导致课堂较为混乱、教师教学受到影响等。这样长期下来，教师的教学效果不够明显。产生这种现象的原因主要是教师对新课改的研究不够，导致新型教学模式的应用不够科学，最终直接导致课堂教学效率不高。教师必须对新课改下数学课堂教学进行重新定位以及认识，加强对它的研究，从而构建高效的数学课堂，对学生进行高效教学。

随着素质教育的不断推进，在高中数学教学中，教师要转变传统的教学模式，加强对新课标的研究，从而构建高效的数学课堂，促进学生学习效率的提高。提升高中数学课堂高效性将会促进新课改的推进，完善教师的教学模式以及教学观念。同时，可以提升教师的教学技能，高效实现三维教学目标，以此来促进学生高效进行数学知识的运用，提升学生实践能力。教师采取科学的措施进行数学教学，充分提升学生的学习热情，并且在教学中重视个性发展以及分层教学，对每一个学生都一视同仁，以此来整体提升数学学习质量。所以，教师要提升对新课改下教学模式的深入研究，以便对其有一个全面的掌握以及高效的运用，从而提高学生数学学习质量，提高其学习效率。

（一）高效教学特点

对于高中数学教学高效性的特点来说，结合学生的进步以及发展，教师遵循教学规律，能够高效果、高效益以及高效率地进行教学。教学是否高效，是对教学目标设置的合理性进行考查，同时也要对目标是如何实现的进行考查。教师的教学方式要符合教学规律，不能够对学生进行机械化生硬的教学，也不能实施题海战术等，这样不仅无法提高教学质量，而且也会影响学生的学习兴趣。这就需要教师要在遵循规律的基础上科学合理地运用教学方式以及教学策略，对学生实施规范化教学。另外，对于高效教学的评价不仅要对教师的教学行为进行评价，而且要对学生的学习能力进行查看，教学效果、结果以及教学目标要相互吻合，以此来满足社会以及个人的教育需求。教师利用教学活动对学生进行教学，优化教学模式，使学生在轻松和谐的环境中学习，促进其主动学习。

实施高中数学教学高效性，发挥学生学习的积极性，体现其主体地位，正如各位教育家都认为更新教师教学观念，优化教学模式，可以高效提高学生的学习质量。传统教学模式过于注重教师的主体地位，采用机械化教学，学生只能被动接受知识，这样导致长期以来，学生的学习热情不高，很容易产生厌倦的心理。并且以讲授知识为主的传统教学，使得学生仅仅是掌握理论知识，无法高效进行数学知识的运用。而高中数学课堂高效教学策略则是打破了这一点，教师可以利用科学合理的教学策略不断提高学生的兴趣，促进学生积极主动学习。同时，教师将理论与实践相结合，利用数学实验来促进学生实践能力的提升，并且加深对数学知识的理解。

高中数学教师在教学中必须重视过程评价以及目标管理。教学过程属于一个有计划的活动，高中生刚刚接触数学知识，因此对数学知识了解程度不够，这样教师在教学中要对学生进行合理的引导。教师要设置出合理的目标，能够由浅入深地引导学生学习，激发学生对数学知识的探索热情，以此来让学生在学习中感受数学的魅力，促进学生数学素质的提高，实现数学教学的三维目标。

（二）高中数学高效教学的标准

在新课改要求下，对高中数学教学提出了新的标准。教师在教学中必须充分提升学生的综合素养，培养学生的数学运用能力。其主要标准有以下三点。

1. 关注学生

要想提高课堂教学高效性，教师要关注学生的学习方式，要坚持结合学生的实际情况，选择符合学生生活实际的材料进行教学，坚持以学生为本。同时，要重视学生的学习方式，能够强化自主学习，让学生在轻松的氛围中学习，利用合作学习激发学生探究热情，促进学生表现自我，进行多方面的学习交流。教师要让学生积极思考，提升创新思维意识。

2. 关注发展

关注发展也就是重视学生对数学知识、数学技能以及创造力的发展，重视学生学习方法的发展，重视学生情感态度以及品质的发展。关注教师的发展，以及教师职业道德、教学水平与健康心态的发展。关注教学规律，在数学教学中知识的形成是具备一定规律的。这些规律将会影响到学生对知识的理解以及学生的学习效率。这需要教师要对这些规律进行合适的挖掘，能够设置出符合学生发展的教学模式，让学生深入掌握数学学习规律，促进学生学习效率的提高。

3. 关注课堂管理

在高中数学课堂教学中，教师要引导学生主动学习，激发学生的好奇心，让学生在学习中不断树立信心，利用教学的艺术性，促进师生之间的心灵碰撞，从而拉近师生关系，提高教学效率。

二、高中数学高效教学策略研究

（一）转变教师教学观念

在新课改的影响下，教师的教学观念必须进行更新以及转变。因为传统的机械化的教学模式已经无法满足学生的学习要求，并且会在一定程度上束缚学生创新意识以及逻辑思维能力的提高。因此，教师的教学观念必须坚持与时俱进，能够建立全面的教学观。教师要重视人性化的教学，能够将人文教学、知识教学、文化教学与综合实践教学相结合，能够促进学生全面发展，提高综合素质，培养学生学习主动性，促进学生创新思维以及创造能力的提高。在高中数学教学中，教师的教学观念将会直接影响课堂教学的高效性。教师在教学中不仅是学生的教育者，而且是学生的引导者。教师要关爱学生，能够具备较强的责任意识，要作为学生的榜样，帮助学生树立正确的世界观、人生观以及价值观。教师要在潜移默化中感染学生，拉近师生关系，能够高效对学生进行教学。另外，在新课改下，要求教师要不断学习，不断提高教学技能。教师要具有丰富的知识能力，能够提高自身的素质，转变传统的教学观念，以此来促进学生学习积极性的提升，从而在数学课堂学习中不断提高自我，提高课堂教学的高效性。

（二）对教材进行深入分析

在旧版数学教材中，教学内容较多，但我们学校的教学课时比较少，这样导致教师课堂教学较为匆忙，无法与学生进行高效互动。学校在进行数学课时安排时，没有结合自身学校的实际状况，仅仅按照教育局规定的标准，这样导致数学教学中无法完成教学任务。每个学校的学生不同，学习基础也各不相同，因此对于数学知识的学习接受能力也各不相同，并且每个学校的教学目标以及教学能力不同，导致数学教学的课时也不同。新版本的教材中，很多内容更加完善以及复杂。与传统的教材不同，新教材充分体现出了新课改下的教学要求。

对教材中课程资源进行再次开发，创造性地运用教材，对教材钻研的过程则是进行准备教材的过程。教师在进行教材的备课中，要了解学生对知识的掌握情况，以便于高效采取合理的方式对学生进行教学。教师要站在学生的角度，对学生的心理特征进行分析，以此研究学生学习过程中将会遇到的问题以及高效激发学生兴趣的策略。教师要引导学生进行主动学习。同时，教师要对教材中的难点知识以及重点知识进行全面的分析，对教材中的深度以及广度进行充分把握。举个简单的例子，在新课程标准下的高中数学教材中，主要的教学目标就是提高学生的科学素养，因此，提出了义务教育阶段数学课程的基本理念以及相关课程标准。内容标准主要是由科学探究以及相关科学内容组成，因此在“教科版”的教材中，探究活动贯穿整个学习的始终。对于每个层次的探究，教材根据不同内容层次难易度的要求，让学生逐步掌握，不是教师直接告诉学生答案，而是在教师的指导下，主动通过自己动手、动脑寻找答案。

高中数学知识既是独立的章节，又是相互联系的。教师要认真分析教材中各个知识点之间的联系，能够灵活运用教材。在教学的设计中，不管是情境的创设，还是科学探究的循序渐进，都需纳入教材的框架，使学生的思维形成一个数学知识结构，提高学生的学习质量。因此，教师可在每节课后的知识总结时、每章结束时、期末复习时让学生学会画本节、本章、本学期知识结构图，即思维导图，让他们很好地掌握数学知识结构。教学中教师要适当开阔学生的视野，带领学生走出课堂，发现生活中的数学现象，这样将高效提高学生对数学知识的运用能力，让学生了解到生活中的数学。

（三）确定科学的三维教学目标

对于教学目标的实现是在教学活动中展现的。高效教学策略就是根据目标来选择的，合理、高效的教学目标不仅能够对学生学习起到监控的作用，还能提高学生的学习积极性，加深学生对数学知识的理解。在新课改下，高中数学教学目标的设置必须结合新课程标准，能够进行三维目标设置。教师要对学生的学习情况以及知识的掌握情况有一个全面的了解，要利用一切可利用的资源来丰富课堂教学的模式，以满足学生的学习需求。在进行教学目标的设置中，教师要结合具体内容进行合理的设置，设置出大目标的同时，将其分解成多个小目标，以此来实现高效教学。教师要关注三维目标的设置，不仅要重视数学教学的具体内容以及数学意义等，还要重视知识获取的过程，让学生在学习知识的过程中能够掌握科学的方法，并且提高自身的探究能力，提高学生的科学精神以及科学态度，使他们的综合素质得到全面发展。问题情境高效设置不仅可以调动学生的学习热情，还可以引导学生参与合作学习。在实际的教学中，要高效调整教学内容的难度和进度，以此来充分保证学生的学习兴趣，不断提高学生的成就感。在教学中，要充分培养学生的德育素质。在高中数学教材中存在较多的德育元素，高效培养学生的德育素养将会促进学生全面发展，让学生在社会中更好地立足。

（四）高效运用合作教学模式

合作教学模式是新课改下的一项重要教学模式，能够高效提高学生的课堂参与度，提高学生的学习兴趣。学生可以在小组合作中不断进行探究，从而激发学生的学习热情，加深学生对知识的理解。现今虽然很多教师开始运用合作教学模式，但由于对其的理解不够，其中还是存在一些问题。

教师对于合作学习掌握的时机不够准确，无法充分达到预期的教学效果，严重浪费了学生的学习时间。目前合作学习还是存在一定的问题，现今很多学生学校的数学教研组虽然制定了相关的标准，但在实际的教学中，很多教师还是直接对知识进行统一讲解，自问自答，以为学生都懂了，这种主观性直接导致教学质量差，学生的学习效果不好、效率低。

合作学习的目标不够明确，导致合作学习的开展仅仅是走形式。教师在课上会提出一个问题让学生进行探讨，却没有一个完善的学习目标，这样导致学生在探讨的过程中往往会进行闲聊，导致学习的效率较低，合作学习的开展无法达到理想的效果。

合作的深度不够，在传统机械式教学模式的影响下，学生以及教师对合作学习不够了解，很多学生学习积极性不高，无法高效提高学习的能力。

因此，针对这些状况，教师必须采取高效的措施，不断加强对新课改教学研究工作，结合学生的实际情况，对学生进行合作教学。教师要选择合适的合作学习时机，以此来引导学生主动参与合作学习。教师要选择合适的内容，以便让学生开展小组探讨，并且每个学生都能在小组探讨中提出自己的观点以及相关的心得体会。

教师要建立科学的小组，高效进行数学小组的组建，这将会充分保证课堂活动的合理进行、顺利开展。同时，要结合学生的个性、特长、学习兴趣以及学习成绩和数学水平等方面进行全面的调查以及分析，以此来充分了解学生的学习状况以及知识接受能力，并对学生进行科学合理的分组，以此让每个小组的数学水平相近，这样将会有利于公平竞争，提高学生的学习积极性。

教师要设置高效的规则，每个小组都是一个小集体，这样教师要对其制定出高效的管理规则，以此来对每个学生都负责，并能够高效进行小组学习的管理工作。一般来说，在小组中会有几个学习基础较好的学生，这样导致一些学习基础差的学生则是投机取巧，在讨论中没有参与学习。所以，针对这种状况，教师要为每个小组成员都进行明确的分工，让每个人都参与小组探讨，在小组中设定一些职位，并且鼓励小组成员轮流发言，从而提高学生的参与度。在学习中学生要遵守课堂秩序，认真倾听他人的回答，提出自身的意见，以此来促进学生学习能力的提高。教师在合作学习中，要为学生构建出轻松愉快的学习氛围，同时要鼓励学生勇敢发言，能够与教师及同学多加交流，以此来充分提高学生的学习信心，促进学生学习质量的提高。在和谐的环境中，有助于拉近师生之间的距离，在相互尊重的氛围中进行学习。

（五）高效运用生活化教学模式

1. 生活化教学的原则

对于高中数学教学生活化来说，主要是教师在教学中必须结合生活实际，将学生的生活经验与数学教学融合在一起，从而充分促进学生学习质量的提升。对于生活化教学的原则主要有以下三个。

（1）坚持主体性原则

教师在教学过程中要坚持以学生为主体，对学生进行教学引导。

（2）要坚持实用性原则

教师在生活化教学中，要重视教学内容，教学活动要围绕教学内容而开展，以此来让学生在生活化的学习中提高对知识的理解。

（3）要坚持趣味性原则

在数学教学中，利用一些有趣的数学现象来激发学生的学习热情，培养学生正确的科学态度，以此来提高学生的动手实践能力。

2. 生活化教学的意义

高中数学课堂教学生活化将会激发学生的学习兴趣，让学生了解到数学知识在生活中的应用以及生活中的数学现象，从而让学生放松心态，利用轻松的心情来进行数学知识的学习，加深对知识的理解能力。并且，生活化教学将会提高学生的动手实践能力。高中数学属于一门实践性较强的学科，因此教师必须培养学生的实践能力，而利用生活化的教学，不仅能激发兴趣，而且能还原数学的本质，即“从生活中来，最后又回到生活中去”。

3. 高中数学生活化教学的途径

在高中数学生活化教学中，教师必须转变教学思维，能够将教学内容与生活相互接轨，选择一些生活中的内容来为学生进行讲解，让学生了解数学知识的高效运用，提高学生的学习兴趣。教师要高效进行课堂的导入，不断激发学生的学习欲望。而在高中数学教学中具有很多抽象性的概念以及理论知识，学生无法高效理解，因此会产生烦躁的心理，这时教师可以利用生活化知识来引导学生学习。

（六）高效培养学生的问题意识

在高中数学教学中，教师要充分培养学生的问题意识，能够提高学生的思维判断能力。教师要充分培养学生爱问问题以及敢问问题的意识。在传统的教学中，学生仅仅是适应了教师提问、学生回答的教学方式，学生根据教师的问题寻找答案。然而，这种学习方式导致学生学习十分被动，学生缺乏学习的积极性，并且学生对知识的理解也不够深入。针对这种状况，教师必须改变传统的教学观念，将课堂提问的权利交给学生，让学生针对教学内容进行提问，从而变成让教师来进行解答的灵活方式。这就需要教师为学生创设高效的发问条件，营造一个轻松的课堂教学氛围，以此来促进学生主动学习。并且，教师要不断鼓励学生，让学生敢于提问。对于学生提出的问题，教师必须认真倾听并且给予解答，这样将会给予学生很大的鼓励，以此来促进学生数学探究能力的提高。教师针对学生提出的问题要做出暗示，可以对学生进行分组，以此来组织学生进行相互探究，让学生针对不同的问题进行探讨。针对一些小组无法解决的问题则是拿出来，让全班同学一起进行探讨。教师对学生引导，引导学生合理提问，能够改变学生的学习思维，促进学生主动学习能力的提高。

教师要教导学生善于提问。在课堂教学中，爱问问题以及敢问问题的意识是逐渐培养出来的。教师在教学中，要紧紧围绕数学教学内容，让学生进行合理的提问，不断促进学生会提问以及善于提问。引导学生提出有意义的问题，让学生把握课堂提问的主动权，教师引导提问过程中必须具备较强的情感，对待每一个学生都要平等尊重，对于学生提出的问题要高效处理，不能因为学生提出的问题较为浅显而歧视学生。尤其是针对一些学习基础较差的学生，教师必须对其进行耐心的解答，不断提高其信心，鼓励其学习的能力，促进数学学习兴趣的提高。在学生的提问中，教师必须对学生提问中的意义进行深入的挖掘。教师要认真分析学生提出的问题，结合学生提出的问题，了解学生对知识的掌握程度，从而采取高效的措施对学生进行教学活动。教师要鼓励学生将不懂的数学概念提出来，然后教师引导学生进行答案的寻找。在这个过程中，学生也会提出很多的问题，教师要耐心引导学生一步一步进行答案的寻找，以此来充分提高学生的自学能力以及思考能力，促进学生学习效率的提高。

（七）高效运用分层教学模式

1. 实施高中数学分层教学策略的重要性

在实际教学活动中，分层教学主要是指在课堂教学中，教师结合学生的实际学习情况和课程教学目标，将学生分成不同的层次，制定不同的教学目标，实施不同层次的教学方法。在此环节中，还需要根据学生的学习能力进行不同层次的辅导及检测，进一步提高学生的学习能力和学习效率。在高中数学课堂教学活动中，高中数学分层教学策略的实施，从其内涵来看，在很大程度上体现了因材施教的教学原则，符合我国新课程教学的标准。为了高效提高高中数学教学的效率，高中数学教师结合实际的教学情况，深入探究如何实施数学分层教学策略，激发学生参与数学课堂教学的积极性，这是高中数学教师必须重视的一个问题。

众所周知，在新课程改革的发展背景下，高中数学教学的教学内容及教学标准都发生了一定的改变。如何结合数学课程教学的目标和学生参与课堂学习的状态，高效地实施分层教学，具有十分重要的发展意义。在新课程以人为本的指引下，高中数学教师需要在教学的过程中坚持面向全体学生，高效地实施分层教学措施，促使数学课堂教学活动更加符合学生的实际学习需求。在实施高中数学分层教学的过程中，数学教师要根据学生的认知能力、学习基础、学习潜力，科学、合理地将学生分成学习小组。同时，注意教学目标的分层、教学实施过程的分层、作业的分层、评价的分层等四个方面的内容。因此，在高中数学教学活动中，重视高中数学分层教学策略的实施，引导学生全面学习数学知识，对于学生未来的发展也非常重要。

2. 高中数学分层教学策略

在高中数学教学过程中，由于受传统教学模式的影响，数学课堂教学中仍存在很多的问题。高中数学教师针对教学中存在的问题进行深入的分析，并及时地采取高效的措施，是提高学生学习效率的重要前提之一。为了全面实施高中数学分层教学策略，数学教师需要制订一系列的教学计划，科学、合理地将学生划分为不同的小组，并采取不同的教学方法，因材施教地进行教学。在实际教学活动中，高中数学分层教学策略的主要内容包括分层确立教学目标、分层授课、分层设计练习、分类评价学生作业等内容。因此，高中数学教师在进行教学的环节中，应重视分层确立教学目标、分层授课、分层设计练习、分类评价学生作业等内容。

（1）要确立分层教学目标

根据课程大纲及学生的学习基础，合理地确定教学目标，并对教学目标进行分层设置。分层确立教学目标需要数学教师在分析学生学习能力的基础上，结合具体的教学内容，在遵循全体学生达到教学大纲要求的基本目标的前提下，允许学有余力的学生超过课程目标去学习。通过开展分层教学的方式，明确目标层次和各类学生学习的实际需求相适应，促使不同学习起点的学生，都能够通过努力实现自身的学习目标。例如，在数学课堂教学活动中，对于学习基础差的学生，教师需要通过教学活动，明确学生是否真正认识了课堂重点知识的概念，并引导学生可以理解学习的重点知识；对于中等学生，数学教师需要明确学生在认识了基本的理论概念的基础上，知道如何应用理论知识去解决实际的问题；对于学习基础好的学生，在前两个等级教学要求的基础上，还应要求学生可以独立地完成实验探究活动，并可以提出问题，做出高效的解答。如此发展下去，学生可以通过分层教学的策略，及时地认识到自身存在的学习问题，及时地向教师进行求教，在最短的时间内，不断提高自身的学习能力和学习效率。因此，在高中数学教学中，重视分层确立教学目标具有一定的积极意义。

（2）要进行分层授课

在高中数学教学中，分层授课作为高中数学分层教学策略的内容之一，也是高中数学教师需要重视的一部分教学内容。由于高中数学知识的学习具有一定的难度，数学教师应时刻关注学生的学习情况，及时调整教学计划。数学教师应引导数学学习较差的同学以模仿性学习为主，引导学生从模仿中慢慢探究出数学知识学习的规律，逐渐提高自身的学习效率。对于数学学习基础较好的学生，数学教师应通过提出教学任务的方式，引导其学习数学知识，并采用任务驱动法进行教学，鼓励学生进行自主探究学习。同时，在此教学环节还可以引导学生结合多媒体、课本和图片等形式努力完成教学目标。通过一段时间的学习，数学教师可以针对不同层次的学生进行教学成果检测。例如，在数学课堂教学之余，抽出一部分时间进行课堂知识同步检测，通过考试题的方式，了解学生一段时间内的学习成果，并以此为基础，调整数学分层教学的方法，更好地促进学生学习数学知识。

（3）要进行分层设计练习

在实际的学习过程中，对于高中数学课程的学习而言，数学教师在完成课堂教学设计的基础上，还需要进行分层设计练习。传统教学模式下，数学教师往往在课堂教学活动结束后，给学生统一布置课后练习题，以检验学生课堂学习活动的成果。但是，统一布置的课后练习题不利于优等生和学困生通过课后的练习题提高自身的学习能力。甚至在很多时候，很多数学知识基础较差的学生，不能在短时间内完成练习题，影响了其学习数学知识的积极性。为了避免这一学习问题的出现，应分层设计练习，优化高中数学课后练习的方式，更加有利于数学教师为学生营造良好的学习氛围，使其可以轻松地进行学习，并主动地参与数学课堂教学的活动。久而久之，学生在学习数学知识方面就会养成良好的学习习惯和提高学习效率。因此，在高中数学教学活动中，重视分层设计练习对于促进学生学习具有重要的意义。

（4）要分类评价学生作业

在实践教学活动中，分类评价学生作业也是初中数学分层教学策略之一。在高中数学教学中，分类评价学生作业主要是对好、中、差作业的评价不按照一个标准进行。通过这种方式，鼓励学生积极参与数学课堂教学活动，并培养学生的学习信心。在进行分类评价学生作业的环节，数学教师针对优等生的判分标准可以严格一些，在完成作业时间方面，中等生和学困生都可以适当宽松一点。其中，对于数学学习的学困生，只要其做对基本的作业就可以给学生满分，帮助其树立一定的学习自信心，在其做对选择作业的情况下，可以给其适当加分。同时，数学教师要深入分析分类作业中出现的问题，帮助找到问题的原因，引导学生在最短的时间内解决问题，并学会如何将知识运用到实践活动中，不断提高自身的学习能力及解决实际问题的能力。

（八）高效运用微课教学模式

随着我国新课程改革进程的高效推进，高中数学教学的教学模式及教学方法也发生了一定的改变。为了高效提高高中数学课堂教学效率，教师应结合新课程改革的标准及学生的实际学习能力，运用微课教学的方式，解决以往教学中存在的问题，这在很大程度上可以提高学生的学习效率。高中数学教学中微课教学又被称为“翻转课堂”，主要是指在数学教学的环节，教师会使用一定有利的条件，促进分层教学活动的开展，逐渐帮助学生掌握数学知识的学习规律。高中数学教学中微课教学的开展有利于数学教师为学生营造良好的学习氛围，并因材施教，遵循新课程改革的教学理念，为学生以后的发展奠定坚实的基础。

在高中数学课堂教学中，微课为数学教学活动提供了一个新的思路，激发了数学课堂教学的活动，其数字格式的视频，打破了时间、空间的限制，在学生需要学习的时候，提供了极大的帮助。同时，高中数学教学中微课教学的运用，通过视频的方式，向学生展示了数学知识及数学实验的演示过程，极大地帮助了学生理解数学知识，加深了知识的巩固和延伸拓展，对于提高学生的数学学习能力发挥了很大的作用。在高中数学教学中，数学教师需要时刻关注学生的学习状态，进而高效地发挥高中数学教学中微课教学运用的优势。

高中数学教学中微课教学的运用，在很大程度上促进了学生的学习，使学生可以更加积极、主动地参与教学活动，激发了学生学习的热情。在高中数学教学中微课教学运用的环节，数学教师需要充分认识微课教学方式的优势，按照新课程标准及教学实践，以视频教学为载体，高效地记录课堂教学的重点知识和难点知识，精心设计教学课件，使学生可以更加全面地感受到参与数学课堂学习活动的乐趣。通常情况下，高中数学教学中微课教学的运用策略主要是指：课前预习，以激发兴趣为主；重难点教学，兼顾预设与生成；化繁为简，变抽象为具体；强化实际化的设计，完善教学方式；强化系列化的使用，巩固学生所学的知识等内容。数学教师在开展具体教学活动的过程中，也应充分重视课前预习，以激发兴趣为主；重难点教学，兼顾预设与生成；化繁为简，变抽象为具体；强化实际化的设计，完善教学方式；强化系列化的使用，巩固学生所学的知识等内容。

第一，进行课前预习，以激发兴趣为主。在实际教学中，课前预习，以激发兴趣为主，是高中数学教学中微课教学的运用策略内容之一。一般情况下，微课短小精悍，一个话题、一个知识点或者一个实验，都可以针对学生的实际学习问题进行精心的设计，帮助学生解答数学知识理解方面存在的问题。在高中数学教学的微课教学运用中，课前预习、以激发兴趣为主主要是指，高中数学教师在课前应引导学生通过观看微课视频课件的方式进行一定的课前预习活动，通过预习的方式，激发学生深入学习数学知识的热情，再通过课堂教学的情境创设，促使学生迅速进入学习状态，帮助学生实现学习的目标。因此，在高中数学教学活动中，教师应充分重视帮助学生实现学习的目标这一内容，并不断优化数学课堂教学方式，更好地促进学生获得进步。

第二，对重难点进行教学，兼顾预设与生成。在高中数学课堂教学中，重难点教学，兼顾预设与生成，作为高中数学教学中微课教学的运用策略中不可缺少的内容，也是教师进行教学活动关注的重点。在采用微课方式的时候，需要明确微课视频的录制具有一定的前瞻性，教师应充分估计学情，做好预设并注重学生知识的生成。在开展数学教学的环节，数学教师可以结合课堂教学的重难点知识，精心设计视频课件，将重难点知识进行一定的分层演示，帮助学生由浅入深地进行学习，使学生可以在最短的时间内理解知识。通过这样的方式进行教学可以促使学生养成良好的学习习惯。在数学知识学习方面遇到问题的时候，尝试通过自主探究学习的方式得到答案，可以逐渐提高自身的学习能力及探究能力，对于其以后的发展具有很大的帮助。

第三，化繁为简，变抽象为具体。在实际教学环节中，化繁为简，变抽象为具体，促使数学教师可以帮助学生在最短的时间内理解知识。在高中数学课堂教学活动中，通过微课教学的方式，将数学知识化繁为简，变抽象为具体，在很大程度上降低了数学知识的学习难度，促使学生可以相对轻松地进行学习。同时，高中数学教学中微课教学的运用，使学生可以通过微课教学的方式观看数学实验的演示过程，学会如何运用知识，进而促使学生主动尝试数学实验探究活动。高中数学课程的学习离不开实验探究活动，学生只有充分认识到这一点，才能更加高效地学习数学知识。

第四，强化实际化的设计，完善教学方式。在高中数学教学活动中，强化实际化的设计，完善教学方式，也是高中数学教学中微课教学的运用策略内容之一。强化实际化的设计，完善教学方式，要求数学教师结合课堂教学的需求及学生的学习能力，精心地设计、准备教学课件，并通过添加实验演示的过程，帮助学生了解一些重要的数学现象，使得学生可以更加深入地感受到数学知识学习的趣味性。因此，在实际教学活动中，数学教师应充分重视高中数学教学中微课教学的运用策略探究，并强化实际化的设计，完善教学方式，帮助学生更好地学习数学知识。

第五，强化系列化的使用，巩固学生所学的知识。在实践教学活动中，强化系列化的使用，巩固学生所学的知识，是数学教师必须重视的一项教学活动。在数学课堂教学中，通过微课教学的方式，数学教师应将关联性较密切的知识点进行简要的总结，借助微课教学的方式，强化系列化的使用，巩固学生所学的知识，使学生可以在最短的时间内理解并学会新的知识，同时掌握一定的数学知识学习方法。强化系列化的使用，引导学生对知识点进行高效的归纳，巩固学生所学的知识，可以促使学生不断提高学习效率，养成深入探究数学知识的习惯，对于其以后更加深入地学习数学知识也具有一定的发展意义。

（九）多媒体优势的发挥

教学现代化是当前教育发展的重要理念，适用于高中数学教学。由于高中数学实验内容部分表现为极慢或极快数学过程，微观或宏观数学过程，通过演示实验方式，很难达到知识传授目标，而该问题的解决便可通过多媒体教学方式实现。从多媒体教学优势来看，可直接使时空限制得以突破，利用缩小或放大场景方式进行模拟，生动地将数学过程呈现出来。

第二节　借助数形结合开展数学教学

一、高三文科数学复习的困惑与思考

作为一名年轻的数学教师，笔者虽不敢说有着丰富的教学经验，但是有着一点点个人的教学心得。近年，随着普通高中人数的扩招，很多数学底子并不算太好的学生进入了高中。在很多高中生看来，数学具有抽象性较强、难以学习、知识点繁多的特点，加之自身没有良好的学习习惯、个人心理差、基础较差等多种原因，为了逃避数学的学习，而选择了文科。文科学生普遍害怕数学学习，困难较多，成绩不理想，数学教师教学的成就感越来越低，这已经成为一个值得引起关注的事实。如何在高考数学的复习中提高文科学生的数学成绩也就成了人们关注的一件事情，同时也是每一位数学教师一直追求的目标。

（一）在文科数学复习中存在的主要问题分析

1. 学生学习数学的兴趣不高，信心不足

目前，家庭对高中生有着很高的期望，希望他们能够顺利进入理想中的高等院校。但是，数学学科对于文科生来讲难度较大，很多人在分科时因数学成绩不够理想有心理阴影，才选择文科。这就在数学学习过程中埋下祸根，文科生中有很大一部分是艺术和体育类学生，对他们而言，数学学科内容抽象、枯燥乏味，久而久之就会导致学习兴趣逐步降低，学习信心薄弱，学习成绩不尽如人意。再加上一次次考试取得较低成绩，导致文科生开始害怕和厌恶数学内容，失去学习数学的信心和毅力，缺乏课堂学习兴趣。

2. 文科学生学习数学的习惯与数学学科不相匹配，不愿进行动手运算

在文科班级中，女生占据了较大的比例，她们学习数学时喜欢重视基础，喜欢做基础性的试题，因此自身综合解题能力较差，也不愿意动手进行练习。在课堂学习过程中喜欢记笔记，做题时也喜欢翻看做的课堂笔记，这就导致能力的训练不足。个别女生在学习过程中注重条理化和规范化，喜欢模仿，这就导致自身创新意识和能力较差，加之依赖性较强、自主学习能力差，遇到不懂的问题不愿意进行认真思考，喜欢与其他同学进行讨论，思维训练跟不上，数学学得较为死板。

占据比例较小的一部分男生数学基础普遍薄弱，没有良好的学习习惯，在分班时是由于数学成绩较差而选择文科。对于数学，文科班中的一些男生课堂爱动，不愿意静下心来认真思考和学习，上课过程不能专注听讲，作业完成得马马虎虎，很少进行课外的延伸和拓展，加上缺乏良好的学习习惯，导致课堂学习不愿意多动笔，困难甚至比女生还要多。

3. 忽视课本，盲从资料

在高一、高二阶段，学生已经学过和掌握很多数学概念与定理、解题方法和思想等，这些内容零星地散布在脑海之中，但是对于学习过的知识似懂非懂、似是而非，听起来虽然有些印象，学习起来却很难说完全、说清楚。进入高三阶段复习后，个别学生不重视教材中的基础知识和练习题，甚至没有数学教材就天天捧着复习资料机械地做题，做完试题后并不去总结反思，从中提炼归纳出题目的共性，反而受到文科学习方式的影响，不自觉地在数学学习中进行机械的记忆。对这种方式，学生习惯于教师讲、自己记，听课

时只在乎答案的对与错，并不重视如何去分析和找到解题的思路。很多学生在上课时只听不想，只看不算，不爱动笔，懒于听课，导致考试时“做不快、算不对、写不全、丢分快”。

（二）应对困难的策略

1. 增强学生自信心，让文科生有“尊严”地学习数学

满分 150 分的试卷，有的同学在考试中只能考到几分到二三十分，怎么可能有充足的学习信心？当把试卷发回到学生手中时，教师发现他们把试卷悄悄藏在抽屉中，或者把分数掩盖起来，笔者想因为此时此刻在其他同学面前他们没有任何尊严。作为一名数学教师，面对这种情况，我们应该进行艺术的处理来保护学生的尊严，不要在班上点名或者直接宣布分数，避免把这样的试卷交给班上其他同学分发。只有这样，才能保护他们脆弱的自尊心，维护他们学习数学的尊严。很多人说失败是成功之母，但是成功更是成功之母。在数学课堂教学中，我们要为学生创造更多的成功机会，培养他们学好数学的自信心，引导他们在课堂上积极主动地进行提问。唯有正确回答问题才是成功学习数学的表现，我们要给予积极的肯定。对于班级中的学困生，数学教师更应该通过成功教育来培养他们学好数学的自信心，让他们在回答问题中体验到成功的快乐感。这样对他们来说，不仅能够增强他们学好数学学科的信心，还能够增强他们学习其他学科的信心，体会到成功回答知识之后的成就感。

2. 培养学生学习习惯，启发学生思维，让文科生成为学习数学的主人

在高三文科复习过程中，学生所学的科目中只有数学一科是理科，他们的思维经常处于形象思考的状态，在课堂上忙于机械地抄写笔记，麻木地看着教师在黑板上进行板演和计算，因此，课后主动地去进行自我检测和提问就成为教师的一厢情愿。针对上述情况，广大数学教师要纠正学生在数学学习中的习惯，在课前、课中和课后可以明确要求，如课前检查学生上课准备工作是否到位，课堂中指出哪些是必须记的内容，提问时有意识地减少共同答题的机会，多让学生个别回答，有助于了解他们的数学思维过程以及知识点的掌握情况，在课后布置恰当的学习任务，培养他们积极主动进行思考和巩固知识的习惯。此外，教师还要做好课堂检测与辅导。这一环节课堂检测的方式以小练习为主，检测题的难度不应太大，而是要设置出层次感，配

合中档题为主，根据检测的结果及时来调整授课的进度和方法。针对文科生的特点，课堂辅导要采取主动出击的方式，辅导的内容分为课堂和课后辅导，这样一来教师就要付出大量的精力。

3. 回归教材，夯实基础，把握难度，让文科生能够学有所获

教材中的例题和习题是教材编写者的集体智慧的结晶，这些试题往往都源于高考题的改编或者是原创。其中，有的是对教材中相关知识点的延伸和补充。高考试卷中试题的主要生长点有可能是未来的考试中的母题。因此，数学教师在复习选题时，一定要重视课本中的例题，安排好时间让学生进行读书，引导他们弄懂弄透教材中的试题，做到融会贯通。同时，教师在教学中要注重选择或者编写适合于文科学生的辅导资料，以中等难度试题为重要突破口，确保学生在学习完成后能够掌握中等难度的数学试题。目前，教辅市场上有着各种的数学资料让人感到眼花缭乱，但是书名却又非常动听，内在的质量如何就值得人们去深入思考和考量了。哪怕是质量较好的教辅书，对于文科学生是否合适，也需要教师进行深入的调查和实践。因此，高中数学教师不能胡乱地为文科学生选择教辅资料，而要经过认真仔细的考虑，否则就会适得其反，起不到辅助学习的作用，还会大大打击学生学习数学的信心。在高中教辅市场上，数学辅导资料普遍较难，适合文科学习的资料微乎其微。笔者认为，要从以下两种方法来解决上述问题：一是教师要自主出题，虽然花费较多时间，但是能够有很大的效果；二是多买几种教材资料来进行重组，或者根据学生的情况来对文科数学复习资料进行大胆删减，这样相对较为省时省力。

4. 加强应考技能训练，让文科生能够从容面对数学高考

学得好是考得好的必要条件，但是心理素质的好坏对考试成绩也会有非常重要的影响。因此，教师在教学过程中，要鼓励学生以快乐的心态学习知识，以微笑面对结果。考试的时候，要以平常心来正常地发挥出自己的水平。对于大多数文科生来说，在两个小时内要把一套数学试卷全部做完几乎是不可能的事情。因此，数学教师要引导学生面对难题时要勇于放弃，对那些学习成绩不太好的学生，在考试中更要敢于放弃，拿到试卷后，要做好放弃一部分试题的心理准备，利用充足的时间去完成自己能完成的试题。

此外，要引导学生注重考试方法，做选择题要重“巧”——巧把结论

当已知，巧用数形结合直观化，巧用特殊化思想检验法等；做填空题要重“慢”——只有慢审题、慢运算，才能保证唯一结果的正确性；做解答题要重“稳”——稳前三题的“对”和“全”，稳后三题一个问。做不全的要尽量把自己知道的和想到的都认真地写上去，虽然要有放弃的勇气，但绝不轻易让最后三道题得零分。

5. 坚持考试后的分析

在每次月考之后，广大数学教师要组织高三文科生进行诊断学习，抓住机会来发现自己学习中存在的薄弱环节，认真分析试卷，统计在各道题上的得分，了解到哪些知识点和方法还存在着遗漏和缺陷，再通过有针对性的讲解和练习进行弥补。从试卷分析过程中，我们发现学生失分主要分为两个大类，即过失性失分和知识性失分。所谓过失性失分，主要表现为审题错误、计算错误、抄写错误、表达错误，如在草稿上虽然做对了，但是抄写在试卷上就会出错，漏掉某些重要知识，选择题做对了却选错了等。这类问题是考试中最后悔的事情，要通过平时的训练加以纠正。知识性失分则是由于知识不过关或者方法不到位，所造成这类失分。只有通过对知识的复习和训练，才能得以完善和解决。

以上是笔者对高三文科复习的一些肤浅的思考和做法，其中还有很多的地方有待完善，但希望通过自己的思考能够让以后的文科教学更加有效，也期待文科高三学生在学习中找到适合自己的方法，体会到数学学习的成就感和快乐感。

二、数形结合培养文科生数学素养的策略

（一）重视学生情感变化，提高学生对平面解析几何的学习兴趣

从学生角度改变对平面解析几何的惧怕心理。

1. 加强学生对平面解析几何的成功体验和学习动力

在笔者看来，一些文科生在数学学习中处于劣势的状态，成绩越差越没有兴趣和信心，心里的压力就会越来越大。在很多学生心中，教师的形象较为严肃，很少愿意积极主动地与他们进行沟通和交流，这就容易产生自卑消极的情绪，因此整体在数学学习过程中缺乏积极性和主动性，这就形成了数学学习方面的情感障碍。

几年文科班教下来，笔者的主要措施总结如下。

第一，对于学生平时作业布置，把学生分成五个组，根据学生层次给出练习题。同一组的同学互相竞争，准确率在百分之九十以上的同学做上一组的提高作业题，组长做小教师负责解答。五组作业每组只有三个题不同，为不同层次的加深题。通过分组作业，学生的劲头更足了，也愿意多尝试。

第二，每次做题看对的题与做的题的百分比，而不看整个卷面试题。文科班学生做题速度普遍较慢，正确率也不高。近几年笔者的做法是，每次练习看做了几个题，对了几个题，算一下百分率，在百分率一样的前提下看个人的分母是几，即先看正确率，提高学生单位时间内的有效率，再看整体的速度，那么学生的问题到底是出在速度上还是在正确率上，就一目了然了。这样做是为了先提高学生的做题兴趣，避免学生出现“反正数学题难，我每次都做不完”，以致有提前放弃的想法，并能在每次练习中获得信心，不是每次发试卷看到成绩就灰头土脸的。一段时间下来，学生你追我赶，先比正确率，再比做题总个数，一时间班内学习数学的氛围很浓，下课学生就做数学，兴趣上来了，讨论热烈了，好的想法也出来了。

第三，学完平面解析几何的每一节内容自己出卷（10个题），与同学交换做，互相批改纠错，激发学生的主动性。学生的学习最主要的还是靠学生本身，学生动起来了，就能解决问题，而且自己出题做小教师，给教师、同学说明出题意图，每题的考点、易错点，同学们对解析几何的每个考点熟透于心。通过学生相互出题，还能查漏补缺、扬长避短，同学之间更加互相帮助，班级学习数学的凝聚力更强了。

2. 提高学生自我效能感

班杜拉指出，自我效能感是指个体对自己是否有能力为完成某一行为所进行的推测与判断。这种理论认为如果人对自身行为的效果产生期望，那么就可能在进行这一活动时更为主动。

在班杜拉的理论中，自我效能感具有以下功能。

第一，决定人们选择什么活动以及这项活动的持续时间。一个自我效能感低的人倾向于选择没有挑战性的活动，活动中出现困难后很容易放弃，而自我效能感高的人则恰恰相反。

第二，影响人们面对困难的态度。自我效能感高的人在困难面前有高昂的激情和斗志，坚信困难终究会被自己踩在脚下；相反，自我效能感低的人面对困难时畏首畏尾，不是设法去解决问题，而是轻言放弃。

第三，影响行为人的情绪。自我效能感高的人热情阔达，精神饱满，满腹自信；相反，自我效能感低的人则时刻被不安和焦虑环绕。

文科班的学生其实对数学是既爱又怕的。他们也想学好数学，但文科生自我效能感调节能力的偏差，造成了他们在数学学习中的情感障碍。

3. 减少考试中焦虑心理

这几年教文科班时笔者经常采取的措施如下。

第一，解析几何的第一次考试题目稍容易，使学生有信心；

第二，平面解析几何的考试通常平均分设置在110分（总分160分）左右；

第三，每次考试前就像高考考试前一样，听一首让人放松的歌曲。

学生焦虑会引起能力降低，影响发挥；反过来讲，取得优良成绩可以减轻学生的焦虑情绪。根据研究分析，焦虑应看作一种行为性的表现，要解决学生的焦虑情绪问题，宜采用行为矫正的方法，让会产生焦虑的学生在实际过程中体验无焦虑的心理历程，逐步培养习惯，减轻或消除焦虑发生。

（二）从教师角度应充分信任学生

1. 信任是激励的润滑剂

作为一名数学教师，不管在课上，还是课后；不管在语言上，还是在我们的表情、动作中，敏感的学生都能捕捉到教师对他们的情感变化。所以，在数学学习过程中，教师要时刻表现出对学生的信任。在课堂上，笔者用表情明确地对大家说："相信自己，你是最好的。"在日常教学中，教师的语言可以激励学生。同样，教师的非言语行为也时刻影响着学生，起着不可忽视的作用。例如，教师的眼神、肢体语言、面部表情等，在无形中就可以拉近师生的距离感，让学生感受到被信任、被尊重。

事实上，绝大多数的文科学生在分科的时候之所以选择文科，是因为高一学习高中数学时缺乏抽象能力，对函数、数列中的字母不能精准地理解，从而数学成绩一落千丈，信心跌落谷底。数学基础知识和现有掌握的知识水平是影响学生数学学习情感的直接因素，尽管在教材和考试的要求上对文科生的要求相对低，但是由于基础薄弱，很少有成功的情感体验，所以缺少乐观的情绪、良好的心境，他们会处于悲观的情绪和冷漠的状态，从而会恐惧数学，对数学感到厌烦和乏味，极易产生焦虑情绪。迫于升学的需要，相当大一部分的文科类学生学习数学的动机是出于高考应试的需求。相比较而言，大部分理科类学生选择学理的原因是自身对数学科目的较强优势和浓厚的兴趣，对数学有较深入的研究，并能经常性地体验到成功。

数学学习的动机多数来自对数学的兴趣和个人价值的实现。到了高三，随着一轮复习的开始，也意味着查漏补缺的开始，可以把遗漏的知识再好好学一次，所以教师要紧紧抓住机会。教师常以自身的真情实感来传达对自己学生的关爱之心。教师和蔼可亲的神态、热切温暖的目光以及每时每刻流露出的对学子的期许、鼓励和信心，都能给学生创设学好数学的宽松的心理氛围，而他们会因为喜欢这位教师而喜爱上她所教的科目，这就是非常有名的“罗森塔尔效应”。每个人都需要爱的滋养，爱的力量是巨大的，爱的能量是绵延不绝的。大家都知道，情感是具有很强的感染效果的，具有信息传递功能，我们应当充分利用它为我们的教学服务。

2. 激励是兴趣的助推剂

情感的动力功能告诉我们，情感对人的行为活动具有普遍的增力或减力的功能。通常情形下，当某个人的情绪相对饱满高涨的时候，这种情感就会对人的行为活动趋向于发挥出增力的作用。相反，当某个人的情绪相对萎靡低落的时候，则就趋向于对人的行为活动发挥出减力的作用。事实上，在我们的平常教学中，学生学习一门学科、习得一项技能、探寻一个真理的过程并不是一帆风顺的，它要求学生付出非常艰苦的努力。当然，这时光凭借坚强的人的意志还是不太够的，需要教师给予心理上的有力支持，适时地进行情感激励。

第三节　借助综合题开展高效课堂教学

一、综合题的概念

（一）概述

综合题是一种考试或测试中常见的题型，它要求考生综合运用所学的知识和技能，解决一个复杂的问题或情境。这种题型通常涵盖多个知识点和技能，需要考生在有限的时间内提供准确的答案或解决方案。

（二）综合题的特点

多学科性：综合题通常涵盖多个学科或领域的知识，要求考生跨学科地思考和解决问题。

复杂性：这种题型通常涉及复杂的情境或情况，考生需要分析各种因素，提供全面的解决方案。

创新性：综合题鼓励考生提出新的观点、方法或解决方案，要求他们具备创新思维。

批判性思维：考生需要运用批判性思维，评估各种可能的选择并选择最合适的答案或方案。

时间限制：综合题通常在有限的时间内完成，要求考生高效地组织思维和表达观点。

综合能力：这种题型考查考生的综合能力，包括知识的综合运用、问题解决能力和创造性思维等。

综合题在各种考试中都有出现，包括学校考试、入学考试、职业认证考试等，它们旨在评估考生的综合素质和能力，而不仅仅是记忆和单一知识点的掌握。因此，解决综合题需要考生具备广泛的知识和综合运用能力，同时也能培养学生的批判性思维和创新性思维。

二、借助综合题开展高效课堂教学的策略

借助综合题开展高效课堂教学确实是一种有效的教育方法，它有助于培养学生的综合能力、创新能力和批判性思维，同时提高他们的问题解决能力和学习动力。以下是一些关于这种教学方法的优点。

综合能力培养：综合题要求学生综合运用不同学科和领域的知识，这有助于培养他们的跨学科思维和综合能力。他们需要将所学的知识整合在一起，解决复杂的问题，这有助于他们更全面地理解和应用知识。

创新能力发展：综合题通常涉及创新和新颖的解决方案。学生需要提出新的观点、方法或策略来解决问题，这有助于培养他们的创新思维和创造力。

批判性思维提高：在解决综合题时，学生需要评估各种可能的选择，并选择最合适的答案或方案。这有助于他们培养批判性思维和分析能力，学会权衡利弊，做出明智的决策。

问题解决技能：综合题强调解决问题的能力，这对学生在现实生活中面对各种挑战和困难时非常有用。他们学会了如何提出问题、收集信息、分析问题并找到解决方案。

学习动力提高：通过参与综合题的教学，学生会感到更多的学习动力。这种教学方法提供了具有挑战性和深度的任务，激发了他们的学习兴趣，使他们更积极地参与课堂。

互动性和趣味性：综合题通常需要学生进行小组讨论、合作解决问题，这增加了课堂的互动性。同时，学生对于解决真实问题的兴趣也会增加课堂的趣味性。

借助综合题开展高效课堂教学是一种促进学生全面发展的教育方法。它不仅有助于知识的深入理解和应用，还培养了学生的综合素质，为他们未来的学习和职业发展打下了坚实的基础。

第四章　核心素养下高中数学课堂教学策略

第一节　核心素养下对主体的教育要求

一、对教师的要求

（一）核心素养视域下对高中数学教师的教学观念提出了新要求

教师观念是教师素质的核心，是教师在从事教学活动时的世界观、价值观，是分析和评价教学活动和学生的思维框架，在课堂教学活动中具有较大的稳定性，对学生具有较强的影响力。随着新课程教育理念的不断推进和实施，高中数学教育教学的重点应由重视学生的分数转向重视学生全方位能力的培养与发展。如果仅仅为学生获得高分而开展教学活动，那么教育就谈不上什么素质、创新与改革。所以，作为一线教育教学工作者，要紧跟时代步伐，不断改革和创新，转变传统的教学观念和教学理念，树立新时代的科学教育观念。

培养高中生的核心素养已经深入数学的各个教学环节，给高中数学带来了生机与活力，但是由于传统教育思想根深蒂固，很多高中数学教师仍以提高学生学习成绩为教学目标，采用“教师讲、学生听”的教学模式，教师是课堂的主体，学生是课堂知识的被动接受者，阻碍了学生思维能力和核心素养的发展。核心素养视域下的教育核心不再是教师传授知识的多少，而是学生素养的培养和发展，所以教师要转变传统教学理念，使课堂教学由知识传授变为知识引导，使学生一切知识的获得都由其自己去亲身实践、探索，拓宽学习的空间，外延学习活动的范围，发展学生自主学习能力和思维能力。

在以往的高中数学教学中，过分注重知识点和典型例题的讲解，注重向学生进行知识灌输，让学生死记硬背题型、公式，使学生所学的理论知识过于死板，甚至在学生的头脑中形成了思维定式，在遇到实际问题时不会活学活用、灵活变通。核心素养视域下的高中数学教育是创新的教育、发展的教育。教师应转变教学观念，变“授之以鱼”为“授之以渔”，在教学中要用先进的教育理念指导教学活动，发展学生的思维，教会学生科学的学习方法，并鼓励学生灵活运用知识和方法去解决不同的问题，培养学生解决问题的能力和创造性的思维，提高学生的自主学习能力。

核心素养强调学生是学习的主体，教师要转变传统“一人独大”的教学观念，尊重学生的个性发展。传统教学模式下的高中数学课堂以“教师提问、学生回答、教师总结”为基本的教学思路，从表面上看合情合理，却在一定程度上影响和阻碍了数学课堂教学的改革与发展，特别是影响了学生的自身发展。在核心素养视域下，高中数学课堂教学应变“师问”为“生问”，教师要坚定学生为主体的教学理念，鼓励学生在课堂上大胆发问、大胆质疑，充分发挥学生学习的自主性和创造性，促进学生个性的发展和思维创新能力的提高。

高中生由于学习基础、学习能力、学习环境等的不同，在高中数学学习上具有明显的差异性，高中数学教师要坚持公平、公正的思想，使教育教学面向全体学生，实现“教书”“育人”的有机统一，重视学生情感和意志等心理品质的培养，彻底改变传统的课堂教学结构，努力构建学生乐学的教学场景，激发学生学习的积极性，提高课堂教学效果。在教学中，教师还要学会科学合理地评价，让每个学生都有机会受到成功的鼓励，最大限度地为每个学生创造参与课堂活动的机会，使每个学生都能感受到学习成功的满足感和喜悦感，将学生的“苦学”变为“乐学”，增进师生之间的交流和沟通，构建和谐的师生关系，营造和谐、融洽、活泼的课堂教学氛围。

（二）核心素养视域下对高中数学教师的角色转变提出了新要求

在传统的高中数学课堂教学中，教师经常扮演着权威角色、仲裁者角色和传话者角色，师生之间只是单纯的传递信息、教授知识、接收信息、学习知识的关系。教师是学生获取知识的主要渠道，在课堂上占据着主导地位，而学生是被动的知识接受者。在核心素养视域下，高中数学的课堂教学过程要求师生共同交流、对话，共同认知、分析，提倡师生“合唱一台戏”，教师在戏中扮演着非常重要的角色。

从教师和学生的关系来看，核心素养要求教师应该是学生学习的促进者、学生学习能力的培养者和学生人生的引路人。自古以来教师的责任都是传道授业，作为知识的传授者而存在，但核心素养视域下的高中数学课堂教学更加关注学生的核心素养发展。所以，教师在当前的教学中要以促进学生发展作为自己的责任和义务，在新的教育理念的指导下，放开双手，做好学生的促进者，用自己的教育理念和教学实践，激发学生的学习积极性。

随着时代的发展，高中生所要掌握的数学知识越来越多，也越来越深奥，课堂教学的知识内容远远不能满足社会发展的需要，并且在信息技术背景下，学生获取知识的渠道越来越多，教师作为知识传授者的传统地位被动摇了，教师的职能也变得复杂多样了，教师不再是只传授现成的课本上的知识，而是要指导学生掌握获取知识的工具和方法，把精力放在学生对知识的掌握过程上，成为学生学习的促进者、学习能力的培养者，把教学的重心放在如何促进学生的学习上。核心素养视域下的教师不仅要向学生传授知识，还要引导学生树立正确的人生理想和信念，引导学生不断地向前，向更高的目标前进，教师要从过去传统“说教者”的角色中解放出来，成为学生健康心理、健康品德的引领者和塑造者，引导学生学会自我调节、自我控制、自我选择，做好学生的引路人。

在传统教学模式下，教学活动和教研活动是彼此分离的，教师的任务只是教学，研究被认为是专家学者的“专利”，因而教师很少有从事教学研究的机会，即使有机会也是处于辅助、配合的地位，导致教学研究和教学实际相脱离，专家学者研究的教学成果并不一定能为教学实际所需要，无法转化为教学实践上的创新，对教师和教学的发展是极为不利的。在核心素养视域下，从教学与研究的关系来看，教师应当是教育教学的研究者。教师在教育教学的过程中，要以研究者的心态置身于教学活动之中，以研究者的眼光审视、分析教学理论和教学实践中的各种问题，并对自己的教学行为进行反思，对出现的问题进行探究，总结、积累教学经验，进而形成规律性的认识，做到“知行统一”，促使自己由“教书匠”向“教育家”转变。

在传统教学中，教学和课程是彼此分离的，教师的任务只是按照教科书、教学大纲等的要求去进行教学，教学进度和教学内容都是教学计划规定好的，教辅资料也是由教育部门统一提供的，教师成了教育的机械执行者，使得教学内容、课程设置经常和学生的学习需求及心理需求产生矛盾，不利于教学质量的提高和学生的个性发展。核心素养视域下的新课程改革倡导民主、开放、科学的课程理念，并确立了国家课程、地方课程和校本课程三级课程管理政策，这就要求课程设置必须与教学实际需求相适应。教师在教学过程中不能只是课程实施的执行者，而应成为课程的建设者和开发者，改变以往学科本位的观念，提高和增强课程建设的能力，积极开发本土化、校本化的课程，使课堂教学内容和教学形式可以更好满足学生的成长发展需求。

随着时代的发展，学校教学已经不能满足学生的学习需求，教师还要充分挖掘社会的教育资源，将学生从学校这座“象牙塔”中解放出来，让学生参与社会的生产、生活，去感受生活中的数学知识，在生活中运用数学知识。教师应从传统的保守型的教师向开放型的教师角色转变，利用社会资源丰富课堂教学的内容和意义，将课堂教学和生活实际紧密联系起来，使课堂教学可以更好地适应现代社会和科技发展的需求，培养学生的学习兴趣，积累更多的学习经验，为学生的终身学习奠定坚实的基础。

（三）核心素养视域下对高中数学教师的教学行为提出了新要求

在核心素养视域下，高中数学课堂教学提倡学生的主动参与、勇于探究和勤于动手，注重培养学生收集和处理信息的能力、获取新知识的能力、分析和解决问题的能力、交流与合作的能力。为此，教师必须改变传统的教学行为，用新的教学思路和新的教学策略构建开放、创新的教学课堂，为学生营造更广阔的学习空间。

在过去的课堂教学中，教师是课堂的主宰者，一切教学活动都以教师的主观意识为中心，学生被动地接受学习。而在核心素养视域下，教师要给学生提供更多展示自己的空间和机会，要充分利用各种教学手段和教学工具，为学生创设良好的教学环境，激发学生的学习欲望，鼓励学生在课堂上积极发言，大胆表述自己的意见和想法，营造宽松、民主、和谐的课堂氛围，激发学生的学习潜力。教师还可以结合教学内容开展小组合作学习，创新教学方式，为学生提供合作学习的空间，使学生之间在小组内相互交流、相互帮助、取长补短，实现优势互补，促进学生的整体进步。

在备课环节上，教师要改变传统的备课和教案书写方式。教案不再是过去的罗列知识点，而是要将教学过程和教学内容进行优化设计，针对不同的教学内容做出个性化的教学设计，改变过去照本宣科的教学模式，增强课堂教学的趣味性和吸引力。教师还要做好课堂中突发情况的预设，设想学生会提出什么样的问题，应该如何解答，力求把课程设计做得细致、完善，保障课堂教学的顺利进行。

在传统的课堂教学上，教师以一套教学方案来面对班级内的所有学生，缺乏对学生个体差异性的考虑，使课堂教学存在着不合理性，教育教学难以面向全体学生、使全体学生受益。而在核心素养视域下，教师的教育和教学应从学生的具体实际情况出发，尊重学生的个体差异，开展分层教学或小组教学，让课堂教学真正面向全体学生，让所有学生都能从课堂教学中受益。

在作业设计上，教师要摆脱传统的题海战术，尽量多设计一些具有实际情境又与教学内容紧密相连的应用题型，让学生感觉到学习数学的价值和意义，增强学生的实践意识；传统的作业内容枯燥，教师可以多设计一些一题多解的题型，开发学生的智力，让学生从不同的角度去看待问题、解决问题，提高学生解决问题的能力；针对不同学生的不同学习水平，教师可以设计“自助餐”式的作业，让学生可以根据自己的实际情况和学习需要去选择适合的作业内容，满足学生的差异化学习需求，充分发挥作业的作用；教师还可以多设计一些开放性的问题，让学生通过自主探究和分析来解决问题，培养高中生的自主学习能力，调动学生的学习积极性。

在教学评价上，教师要善于发现学生的优点，多给予学生正面的评价，并注重评价语言的运用，多给予学生以启发和鼓励，肯定学生的优点，维护好、保护好学生的自尊心，为学生的数学学习注入动力，促使学生对数学学习保持长久的兴趣。

在日常教学和生活中，教师要走下讲台，融入学生，多和学生进行交流和沟通，学会倾听学生的心声，及时发现学生在学习和生活中存在的不足和问题，并给予其及时的帮助和纠正，和学生建立“良师益友”的师生关系，营造良好的学习氛围。

（四）核心素养视域下对高中数学教师的教材应用提出了新要求

一直以来，教材都是高中数学教学的核心内容。在核心素养视域下，教师要认真研究新课标和教材内容，领会教材的编写意图，把握正确的教学目标，在此基础上科学地组织教学内容、设定适当的教学策略和方法，按质按量地实现教学目标。

高中数学教师在应用教材时，要明确教材在知识体系中所占据的地位和作用，认真研究教材前后内容之间的联系和区别，不断将新知识渗透到学生已有的认知结构中去，完善学生的知识体系，从全局上更好地把握和使用教材。教师在研究教材时，要充分分析教材各部分内容编写的思路和内在逻辑关系，从中领悟教材所提供的教与学的过程和方法，从而使教师可以结合教材设计最优化的教学过程。高中数学内容繁杂、知识的抽象性较强，学生对很多知识点的学习存在一定的困难，教师在使用教材时要结合学生的实际，分析研究教材的重点、难点，在教学中抓住关键、突出重点、突破难点，有效地提高课堂教学效率。教师还要对教材内容进行细致的分析和理解，仔细区别哪些是学生必须掌握的知识和技能，哪些是为了方便学生学习而安排的背景材料、例证或过渡性练习，对教材进行准确全面的把握，找准教材内容的知识、技能的要点，提高课堂教学的科学性和准确性，以保障教学目标的顺利实现。

二、对学生的要求

数学知识来源于生活，又应用于生活。在现代社会，人们日益离不开数学，数学推动了人类社会的进步和发展，具有一定的数学素养是现代人们适应生活、工作的必需条件。高中数学作为义务教育后的数学教育，既包含了基础的数学体系内容，同时又向更深层次的数学体系迈进，在学生的数学学习过程中具有承上启下的作用，在培养学生核心素养上具有举足轻重的作用和意义。核心素养视域下的高中数学教学对学生提出了新的要求，旨在培养高中生的内在能力和品质。

（一）掌握数学知识，提高数学技能

核心素养视域下要求学生做到基础知识扎实、基本技能熟练，这是我国数学教学的传统，也是我国数学教学的特色。掌握数学知识、提高数学技能是发展学生核心素养的前提和基础。要想扎实地掌握数学知识，学生需要具有良好的学习习惯，并在新知识教学前养成良好的预习习惯，从整体上对新知识有个大概的把握，找出自己学习的难点并做好标记，在课堂教学时可以着重听讲，深化对知识的理解和记忆；在课堂上，学生要积极参与课堂教学活动，认真听讲，对于心中的疑问要趁热打铁，及时提出、及时解决，不

能越积越多；在课后，学生要按照教师的要求进行练习和作业，对所学知识进行及时的巩固，对学习过程进行反思，查找学习的不足并及时改进，从而深化对数学知识的掌握。做题只不过是高中数学学习的一部分，学生还要主动地对知识进行研究和探索，在实践过程中锻炼数学技能，发展数学思维，学会知识的活学活用。

（二）提高数学意识，增强数学能力

学好数学的前提条件是学生愿意学、乐于学、会主动地学。在高中数学教学中，学生需要转变学习态度，树立正确的学习观。学生要明白在核心素养视域下的高中数学课堂上，教师不再是课堂的主体，教师讲学生听的灌输式的教育模式已经被越来越多教师摒弃，学生的课堂主体地位日益凸显，学生要提高自主学习的意识，告别对教师的依赖，以更好的方式实现学习目标。

高中数学教学需要学生具有敏锐的数学嗅觉，要求学生具备一定的观察能力，要善于发现生活中的数学和数学知识在现实生活中的具体应用，让学生更加真切地感受到学习数学知识的价值和意义，有效地激发学生的数学意识，学会用数学的眼光审视问题，用数学思维解决问题。高中数学教学以具体的情境为基础，学生在学习过程中要学会利用情境，在情境中获得更加直接的学习体验，学会数学知识的应用，进而增强学生的数学能力。数学学习不仅仅局限在课堂上，教师要使学生学会“学以致用”，培养学生的应用意识，让学生可以利用所学知识去解决生活中的实际问题，提高学生的数学应用实践能力。学生只有不断提高自身的数学能力，才能够顺利地进行各种数学活动，才会合理地解决大量的数学问题。

（三）培养数学思想，学会数学方法

数学知识是无穷的，但学生的学习时间却是有限的，所以学生只有掌握了科学的数学思想和数学方法，才会提高数学学习的效率，才会准确地掌握数学知识的精髓。在高中数学学习过程中，每当遇到新问题时，学生总会用熟悉的题型去“套”，但这种解题方法并不是在任何情况下都有效的，只有对数学思想和数学方法理解透彻、能够融会贯通时，才会对数学问题产生新的想法、找到新的解法。核心素养视域下的高中数学十分重视对数学思想方法的考查，在很多试题解答的过程中蕴含着重要的数学思想方法，这就需要学生有意识地用数学思想和数学方法去分析问题、解决问题，形成数学能力，提高数学核心素养。

数学思想和数学方法与数学知识相比，具有较高的地位和层次，数学知识以文字或符号的形式存在于人的头脑中，随着时间的推移和记忆力的减退，很多数学知识在未来会被我们遗忘。而数学思想和数学方法作为一种数学意识，只能靠领会和运用，在对数学问题认识、处理和解决的过程中得以强化，形成一种解决问题的思维，让学生受用一生，即使数学知识忘记了，但数学思想方法依然能够在生活实践中起作用。数学思想是数学的灵魂，它与数学方法同生共存。在数学学习中，数学知识是基础，数学方法是手段，数学思想是深化，在核心素养视域下，提高学生的数学核心素养，就是提高学生对数学思想和数学方法的认识和运用。所以，核心素养视域下的高中数学课堂教学要求学生具有数学思想和数学方法。

（四）理解数学文化，增强数学信念

数学文化是人类社会文化的重要分支。我国传统的数学教学理念只注重数学知识和数学技能的传授与灌输，完全忽略了数学文化对于学生成长和发展的重要作用，使课堂教学枯燥乏味，降低了学生学习的积极性。在核心素养视域下，高中数学教学对数学文化和数学素养的认识不断加深，数学文化在课堂教学中的价值得到了更广泛的关注和重视。

数学文化在漫长的演化过程中形成了具有特色的语言体系，呈现特有的思想魅力，数学通过科学的方法描述，帮助人们将深厚的理论思想和对客观世界的描述融入简洁的定理、公式和概念，是传递和发扬人类思想成果的重要手段。在数学文化的发展历史过程中，涌现了一批又一批的数学家，为数学学科的发展做出了杰出的贡献，成为一代又一代人学习的榜样，增强了学生的学习信念。

数学文化不是孤立存在的，它具有较强的渗透性，可以渗透到广大学科体系中，是其他理工学科学习和发展的基础，也是影响社会科技发展水平的重要因素。所以在核心素养视域下，要求高中生必须理解数学文化，认识到社会发展和数学学科之间的内在联系，感受数学学科的思维价值、科学价值、应用价值和人文价值，积极拓宽视野，探寻数学学科发展的趋势和轨迹，对数学学习产生浓厚的兴趣，强化自身的学习信念。

第二节　数学核心素养的教学策略

一、指导学习方法，发展数学思维

指导学生的数学学习方法，就是引导学生怎样去学习、怎样去探索、怎样解决各种数学问题，是“学会学习”的重要组成部分。如何指导学生去学习数学是高中数学教学面临的一个难题，也是每一个数学教师值得深思的问题。

高中数学和初中数学相比，知识内容的整体数量急剧增加，单位时间内需要学生接受的知识信息量增加了许多，用于知识消化和吸收的时间相应减少了，并且在数学语言上和初中数学有着显著的区别。高中数学涉及符号语言、逻辑运算语言、函数语言、图形语言等，数学知识的呈现更加复杂和抽象，需要高中生具备较强的数学逻辑思维，因而，很多高中生觉得高中数学难学，在高中数学的学习过程中出现了不良的学习心态。很多高中生缺乏良好的学习习惯，在学习时依然对教师存在较强的依赖心理，没有掌握学习的主动权，摸不着高中数学学习的路子，学不得法，学习效果不尽如人意。所以，高中数学教师要加强对学生学习方法的指导，帮助学生领悟解题思路和解题技巧，找出其中蕴藏的数学思想方法，培养学生的数学思维。

首先，教师要指导学生的听课方法。课堂是高中生学习的主阵地，大部分数学知识的学习是在课堂上完成的，而听课就成了课堂教学的重中之重，是影响学生课堂学习效率的关键因素。在具体教学过程中，教师要引导学生养成课前预习的好习惯，通过预习发现学习的难点，也就是听课的重点，对预习中遇到的没有掌握好的旧知识进行查漏补缺，减少听课中的困难。在课堂教学时，学生还可以把自己通过预习了解的知识和教师的讲解进行比较、分析，完善自己的思维方式，掌握科学的思维方法，进而提高自身的思维能力和自学能力。在课堂教学时，学生要做好课前的物质准备和精神准备，收拾课间放松的心情，全身心地投入课堂学习。在课堂听课过程中学生要做到“五到”，即耳到、眼到、手到、口到、心到。耳到就是上课专心听讲，认真提取教师在课堂上的分析和讲解，力求知识没有遗漏。另外，还要认真听取同学的回答，从同学的回答中学到更多的思维方法，拓宽知识获取的渠道，使自己受到一定的启发。眼到就是学生在教师讲课的过程中要全神贯注，一边听教师讲解，一边看课本、板书或课件，加深对数学知识的印象，同时还要注意观察教师的肢体语言和面部表情，从教师的行为举止中深刻地感受教师所要表达的思想和情感，促使学生对所讲内容产生共鸣，增进学生对数学知识的理解。手到就是指导学生在听课过程中养成记笔记的好习惯，做到“不动笔墨不读书”，记笔记不是让学生把教师讲的每一句话都记录下来，而是要指导学生科学地记笔记，其主要包括：一是记小结，把教师的随堂小结和对概念及性质的理解注释记录下来，一般情况下，小结都是对当堂课堂教学内容的概括和总结，也是学习和解题的关键，将其记录下来也便于学生的日后复习；二是记方法，在听课过程中，要学会对有效信息进行分析和筛选，把教师讲的解题技巧、解题思路和解题方法记录下来，有助于启迪学生智慧，提高学生的数学能力和解题能力；三是记问题，学生在听课时要将未听懂的问题及时地记录下来，便于在课后向同学或教师请教，突破学习难点，强化学生对数学知识的掌握；四是记疑点，学生要把对教师在课堂上讲的内容存有疑问的地方及时记录下来，便于课后和教师进行交流，提出自己的见解，有利于学生创新思维的发展。口到就是在教师的指导下主动地回答问题或参与课堂讨论，同时还要指导学生学会阅读数学教材，把教材内容诵读出来，在诵读中厘清数学概念之间的逻辑关系，更好地掌握数学语言，发展自身的数学思维。心到就是要指导学生跟上教师的教学思路，跟着教师的节奏去听课，并用心分析教师的教学内容，抓住课堂教学的重难点，领会教师分析问题的思路和解决问题的思想方法，发展自己的数学思维和数学能力，学会举一反三。

其次，教师要指导学生做好复习和总结。及时的复习和总结是巩固所学知识、提高学习效果的关键。有效的复习方法不是让学生一遍又一遍地看书，而是让学生进行学习反思，开展回忆式的复习，把教师所讲的内容尽可能地想完整，然后再通过和教材、笔记进行对照，把自己遗漏的内容补充完整，从而加深对当天所学知识的掌握。在经过一段时间的学习后，教师要指导学生进行单元复习，构建单元的知识网络，用典型的例题将单元的重要知识点和数学思想方法进行归纳、总结和展示，加深对所学知识的巩固和掌握，帮助学生构建完整的知识结构。

在核心素养视域下，复习和总结是高中数学学习过程中不可缺少的环节，在具体教学中教师可以从以下三方面入手。

第一，抓住基础知识，注重“双基”教学。对于任何一门学科，课本知识都是最基础的，考试中的各种题目都是课本知识的演化和变形，所以在复习总结中，教师要提高学生对基础知识的重视，不要认为其容易就在复习的环节中忽略过去，而是要将课本知识进行系统化的复习，只有把课本知识掌握牢固，学生才会“以不变应万变”，学生的数学能力和数学素养才能得到有效的提高。教师可以指导学生将所学知识进行模块化管理，把知识按照内容划分成几个模块，对学过的数学知识进行一个全面的梳理，指导学生按照由浅入深、由易到难的原则，先从最基本的知识开始复习，再对重难点和遗漏点进行重点复习，确保学生知识复习的全面性。

第二，利用原有知识深化、拓展新知识。对于高中生而言，经过多年的学习和生活积累，脑海中已经拥有了大量的知识储备，在复习和总结的过程中，与其再给学生讲一遍已经学过的知识，不如想办法唤醒学生对原有知识的记忆，这样学生对知识的记忆更深刻，理解也更透彻，课堂教学也更有趣。在对数学基础知识进行复习时，教师可以列举以前在课堂教学中的例子来唤醒学生的记忆，帮助学生建立自己的知识体系；当在复习中遇到难题时，教师不要直接给出答案，而是要带领学生将这道题与以前做过的类似题型做比较，从中找到解题所要用到的知识点，增长学生的解题经验。

第三，指导学生进行专题化训练。数学知识的复习和总结离不开做题训练，教师要指导学生将所学的数学知识进行分类和概括，建立多个数学复习专题，对每项专题知识进行有针对性的训练，巩固学生的数学基础，提高学生的数学能力。比如，在复习函数的相关知识时，教师针对“函数定义”进行专项训练，通过举例子的形式引导学生对已学知识进行回忆，让学生在脑海中搜寻关于本专题的知识结构和相关知识点，教师把学生的思路串联起来进行讲解，并从以前做过的试卷、课堂练习和教辅资料中挑选具有代表性的题目对学生开展专项训练，通过做题来扎实学生的数学基础。在此基础上，让学生自主复习函数性质、函数与方程、指数函数、幂函数等相关的知识点，通过这种方式，学生对数学知识、典型题型、数学思想方法掌握得更牢固，理解得也更深刻，有助于学生数学知识的系统化。

再次，指导学生做一定量的练习题。有很多高中生把提高数学成绩的希望寄托在大量地做题上，“以做题多少论英雄”，其实这种做法存在着很大的不合理性。习题不在于做的数量多，而在于做题的效率高，做练习题的目的就是检验所学的知识和数学方法是否掌握得牢固。如果数学知识和数学方法掌握得不牢固，做再多的题也会反复出错，对提高学习效果没有多大帮助。核心素养视域下的高中数学教学不再提倡题海战术，而是提倡精练，教师在教学中可以开展一题多考的练习模式，将多个知识点融合到一个练习题中，从而有效地避免题海战术，提高练习的质量和效益。做完习题后，教师还要指导学生进行反思，重新思考在解题时所用的基础知识和数学思想方法，并思考在解决其他数学问题时是否也用过同样的知识和数学思想方法，建立起知识间的联系，收获更多的学习经验，进而发展自己的思维和技能。教师在指导学生做习题时，还要让学生养成正确的学习态度，把数学思想方法和解题的准确性放在第一位，而不是一味地去追求做题的速度和技巧。只有充分发挥习题的作用，才能收到良好的教学效果。

在习题讲解中，要改变以前一成不变的死记硬背的教学方法，要从学生角度出发，科学选题，优化题型设计。教师可以根据学生的学习水平和发展水平设计分层小组教学，根据学生的实际情况设计不同层次的习题内容，指导优等小组的学生做一些拔高训练，指导学习困难组的学生做一些基础训练，满足不同学生的学习需求。在习题讲解的过程中，教师要指导学生充分发挥思维想象，对数学问题进行大胆推理，提高学生的逻辑思维能力和数学语言运用能力。教师还要指导学生学会合理利用数形结合法、代入法、试算法等多种做题技巧，提高学生的解题能力，发展学生的思维。习题课上学生是课堂的主体，教师要鼓励学生自主学习，自己动脑思考解决问题的方法和途径，当确实存在困难时，教师再给予必要的帮助，这样不仅可以提高学生的数学能力和数学思维，还有利于学生数学核心素养的提升。做练习题本身是一件非常枯燥的学习活动，教师在讲解习题的过程中可以利用习题内容，恰当地创设一些问题情境，活跃课堂气氛，调动学生做题的积极性，让学生在情境中感受数学思想，不断积累数学经验。

最后，指导学生掌握数学思想。在应试教育模式下，高中数学教学重结论轻过程、重知识轻思想，导致高中数学教学事倍功半，出现高分低能的现象，不利于学生数学核心素养的提高。随着数学学科社会影响力的不断加大，数学教学显得尤为重要，核心素养视域下的高中数学教学重点也发生了改变，良好的数学思想方法教学比数学知识教学更加重要。古人曾经说过，“授之以鱼，不如授之以渔”。数学教学也是如此，教师应对学生进行学法指导，让学生掌握科学的数学思想和数学方法，提高学生的数学能力，使学生形成坚定的学习信念和开放性、创造性的思维品质。

高中阶段需要重点掌握的数学思想主要有化归与转化思想、变换思想、运动思想、数形结合思想、函数与方程思想等，掌握了这些普遍的思想方法，在解题时就有了目标和方向，将会大大提高解题的效果。有了数学思想后，教师还要指导学生掌握各种解题方法，如换元法、待定系数法、反证法、数学归纳法等。只有在数学思想的指导下，灵活地运用各种数学方法，才能真正地领悟高中数学的精髓，才能真正地学好高中数学。

教师在教授新知识的过程中，要注重知识的推导和演示过程，将抽象的数学知识通过举例、类比、转换等方式，将其具体化、简单化、直观化，引导学生对新知识进行总结和概括，发展学生的逻辑思维，让学生更好地体会其中蕴含的数学思想方法。数学思想方法蕴藏在数学知识的形成过程和数学问题的解决过程之中，教师在教学的过程中，要引导学生养成及时总结的好习惯，每学完一个章节就要对其中的数学思想方法进行概括和总结，每做完一道习题都要反思其中蕴含的数学思想方法。只有不断总结、不断积累，学生的数学思想方法才会系统化，才会运用得灵活自如。提高学生解决问题的能力有利于促进学生数学核心素养的发展，使学生可以更好地适应未来社会。核心素养视域下的高考，不只是考查学生数学知识的掌握情况，更注重考查学生对数学思想方法的理解和应用。教师在平常讲题的过程中，要注重讲授解题过程中用到的数学思想和方法，引导学生运用数学思想方法去解决问题，而不是由教师代劳或由教师直接给出答案，只有这样学生才会掌握数学思想，灵活地运用数学方法。

二、创新课堂教学，培养品德修养

新课程标准强调，数学课程应致力学生数学素养的形成与发展。数学素养即数学修养、数学水平、数学能力、数学素质等概念的总和，而核心素养是数学能力和数学品质。在核心素养视域下，高中数学教师要改变以往的教学方法，创新课堂教学，不断提升高中数学教育教学水平，培养学生的品德修养，主要可以从以下四个方面入手。

（一）夯实基础，提高学生的应用能力

俗话说："基础不牢，地动山摇。"数学基础是否牢固直接影响高中生的学习成绩，也是影响高中生长远发展的重要因素。对于高中数学学习来说，基础知识、基本技能和基本数学思想是高中数学的基础，教学大纲所罗列的数学知识点都是高中数学的基础知识。高中数学知识错综复杂，但每一个知识点都不是孤立的，都和其他知识点存在着千丝万缕的关系，这些知识点构成了完整、严密的数学知识体系。而在数学学习过程中，数学知识的形成过程、定理公式的推导过程以及各种数学知识的应用都包含着数学思想和数学方法，体现着数学基本技能。所以，高中数学教师在教学的过程中一定要夯实学生的数学基础，让学生把公式、定理记牢固，在做题时一看便知道其过程，真正掌握基础习题的解题方法，使学生在理解的基础上实现数学知识的灵活运用。只有把数学基础打扎实了，学生才有提高解题能力的可能性。只有把最基本的掌握住了，才能谈得上掌握解题的方法和技巧，才能向知识的更深层次推进。因此，打好数学基本功是学生取得好成绩的基础和前提。

在具体的教学实践中发现，有些数学问题教师讲了好几遍，学生在做题时还会出错，一听就会、一做就错的现象屡见不鲜。究其原因，归根结底还是数学基础不牢固，学生对知识的形成和理解还未达到要求，只会照着教师的解题思路和解题方法，照葫芦画瓢地简单模仿，题目稍微一变就不会分析和解决了，并没有真正领会数学知识的精髓。高中阶段的数学教学在高中教育体系中占据着非常重要的地位，不仅是学好其他理工学科的基础，也是决定学生人生前途的重要因素。面对高考的严峻形势，高中数学的教学进度较快，给予学生消化理解的时间不足，导致很多学生前后知识衔接不好，讲了后面的就把前面的忘了，没有形成完整的知识网络，基础知识掌握不全面。还有些教师在练习题的处理上讲得过于粗略，没有对学生的思维进行及时的引导和纠正，导致学生对基础知识的理解不透彻，给解决问题带来了一定的困难。所以在高中数学教学时，教师一定要注重数学知识的形成过程和数学知识间的联系，帮助学生构建完整的知识体系，扎实学生的数学基础，提高学生的数学应用能力。

当下的高中数学教学始终没有摆脱应试教育的局面，在高考升学指挥棒的指引下，教师中心主义和权威主义依然存在，教师把知识强加灌输给学生，学生的思维能力被淹没在传统教学模式中。为了夯实数学基础，必须激活学生的思维活力，因此，高中数学教师必须摆脱传统教学观念和教学方式的束缚，明确学生的主体地位，努力为学生创设一种和谐、自由、民主、充满活力的课堂氛围，让学生以一个极富独创性的主体来参与课堂教学活动，拓宽学生舒展的空间，使师生之间和学生之间形成多元交流的统一整体，在相互作用和相互影响下实现学生的进步。教师要转变角色，成为教学活动中的一员，和学生处于平等的地位，教师要引导学生积极参与数学课堂教学的全过程，使数学课堂教学成为师生共同参与的一种相互探讨、共同学习、共同解决问题的探究活动，增强学生的学习体验，深化学生对数学基础知识的理解和记忆。

数学学习离不开记忆，初中阶段的数学学习主要以机械记忆为主，而在高中阶段，学生的知识经验日益丰富，抽象逻辑思维已经成熟，传统的机械记忆已经不再适合学生的认知能力。所以，高中数学教师要主动探索科学的记忆方法，培养学生的意义识记能力，在记忆之前弄懂数学知识的形成过程，并将其纳入已学的知识体系，使其成为永久记忆，在运用时可以信手拈来。教师要引导学生形成科学的记忆方法，首先，教师要让学生理解所要识记的内容，引导学生对需要识记的内容进行归纳和整理，使记忆内容清晰地呈现在学生眼前，对于比较抽象、难于记忆的内容尽量赋予人为意义或与现实生活相联系，降低识记的难度。其次，教师要教给学生记忆的方法，比如常用的数形结合记忆、口诀记忆、联想记忆、关键词记忆等方法，提高学生记忆的效率。此外，教师还要锻炼学生的机械记忆，实现机械记忆和意义记忆的有效结合，使知识记忆更牢固。

夯实数学基础离不开做题。高中数学教师要优化课堂练习设计，通过习题巩固数学基础知识，提高学生的应用能力，培养学生良好的学习习惯。高中数学教师在设计课堂练习时，应当遵循目的性、层次性和针对性的原则。在数学课堂练习设计时，教师要准确地把握课堂中每个知识点的重点及难点，提高课堂练习内容的科学性，使课堂练习设计符合教学要求。对于高中数学课堂练习，教师应当做到从简到难、从基本到复杂地设计，掌握好课堂练习的难度，做好知识点的有效过渡和完美衔接，让学生在练习中一步步地掌握基础知识、巩固基础知识，促进数学思维的发展。高中数学教师在进行课堂练习时，应从学生的实际技能情况和教学内容出发，合理地设计课堂练习的重点和难点，有针对性地对学生进行知识强化训练，从而达到巩固基础知识的目的。

（二）激发兴趣，提升学生的思维品质

思维发展是数学核心素养的关键部分。高中数学教师在课堂教学中要注重学生思维品质的培养，提高学生的合作探究能力，发展学生的创新思维，从而达到提高教学质量的目的。

有效的课堂教学不在于学生掌握了多少知识，而在于学生是否掌握了学习知识的方法和思维。很多高中生觉得高中数学学起来抽象、晦涩、难懂，高中数学学习非常单调和枯燥。为此，高中数学教师必须创新课堂教学策略，爱护学生的好奇心和求知欲，充分激发学生的学习兴趣，调动学生的主动意识和进取精神。高中数学教师要打破传统一言堂的教学局面，积极开展自主合作探究的学习方式，在课堂上营造有利于学生自主学习的氛围，调动并保护好学生学习的积极性，为提高学生的思维品质做好前提准备。

“学源于思，思源于疑”，学生思维的发展是从疑问开始的，大胆质疑是推动人们探索未知世界的直接动力。在高中数学课堂教学中，教师要鼓励学生大胆质疑，不要迷信于教材和教师，敢于提出自己的意见和想法，并引导和启发学生主动思考、积极探索，寻找解决问题的方法和途径。面对质疑，教师要鼓励学生各抒己见、畅所欲言，大胆表述自己的意见和看法，在合作探究中引导学生尝试采用不同的方法来解决问题，求同存异，提高学生发现问题、分析问题和解决问题的能力，培养学生的求异思维，同时培养学生的团队合作意识和竞争意识，提升学生的思维品质。在教学过程中，教师还可以结合教学内容在学生的学习过程中故意设置问题障碍，以此来调动学生的探究欲望，拓宽学生的思路，培养学生思维的准确性和广阔性。

高中数学是一门科学、严谨的学科，教师在教学的过程中要抓住高中数学的学科特点。在教学中，注意授课的逻辑性，注重知识点的衔接和联系，教学内容要有条理、有层次，符合高中生的认知特点。教师在教学中还要注重教学语言的运用，教学语言要具有逻辑性，对数学知识的讲解要字斟句酌、反复推敲，使教学语言思路清晰、简单易懂，让学生在潜移默化中得到熏陶和提高，培养学生思维的逻辑性。

（三）联系实际，增强学生的实践能力

高中数学承载着立德树人的根本任务，在核心素养视域下，高中数学教学越来越重视联系生活实际，将数学教学融入生活，实现课堂教学的生活化，提高学生的学习兴趣，增强学生的实践能力。

以往的高中数学教学都是重理论、轻实践，用“高、大、上”的语言进行课堂教学，使本就难学的高中数学难上加难，影响了课堂教学效率的提高。为此，教师需要转变传统的教学观念，改变课堂教学策略，意识到教学联系实际对学生数学学习的积极作用，在日常的数学教学中注重教学的生活化，将数学知识融入具体的、学生熟悉的日常生活事例，拉近数学知识与学生之间的距离，引导学生在生活中发现数学问题，鼓励学生将所发现的数学问题和所学数学知识相结合，建立合适的数学模型，引导学生针对数学模型进行深入的分析和研究，体会数学思想的应用，提高学生对所学知识的理解层次。教师在教学的过程中还可以借助生活实例、时事热点等学生感兴趣的内容作为教学背景，激发学生的学习兴趣，引发学生深刻的认知，使学生学会用数学的眼光去观察生活问题，提高学生的综合素质。

在高中数学教学过程中，教师还要重视生活情境的设立。高中数学教师要从学生的生活实际出发，在课堂教学中创设生活化的教学情境，将学生熟悉的生活问题转化为数学问题，提高学生对所学知识的兴趣，引导学生学会观察生活、发现生活中的数学问题，并利用所学知识去主动解决生活中的数学问题。比如，在讲概率问题时，教师可以将其融入学生熟悉的抽奖活动，讲利率问题时可以为学生模拟银行场景等，将抽象难懂的数学知识与高中生熟悉的生活实际相联系，既可以提高学生的学习兴趣，又可以巩固学生在课堂上所学的知识。教师还可以通过角色扮演活动，在课堂上再现真实的生活场景，让学生在逼真的生活情境中学习数学知识、感受数学知识在生活中的应用，增强学生的应用实践意识。

在联系实际进行教学的过程中，教师还要指导学生合理地运用数学资源，注重数学的生活实践。在教学过程中，教师要注重教材的使用，对数学知识的讲解要透彻，帮助学生全面地理解所学数学知识，并在此基础上鼓励学生到生活中去寻找相关的学习资源；在生活中，运用所学知识，帮助学生养成在生活中学习、在生活中实践的好习惯。教师在讲解教材内容时要注重与现实生活的联系，利用生活中的数学资源辅助课堂教学，引导学生借助课堂所学知识对生活中的常见问题进行解决和解释，使学生充分认识到数学学习的意义，调动学生学习的积极性，促使高中数学教学效率得到进一步提高。

（四）深刻理解，内化学生的品德修养

在核心素养视域下，将数学史融入数学教学是高中数学课程教学改革的一大亮点。数学史是数学文化的最佳载体，它可以将每个知识点都以历史发展的角度呈现，将原本分散的知识点进行重新的整合，有助于帮助学生构建完整的知识体系。学生在数学史的文化熏陶下会增进对数学的理解，使学生爱上数学、喜欢上数学。数学史具有丰富的内涵，其中不仅包括数学概念、数学定理的起源和发展，也包括一些数学家的成长经历和一些经典的数学名题。通过对数学史的学习和研究，可以帮助学生深刻理解数学知识的形成、发展过程，使学生体会到数学的应用价值，认识到数学与实际生活的关系，认识到数学是有用的，从而增强学生学习的信心和动力。

高中数学教材中的概念、原理、公式等都是以一种“高冷”的形态呈现在学生眼前，使学生感到生疏、高不可测，很容易让学生对数学学习失去兴趣。其实，数学教材中的每个知识点都经历了猜想、发现、推导、演算、发展、应用等一系列过程，是一代又一代数学家不断努力经过无数次的实验才得到的，是人类智慧的结晶，是数代数学家点滴积累才形成的，具有极高的人文价值。如果在课堂教学中可以将这些前人的思想和思维通过适当的方式呈现给学生，一定会让学生受益匪浅，激活数学的文化价值，丰富学生的学习情感，对提高课堂教学效率有着非常重要的意义。教师在教学中可以利用数学史作为课堂导入，通过向学生讲述数学知识的发展演变过程，激活学生的思维，鼓励学生运用前人的方式和方法大胆尝试，进行数学知识的研究和探索，再现数学家的推导演算过程，进而加深学生对数学知识的理解，将前人的数学思维深深地刻在脑海中，激发学生不屈不挠、攻坚克难、认真钻研的科学态度，促使学生树立坚定崇高的理想和信念，为学习注入强劲的动力。教师在教学时还可以借助历史情境，将原本抽象、科学的数学知识变得通俗易懂，化繁为简，让学生更加深刻地理解数学知识背后更深层次的含义，培养学生追本溯源、科学严谨的学习态度。

三、建立多元评价，形成合作意识

评价是教育教学过程中的一个重要环节，随着核心素养理念的提出，教学评价越来越受到重视。通过有效的教学评价，不仅可以了解学生的学习情况，有针对性地解决学生在学习中出现的问题，提高学生的数学素养，还有助于教师完善教学过程，改善教学设计，将数学课堂教学推向新的高度。因此，高中数学教师在教学中要运用恰当的评价方式，建立多元评价，促进学生身心健康成长，帮助学生正确地认识自我，增强学生的综合素质，锻炼学生的合作意识。

（一）评价主体多元化

新课程标准明确指出，在课堂评价主体上，应当注意将教师评价、学生自我评价和相互评价以及家长评价有机结合起来，提倡构建多元主体评价的格局。在高中数学教学中，被广泛使用的就是教师评价。教师对学生的评价贯穿学生的整个学习过程，教师的认可、肯定和赞扬可以使学生获得成就感，增强学习的自信。教师在评价时要注意评价语言的运用，以温情来感染学生，触动学生的心灵，对学生评价时因人而异，在尊重学生差异化的基础上，对学生的学习效果、学习态度、学习情感等方面做出客观、科学、合理的评价，拉近师生之间的关系，让学生感受到教师的温暖和关爱，对教师产生信赖和信任，从而构建和谐的师生关系，对学生的学习起到极大的促进作用，提高课堂教学效果。

在新课程标准中明确指出了学生自评的重要性，高中数学教师在教学中要鼓励学生进行自我评价，让学生对自己的学习过程进行自我反思和总结，学生自我反思的过程就是学生自我认识的过程，通过自我反思，学生不仅可以总结成功的经验，也可以反思自己的不足，进而及时地调整自己的行为，促进学习的深化。核心素养教育倡导自主、合作、探究为主的新的教学方式，因此，在教学过程中，可以采取学生互评或小组互评的形式，让学生在相互评价中学会交流、学会合作，相互学习、相互促进，培养学生的竞争意识和团队精神，有助于学生良好个性和健全人格的形成。教师在对学生进行阶段性评价时还可以让家长参与对学生的评价，综合各种评价主体的评价信息，对学生做出科学合理的评价，深化教师和家长对学生的了解，促使教师和家长不断完善教学策略，为学生的健康成长创造良好的条件。

（二）评价方式多元化

由于高中生的性格特点、学习能力、学习水平等存在着差异性，因而在对学生做出评价时，要因人而异，这就需要教师掌握多元化的评价方式。在日常教学中应用最广泛、最传统的评价方式就是考试，核心素养视域下的考试评价不是机械地做题，而是被赋予了新的内容和形式，试题内容更加生动活泼，更具有真实性和情境性。通过考试检验的不只是学生的知识掌握情况，更主要的是考查学生解决生活中实际问题的能力，通过成绩预测学生在真实生活中的表现，以此来提高学生的核心素养。传统的教学评价为了达到选拔、甄别的目的，往往会将学生置于严格的个人环境中，不允许学生渐进性交流和合作，学生面对数学问题只能孤军奋战，这种评价方式已经不符合当今社会对人才的要求。为此，教师可以开展合作评价，允许学生通过分工合作来解决数学问题，完成学习任务，通过对小组的整体评价和学生个人对小组活动所做的贡献，对学生个体做出科学的评价，提高学生对现实生活的领悟能力和创造能力。教师还可以开展“档案袋”评价，鼓励学生参与“档案袋”评价标准的制定过程，允许学生有自主选择权，学生可以根据自己的实际情况选择将什么装档，同时用档案袋来记录学生的成长过程，把学生的表现和点点滴滴的进步都记录到档案袋内，为学生提供自我反思和自我评价的机会。经过一段时间后，学生可以把自己的档案袋内容和其他学生一起分享，相互学习、相互借鉴，促进学生的共同进步。课堂上教师的一言一行都在潜移默化地影响着学生，因此教师在教学中要注重体态语评价的运用，教师的一个点头、一个肯定的微笑、一个赞许的手势都会对学生产生巨大的影响力，不仅让学生感受到教师的亲切随和，还会增强学生的学习动力，产生“润物细无声”的教育效果。

评价的方式多种多样，教师在教学过程中要根据学生的具体情况和教学需要，灵活地运用各种评价方式，选择恰当的评价方式，对学生做出科学、合理的评价，以更好地考查学生的学习情况，掌握学生的学习、成长历程，为教师的进一步教学提供参考依据，使课堂教学效果达到最佳。

（三）评价内容多元化

在传统应试教育模式下，教师仅以知识和分数来评价学生，忽视了对学生学习过程、学习能力、心理素质等的评价，在一定程度上影响了学生综合素质的提高，阻碍了学生的发展。在新的时代背景下，社会需要的是知识、能力、情感、心理素质等多方面全面发展的人才。所以，在高中数学教学中，教师必须改变对学生的单一评价方式，实现评价内容的多元化。教师在对学生进行评价时，要努力拓宽评价的内容，既要对学生的知识技能做出科学的评价，又要对学生发现问题和解决问题的能力做出评价。同时，还要对学生在学习过程中表现出来的情感、态度和价值观进行评价，使评价更全面、更科学。

在对学生进行知识评价时，教师要认真研读教材，把握教材的重难点，明确教学目标，给每个知识点制定相应的评价标准，以方便对学生的学习情况做出正确、恰当的评价。教师在课堂上恰当、到位的评价，有助于激发学生的学习兴趣和学习动力；对学生在学习过程中反映的知识和技能上的错误进行及时的点拨、评价，可以帮助学生及时纠正错误，避免学生偏离正确的学习方向，为学生的学习扫除障碍。教师在教学的过程中还要学会仔细观察，对学生在学习过程中所表现出来的计算能力、空间想象力、分析能力、操作能力、推理能力等做出科学合理的评价，以促进学生综合能力的提高。教师在教学过程中还要加强与学生的交流和互动，及时捕捉学生的思维闪光点，对学生的创新思维和突出表现适时地做出恰当的评价，促进学生不断进步。教师还要对学生学习过程中所表现出来的数学学习兴趣、学习动机、学习态度、情感意志等方面作出评价，对学生进行正确的思想引导，调动学生的认知活动和思维活动的积极性，强化学生的学习动力。

（四）评价标准多元化

“世界上没有完全相同的两片叶子。”每个学生都是具有不同需求和兴趣的独立个体，教师在对学生进行评价时，要根据学生的差异，设计多元化的评价标准。教师在教学中可以根据学生的学习水平、性格、学习能力等将学生划分为几个层次，根据不同层次学生的不同学习水平设计不同的评价标准，围绕学生的最近发展区设置评价标准，给每个学生都创造提高的机会和目标。

在设计科学的多元化评价目标之前，教师要对学生进行科学合理的分层，将学习基础扎实、学习能力强、学习积极性高的学生划分为高层；将学习基础比较扎实、学习能力比较强、具有很大提升潜力的学生划分为中层；将学习基础薄弱、学习能力差、缺乏学习自主性的学生划分为低层。将学生进行层次划分并不是把学生划分出三六九等，而是为了更好地对学生进行教育教学，真正地做到因材施教。

评价标准是高中数学教师开展课堂教学的依据和目标，也是学生学习的方向和动力。在制定评价标准时，高中数学教师不能采取传统的评价标准制定方式，统一的评价标准已经不再适应核心素养教育的要求，教师要在学生分层的基础上，根据教学要求为不同层次的学生制定适合他们发展的评价标准，提高课堂教学的针对性，让每个学生都能达到适合自己的发展目标，增强学生学习的信心。对于学习水平较差的低层次学生，要设计基础性的评价标准，这也是其他两个层次的学生必须达到的评价标准，要求他们掌握最基本的数学知识，会用数学知识解决基础性的数学问题。因为这个层次的学生数学基础比较薄弱，容易产生自暴自弃的学习心态，对于这类学生教师在评价时要给予更多的关注、关心和耐心，给予他们更多的关怀和鼓励，对他们在学习中取得的进步，哪怕是细微的亮点，都要及时做出肯定和表扬，帮助他们树立学习的信心；对于中层次的学生，教师要设计中层次的评价标准，要求学生在掌握数学基础知识的同时，提高数学知识和数学思想方法的运用能力，能够运用所学知识解决生活中的实际问题，并要求该层次的学生在教师的引导下逐渐向高层次学生靠拢。中层次的学生比上不足，比下有余，很容易产生懈怠的学习心理，教师在评价时要多给予其鼓励和表扬，多为他们创造表现的机会，让他们体会到学习的成功和喜悦，使其保持长久的学习兴趣和学习动力，引导其向更高层次迈进；对于高层次的学生，要设计高层次的评价标准，在达成基础性教学目标后，还要提高学生的综合运用能力，要求学生进行拔高训练，获得更大的发展，教师在对这类学生进行评价时，不光要给予其鼓励和肯定，同时还要指出他们的不足，甚至故意设计一些“挫折”，使他们明白自己的不足，提高他们的抗挫力，避免出现恃才傲物、高傲自大的不良心态，以引导他们精益求精，向更高、更强发展。

高中数学教师在设计评价标准时，要保证标准的关联性和递进性，确保高层次的学生可以向更高层次发展；中层次的学生经过努力可以达到高层次的标准；对于低层次的学生只需完成基本的学习任务即可，用简单、易达成的评价标准帮助他们找回学习的兴趣和自信。教师在设计多元化评价标准时，一定要坚持以学生全面发展为中心的根本原则，在强调个体发展的同时注重整体推进。评价标准的制定必须是面对所有学生的，要保证每个学生都能接受到不同程度的知识，教师在教学时要坚持循序渐进、缓慢推进的原则，使教学的各个环节得以完美的接洽和融合，进而实现整体推进，促进全体学生的发展。

四、使用数学语言，提高学习能力

数学语言是数学思维的载体，是数学思想的表现形式。数学语言也是语言的一种，但它和汉语、英语等语言具有显著的区别。从学科内容上分，数学语言包括数学概念、数学术语、数学定理等抽象性的数学语言，也包括符号、公式、算式、图表等直观性的数学语言。从外在形式上，数学语言可以分为文字语言、符号语言、图形语言三类，每种形式的数学语言都有其独特的优越性，比如，文字语言科学、严密、规范，揭示了数学知识的本质属性；符号语言书写方便、旨意明确，将复杂的数学知识用更简单的形式呈现出来，便于学生思考；图形语言直观形象，方便学生记忆和理解，有利于学生的思维发展，也有助于问题的解决。在高中数学教学中，正确有效地运用好数学语言，教会学生正确地使用数学语言，可以使学生对数学知识掌握得更清楚、更深刻，更容易抓住知识的本质，运用好数学语言对数学课堂教学会起到事半功倍的作用。

随着现代科学技术的发展，数学语言已经成为一种通用的科学语言，被广泛地应用到各领域和各学科之中，成为人们交流各种科学思想的工具，也成为各领域之间和各学科之间相互联系的桥梁，数学语言的重要性和作用不言而喻。数学语言是数学知识的载体，也是数学知识的重要组成部分，各种数学知识都是通过数学语言呈现出来的，数学知识是数学语言的内涵，而数学语言则是数学知识内涵的体现，学生对数学知识的理解和掌握也就是对数学语言的理解和掌握。一个对数学语言不能理解的人也就谈不上对数学知识的理解。所以掌握数学语言是学习数学知识的基础，也是数学教学开展的前提。核心素养视域下的高中数学教学强调学生解决问题能力和实践能力的培养，而掌握数学语言是培养和提高学生数学能力的前提。学生只有具备数学语言能力，才能读懂数学问题并对数学问题进行分析和探究，找出解决问题的关键，所以掌握数学语言是解决数学问题的前提。从表面上看，数学语言单调枯燥，但是通过对数学语言的深入学习和了解，就会发现其中蕴藏着丰富的内涵，具有无穷的魅力。掌握数学语言能够激发学生的数学学习兴趣，使学生对数学知识和外部世界有更深刻的认知和了解，有助于启发和调动学生积极的思维活动，促进学生的思维发展。鉴于此，高中数学教师在教学中要运用好数学语言，同时，有目的、有计划、有意识地培养学生的数学语言能力。

（一）创造机会，培养学生运用数学语言的习惯

1. 营造宽松的课堂氛围，鼓励学生发言

在实际教学中，很多学生担心自己回答问题时出错因而在课堂上不敢发言，还有些学生因为准备不充分在数学课堂不主动进行发言，这些都是数学课堂上的常见现象，也是制约数学课堂教学的重要因素。正是因为这些问题的存在，使得学生的数学语言表达能力得不到有效的锻炼，阻碍了高中生数学语言能力的发展。为此，数学教师必须转变传统的教育观念，把数学课堂归还给学生，通过情境创设和各种先进教学手段的应用，千方百计地为学生营造一个宽松、愉悦、民主的学习氛围，而不是把学生当作学习的工具和知识的“储存罐”，给予学生充分的自由和空间，这样学生才会在课堂上无所顾忌地去发言，才会无拘无束地说出自己的想法，给学生提供运用数学语言的机会。当学生运用数学语言回答问题、分析问题时，教师要给予学生积极的肯定和鼓励，培养学生在数学课堂上运用数学语言的良好习惯，提高学生数学学习的专业性和规范性。教师在设计课堂提问时，要充分考虑学生的差异性，多设计具有层次性的问题，给每个学生创造使用数学语言回答问题的机会，让每个学生都能感受到数学语言的应用价值，进而把使用数学语言解决数学问题发展为一种学习习惯。

在学生发言的过程中，教师要认真倾听，表现出对学生的尊重和重视，学生发言过后教师要对每一位学生的发言进行点评，当学生说不出、说不对、说得不完整时教师也要对其学习态度给予鼓励和肯定，并给予学生必要的帮助，鼓励其不怕说错、大胆表达，增强学生的学习自信，当学生发言中有独

到见解时，教师应该毫不吝啬地给予鼓励和正面的引导。在这样的环境中，学生会逐步形成良好的、健康的交际心理，为数学语言的运用和数学语言能力的培养提供了可靠的保证。

2. 及时纠正学生数学语言的错误

高中生数学语言的表达过程也就是学生的思维过程。由于高中数学知识较难，学生在学习数学时经常会有对数学知识理解不透彻的情况，使学生在运用数学语言表述问题、解决问题的过程中经常出错。面对学生的错误，教师不要妄加指责，而是要多和学生进行交流和沟通，了解学生的思维和思考方式，帮助学生查找出错误的根源所在，从源头上帮助学生纠正数学语言的运用错误，使学生建立正确的使用规范，避免同类错误的再次出现。高中数学教师在教学中还要善于观察和发现，要有一双敏锐的眼睛，及时发现学生学习过程中出现的数学语言错误，及时指出并帮助学生进行改正，使学生形成正确的认知。教师还可以根据学生的出错之处，开展专项练习，以加深学生对数学语言的理解和运用，巩固数学语言在学生脑海中的印象。

3. 规范学生的课堂用语

高中生的语言习惯和思维方式即将成型，但还具有一定的可塑性，教师要抓住高中这个关键时期，在教学过程中多创造机会和条件来锻炼学生的数学语言能力。在课堂回答问题时，教师要要求学生用数学专业术语来回答问题，避免用俗语或口语化的语言来回答问题，规范高中生的课堂语言；在回答问题时，教师还要着重训练学生的逻辑思维能力，要求学生在回答问题时思路清晰，语言具有条理性和完整性，学会规范地使用数学语言；在做题的过程中，教师也要注重学生解题步骤和书写内容的规范性，尽量用数学符号来表述解题内容，让学生用规范的数学语言将自己清晰的逻辑思维展现出来，方便教师对学生思维过程的把握，有助于学生良好思维习惯和书写习惯的养成。

（1）启发引导，对学生开展数学语言训练

核心素养视域下的高中数学教学不再是简单的数学知识灌输，数学教学过程伴随着数学交流的过程，既包括教师和学生的交流、学生和学生的交流，也包括学生与教材、学生与教学媒体、学生与社会的交流，而数学语言就是各种交流的工具和媒介。发展学生的数学语言是提高学生交际能力的关键，所以，高中数学教师在教学过程中要培养学生能用规范、正确的数学语言准确地表达自己的思想，引导学生用数学语言进行交流，开发学生的语言天赋，使学生在数学交流中讲得有条理、合乎逻辑，讲得既完整又简练。

（2）引导学生在课堂教学中用数学语言进行交流

在教学过程中，每节课都是学生使用数学语言、形成数学语言的过程，高中数学教师要抓住每个教学环节，结合教学内容，有意识地引导学生进行说话训练，引导学生在课堂上用专业的数学语言讲思路、讲算理、讲解题过程、讲分析过程、讲操作过程，引导学生将自己的所看、所想用数学语言口头叙述出来或呈现在书本上。在应用题的教学中，教师可以引导学生口头叙述、分析题中的已知条件和问题，口头叙述数量关系和解题思路，以此来锻炼学生的逻辑思维和数学语言表达能力。

（3）开展教材阅读训练

长期以来，高中数学教师对数学语言存在片面的认识，认为语言的表达应当附属于语文教学，并没有从思想上引起重视，导致很多学生对数学语言信息缺乏敏感度，语言之间的思维转换不流畅，缺乏数学思维，使学生在数学的学习过程中困难重重。因此，高中数学教师必须提高对数学语言教学的重视。在高中数学学习中，教材是学习的核心，也是数学语言的集中体现，教师可以根据教学需要和学生的认知特点，有目的地让学生阅读教材。在课堂预习阶段，教师要给予学生自由阅读教材的时间，通过阅读教材让学生学习、掌握严谨的数学语言，丰富自己的数学语言表达水平。在课堂上，教师也可以带领学生进行数学教材的阅读，在阅读时给予学生一些帮助和指导，深化学生对数学语言的理解。

（4）利用课堂小结训练学生的数学语言能力

课堂小结是高中数学教学的重要组成部分，通过课堂小结不仅能够提高学生的综合概括能力，还能够对所学知识进行及时的回忆和巩固。高中生的学习能力各不相同，但通过教师的引导和启发，每个学生都能参与课堂小结。在每节课堂教学结束后，教师可以引导学生对本节课所学的知识点进行回顾和总结，让每个学生都谈谈自己的课堂收获。在教师的引导下，学生纷纷举手发言，连平时不爱说话、学习困难的学生也被带动了起来，为数学语言的运用创造了机会，有些学生的语言虽然简洁，但抓住了教学的重点。经常利用课堂小结来强化学生对数学语言的运用，不仅可以提高学生的分析概括能力，促进学生的智力发育，还能达到全面育人的目的。

（5）利用动手操作强化学生的数学语言

高中数学是一门实践性的学科，很多数学知识和数学问题需要学生亲自动手操作来完成，而动手操作是学生手脑并用的协同活动。通过动手操作学生可以获得第一手的感性认识，再通过一系列的思维活动，将感性认识上升为理性认识。动手操作教学时，教师要多创造机会让学生用数学语言有条理地叙述操作过程，表述知识的形成过程，将动手操作、动脑理解和动口表达有机地结合起来，将感性认识转化为内部的智力活动，使学生更加透彻地理解数学知识，培养学生的语言表达能力和运用能力，使学生养成科学使用数学语言的好习惯。

（二）规范自身，深化教师对学生的影响

教师是学生学习的榜样，教师的一言一行无时无刻不在潜移默化地影响着学生，教师的言行是一本无形的教材，对学生的成长和发展具有不可估量的作用。高中生具有较强的模仿力，教师的数学语言直接影响着学生的数学语言。数学语言规范的教师教出来的学生数学语言更加规范，语言表达能力也更强。所以教师要不断提高自身的语言修养，通过教师数学语言的示范作用，对学生数学语言能力的发展施以良好的影响。

数学语言是课堂教学中教师传授知识方法，传递思想感情的重要工具。教师应以严谨、认真的态度去运用数学语言，以达到启发、感染学生的目的。高中数学的教学内容较多，但教学课时却有限，教师需要在短时间内最大限度地传递信息，所以，教师的数学语言就要做到简洁精练、清晰流畅、通俗易懂、易于学生理解和接受，同时还要结构严谨、层次分明、衔接自然，突出学习重点，增强知识的逻辑性，便于学生掌握。高中数学本身就具有单调、枯燥的特点，教师在运用数学语言教学时，要注重语言的形象生动，力求用幽默风趣的数学语言，对枯燥的数学知识进行细致的描绘，增强课堂教学的吸引力，促进学生更加全面、更加透彻地去理解知识，学会数学语言的运用。严谨性是高中数学的重要特征，教师在课堂教学中必须使用规范化的数学语言和学生进行沟通和交流，为学生提供良好的范本，让学生充分感受到语言的巨大魅力，对从而主动地去模仿教师的规范行为，进而提高自己的数学语言能力。

五、巧用思维导图，建构知识体系

随着教育体制的不断改革与创新，高中教育更加重视培养学生的创新思维与综合素质。运用思维导图辅助教学对培养学生的思维有着关键性作用，可以帮助高中生实现更好的发展，尤其是高中数学学科，由于知识点复杂、繁多、零散，对学生的要求较高，要求学生既要有较强的理解能力和分析能力，又要有较强的推理能力和逻辑能力。因此，在高中数学教学中运用思维导图具有得天独厚的优势，可以改变传统灌输式的教学模式，增强教师与学生在课堂上的互动交流，有助于帮助学生构建系统化的知识结构，培养学生良好的学习习惯。高中数学教师要充分认识到思维导图的重要作用，在教学中科学合理地运用思维导图，全面提高高中生的核心素养。

（一）在课前预习环节运用思维导图

思维导图是促进高中生数学认知结构发展的重要手段，课前数学教师要做好充分的准备工作，结合教材内容和实际学情为学生布置预习任务，借助思维导图深化学生对数学知识的理解和学习。随着新课改的推进，课前预习的重要性日益凸显，成为培养学生自主学习能力的重要途径。一般来说，课前预习的任务主要有两点：一是复习巩固已学知识，二是初步感知新知识。而在以往的课前预习中，很多学生只是简单地把以前学过的书本知识或笔记看一下，再把要学的新内容随便地浏览一下就完事了，课前预习成了一种表面形式，对课堂教学起不到应有的促进作用。而在课前预习环节中引入思维导图，可以极大地提高课前预习的效率和效果。

高中数学教师要利用思维导图实现学生的自我探索。高中数学教师在布置预习任务时，可以为学生明确预习的目标，引导学生根据预习目标进行自主探索，自己绘制思维导图。教师可以指导学生以预习任务为中心点，向周围扩散。教师要引导学生对预习任务进行思考，唤起学生对学习主题的知识储备，让学生对已学过的知识进行回顾，可以起到查漏补缺的作用，建立起新旧知识间的联系，帮助学生完善知识结构。学生在对预习任务进行回顾和联想之后，进入新知识的预习过程，这时，教师要指导学生先从头到尾地阅读教材内容，对新知识内容有个全面系统的了解，明确教材内容的要求、重点和难点，用关键词和容易辨识的符号画出整体的预习框架。之后，教师再指导学生对教材内容进行细读和研究，将思维导图的分支进行细化并不断完善，并将自己不理解的、通过自学无法解决的疑难问题找出来，用鲜明的色彩和符号做好标记，以便课堂听讲时可以有所侧重，提高课堂学习的针对性和目的性，使学生由被动学习变为主动学习，提高学生的求知欲。教师也可以从学生绘制的思维导图中获取更多有价值的信息，了解学生的学习需求，明确教学的重难点，使教师可以在课堂上有的放矢地进行教学，大大减少教师的无效劳动，提高课堂教学效率。教师还可以指导学生利用电脑技术来绘制思维导图，创新思维导图的绘制形式，增强课前预习的趣味性，让学生感觉到利用思维导图辅助学习是一件快乐的事，提高学生的积极性。

高中数学教师还可以用思维导图的形式设计导学案，借助教师绘制的思维导图，引导学生进行课前预习。学生对照教师设计好的思维导图，对新知识进行预习，能够有效地提高预习效率，学生可以一边看着教师绘制的思维导图，一边进行思考，一边进行教材内容的阅读和分析，将不懂的地方用明显的标记标注出来，也可以将自己的理解添加到教师的思维导图中，使其更加符合自己的学习需求，完善自己的知识结构。

（二）在课堂教学环节运用思维导图

高中数学的知识点增多，学习难度也不断增加，高中生的学习负担也比较沉重，而课堂又是高中生获取数学知识的主要场所。因此，想让高中生学好数学，就必须提高课堂教学质量，让高中生在课堂上可以吸收和消化更多的数学知识，提高课堂教学效率和教学效果。在核心素养视域下，高中数学教学更注重培养学生的数学思维和数学素养，将学生的素质培养作为重要的教学任务。在高中数学学习中，运用思维导图可以活化高中数学知识，帮助学生构建数学知识体系，厘清学习思路，有利于促进学生的全面发展。

在高中数学教学中，课程导入是其中非常重要的一环。人们常说“好的开始是成功的一半”，好的课程导入可以使课堂教学事半功倍。一般来讲，成功的课程导入既要能吸引学生的注意力，使学生可以尽快地进入学习新知识的环节，又要把新旧知识联系起来，为新知识找到源头，便于学生理解和掌握。比如，教师在教学“指数函数”时，通常情况下以复习指数的知识作为课程导入，这种课程导入既简单又直接，很容易就能建立起新旧知识间的连接，但是这种课程导入方式缺乏趣味性和探究性，对学生缺乏吸引力，容易让学生分神。而如果利用思维导图，则可以有效地吸引学生的注意。高中数学教师可以在课前制作一个没有完成的“指数函数”思维导图，让学生主动地先去回顾旧知识，再对思维导图进行完善，激发学生的学习热情，帮助学生构建系统的知识体系，通过对思维导图的完善，逐步过渡到新知识的学习中。

高中数学中包含大量的数学概念和定理，笔者在教学中经常听到学生抱怨数学太难，分析其原因主要在于学生没有将新学的知识和已有知识建立起联系，学习的知识过于分散，没有形成完整的知识体系。而思维导图可以将抽象的定理、概念转化为图像，并通过相关的分支建立起知识点间的联系，将抽象的数学概念和数学定理变得可视化，帮助学生从整体上把握数学知识。在高中数学教学中，实践操作的重要性不言而喻，它是理论知识的深化与灵活运用，也是促进学生全面发展的重要途径。而传统的数学实践操作大多是由教师口述原理和过程，学生在短时间内很难记全、记牢固，因而在自己实践操作时经常会出现失误，影响学生的学习体验和学习效果。而思维导图可以很好地解决这一问题。

在实践操作前，数学教师可以运用思维导图将原理、器材、步骤及注意事项等直观地呈现给学生，让学生做好记录，深化学生的认知，提高实践操作的效率。在课堂教学中，大部分学生记笔记的方式仍然比较传统，只是将课本上的知识点或将教师的板书密密麻麻地转移到笔记本上，抓不住记笔记的重点，当学生在课后巩固知识时，只能从头看起，既浪费时间又缺乏效率。而思维导图作为一种简单的画图工具，它可以将数学知识点以图像的形式呈现出来，将各知识点间的联系清晰明了地展现在学生眼前，同时借助线条和字体颜色的不同，其对激发学生的记忆力也有十分重要的帮助，可以让学生更加直观、准确地抓住学习的重点和难点，有助于学生发散性思维的拓展。所以，教师在教学的过程中要让学生养成以思维导图记笔记的好习惯，提高学生的课堂听讲效果，也为日后复习打好基础。在教学中，教师也可以一边讲解知识，一边绘制思维导图，让学生在思维导图的引领下进入深度学习，使学生可以更清楚地了解知识点间的关联和内涵，提高学生的数学学习效率。

（三）在课后复习环节运用思维导图

思维导图的运用简化了教学步骤、提高了教学效率、弥补了课堂教学的缺陷，便于学生构建知识体系，也为高中数学复习带来了极大的便利。高中数学教师要善于运用思维导图辅助数学复习，激发学生的学习兴趣，使学生积极地投入数学复习，挖掘数学知识的重点和难点，指导学生掌握复习技巧，提高学生数学学习水平。

高中数学复习课是强化学生数学知识、增强学生数学能力的重要课程，高中数学教师可以运用思维导图引领学生开展复习，再现各个数学知识点之间的联系，更好地理解数学概念、公式、定理等，掌握正确的学习方法。比如复习导数知识时，教师应设计出升华学生思维的复习方案，可以通过大屏幕为学生展示切合实际的思维导图，其中包括导数概念、导数求导法则、导数的应用等，使学生深入理解导数，掌握基本的求导方法和导数在现实生活中的应用。教师通过思维导图再现导数的各知识点，以此引入数学复习，可以让学生真正融入复习课，学会基本的数学思维方法，提高学生的复习效率。

传统的数学复习课以教师为主体，教师在讲台上滔滔不绝地讲知识点，学生在座位上被动地接受，缺乏互动和交流。在核心素养视域下，高中数学教师要创新课堂互动模式，利用思维导图拉近学生与数学知识的联系，从而提高数学运用能力。教师可以根据某一复习模块，开展小组合作学习，让学生以小组合作的形式绘制思维导图。教师也可以提出一些关键词，然后让学生以头脑风暴的形式进行补充，并对相关内容进行积极的讨论，最终在小组成员的共同努力下绘制出反映各个知识点之间联系的思维导图。通过这种形式可以加深学生对知识点的记忆和理解，帮助学生梳理知识脉络，有助于学生系统化的复习，同时也提高了学生之间的合作能力，增强了班级的凝聚力。在高中数学复习过程中，做题是必不可少的，教师可以根据思维导图设计多样的复习练习题，提高复习练习的针对性，将理论知识和具体应用结合起来，加强新旧知识间的渗透，使学生灵活地运用数学知识，掌握科学的解题方法，提高复习效果。

高中数学教师还可以利用思维导图，丰富评价方式。在以往的数学复习课中，教师对学生的评价是单一、笼统的，有的教师只针对优等生或课堂表现活跃的学生进行评价，有的教师甚至忽略了复习教学中的课堂评价，使得很多学生对课堂复习动力不足，在课堂上消极懈怠。在核心素养的引领下，高中数学教师要丰富评价方式，鼓励学生互评和学生自评，促进学生查漏补缺，更好地提升自己。在复习时，教师可以让学生按照自己的理解和思路设计一份个性化的思维导图，设计完成后教师让学生相互间进行评价，通过相互对比和探讨，查找自己的知识漏洞和不足，从而更好地完善自己的思维导图，提高自己对知识的理解和掌握，不断完善自己的知识体系。教师还可以让学生对自己的思维导图进行自评，让学生说一说绘制思维导图过程中遇到的困难以及通过绘制学到了什么。通过学生自评，教师可以了解每个学生的认知差异，及时发现学生的薄弱环节，进而优化复习课设计，提高复习效率。

总之，思维导图是一种行之有效的教学方法，对于提高学生的学习效率和数学复习质量具有强大的推动作用。高中数学教师要充分发挥思维导图的优势，注重思维导图与实际学情的结合，给学生提供多样化的学习方案，鼓励全体学生都参与课堂活动，指导学生的数学学习方法，巩固所学知识，为学生的全面发展提供帮助。

六、借助信息技术，创设课堂情境

近年来，利用信息技术辅助教学已经成为高中数学教师的常用手段，通过丰富多彩的图像和视频可以让高中生感受到别样的数学学习乐趣，并且高中生还可以亲自动手操作电教设备，极大地提高了他们的学习欲望。信息技术在高中数学教学中的普及和应用具有重要的现实意义，不仅增强了学生的学习兴趣，还拓宽了课堂教学的途径，有利于高效课堂的构建。在高中数学课堂引入信息技术能够降低数学知识的难度，把抽象的数学知识形象化，便于学生理解和运用。特别是在强调核心素养的今天，高中数学教师要充分使用信息技术，开发学生的学习潜力，打造趣味性和实用性的数学课堂，发挥学生的主体地位，实现学生数学知识和数学素养的全面发展。

（一）利用信息技术创设真实情境

建构主义认为，最理想的学习方式就是让学习者到真实的环境中去感受、去体验。而信息技术是构建真实情境的最佳手段和工具，如果再与仿真技术相结合，所创设的教学情境将会更加真实、生动，更能使学生产生身临其境的学习效果。数学知识来源于生活，又应用于生活，高中数学教师在教学的过程中，可以利用信息技术创设生活化的教学情境，运用声音、图形、视频等功能再现生活中的真实场景，拉近数学知识和学生的距离，让学生在熟悉的生活情境中对陌生的数学知识产生熟悉感和亲近感，增强学生的探究意识。信息技术具有资源广、速度快、效率高等特点，高中数学教师可以利用信息技术手段为学生构建真实的问题情境，将学生的注意力吸引到情境中，从而更好地开发学生的潜力，消化更多的数学知识。教师通过多媒体为学生展示生活中的数学现象，将枯燥的数学知识融于真实的生活问题中，让学生去思考其中蕴含的数学知识有哪些，如何利用所学知识去解释和解决生活中的数学现象，这样不仅激活了学生的数学兴趣，还能够展现学生的数学才能。教师还可以将数学问题转化为数学游戏，给学生设计游戏化的情境，指导学生操控多媒体设备，一边游戏，一边加深对数学知识的掌握，提高课堂教学的趣味性，让学生在数学游戏中增长见识和友谊。

（二）利用信息技术创设空间想象情境

高中数学知识点繁多，涉及的定理和规律等也很抽象，有些数学能力差的学生难以跟上教师讲课的步伐，对数学知识难以做到快速、透彻的理解和掌握。在核心素养视域下，在新的教育背景下，几乎所有的高中教室里都配备了多媒体设备，为教师利用现代信息技术教学提供了良好的物质保障。面对高中数学教学中的难点知识，高中数学教师可以利用多媒体技术为学生进行现场演示，变抽象为形象、变复杂为简单，将教学内容以生动具体、形象直观、有声有色的形式呈现出来，使数学知识不再神秘，为学生创设有趣的空间情境，降低数学知识的学习难度，丰富学生的学习体验，深化对数学知识的感知。

高中数学中包含了很多空间立体几何知识，考验的是学生的直观能力和空间思维，此时，教师就可以利用几何画板、绘声绘影等软件进行情境教学，将书本上的空间立体图形投放到大屏幕上，并且通过空间旋转、放大缩小等手段，让学生清晰、直观地了解空间立体图形的变换，在解题的时候更加得心应手，发展学生的抽象思维能力。比如，在进行“立体图形的三视图”教学时，如果仅靠教师的讲解描述和简单的绘图，学生很难在头脑中建立起空间立体模型，在分析图形、解决问题时经常出错。而利用信息技术，教师则可以借助计算机软件从三个不同的视角映射出立体图形在墙壁上的影子，使学生很容易就能掌握各个立体图形的三视图，既生动、形象，又直观、易懂，从而降低了学习难度，提高了教学效率。

（三）利用信息技术创设知识拓展情境

在核心素养视域下，高中数学教学也要坚持与时俱进，所以高中数学学习仅靠学习书本上的“死”知识是远远不够的。高中数学教师要为学生提供源源不断的学习资源，满足学生持续增长的求知欲，将数学知识渗透到学生学习和生活的各个方面，让学生养成良好的学习习惯，提高核心素养。随着信息技术的发展，互联网已经成了我们日常生活、学习和工作中必不可少的内容，上网已经成为人们的一种习惯。高中数学教学也要顺应时代的发展趋势，高中数学教师在教学时可以从网络上寻找优质的教学资源，并根据学生的实际情况进行加工和再创造，以更好地满足学生的学习需求，提高课堂教学的趣味性，开阔学生的眼界。在课后，教师要鼓励学生利用互联网去查找学习资料，借助丰富的网络资源，弥补课堂学习的不足，丰富自己的知识储备，提高学生的自主学习能力。

近几年来，特别是在新冠疫情暴发后，各种学习软件和学习平台层出不穷，为学生自学创造了良好的条件。教师可以向学生推荐好的学习平台，让学生根据自己的实际情况进行线上学习，突破传统教学时间和空间上的限制，让学生拥有更加宽广的进步机会。教师还要指导学生利用教学平台和教学软件，对所学的数学知识进行及时的检测和复习，让学生找到自身的缺点和不足，进而开展有针对性的学习，促使学生不断进步。教师还可以给学生提供名师的在线直播课，让学生利用课余时间进行观看和学习，丰富学生的学习体验，强化学生的数学知识和技能。教师还要充分利用好微信、钉钉等共享交流平台，做好学生的线上辅导工作。当学生遇到问题时，教师可以通过视频、发消息等方式及时地为学生解决，从而实现一对一的辅导，有助于促进全体学生的进步。教师还可以利用这些平台将各种数学资源进行上传，学生可以根据自己的需要进行有选择的观看和学习，也可以随时随地地下载，既为学生的学习带来了极大的便利，也满足了学生个性化的学习需求。

（四）利用信息技术创设动态变化情境

在传统教学模式下，大部分的数学知识只能由教师静态地传授给学生，传统“粉笔＋黑板”的教学方法无法将动态的数学知识进行动态处理，数学元素的运动轨迹只能用黑板上静态的点或线来表示，学生无法直观地认识数学元素的运动轨迹，不利于学生对数学知识点的理解和记忆。而数学教师利用信息技术则可以对这些“死图”进行 Flash 动画模拟或利用 AI 技术进行三维立体模拟，让数学元素的运动轨迹直观地展现出来，将数学知识置于一个动态变化的情境中，不仅可以激发学生的学习兴趣，拓宽学生的视野，增强学生的学习动力，还能培养学生的运动观，引导学生运用运动的观点去分析数学问题。比如，在教学“平面动点轨迹”时，教师由生活中的梯子滑落问题进行课程导入，并用动画来模拟不同高度下人从梯子上滑落的轨迹，并指导学生利用计算机的画板功能将运动轨迹画下来。通过动态变化情境的创设，引导学生进入深层次的探究活动，加深了学生对几种运动方式的记忆和掌握。

（五）利用信息技术创设示错情境

示错情境是指教师在进行课堂教学时，根据教学经验将学生易出错的问题或学习方法展示给学生，并与学生一起分析错误，以此来加深学生的印象，避免出现类似错误的一种新型的教学方法。对于高中数学学习来说，创设示错情境是高中数学课堂教学中一种有效的教学方法，不仅可以促进学生的思考，纠正学生原有的认知错误，提高学生的学习效率，还能培养学生认真细心的品质，提高课堂教学质量。

在高中数学的学习过程中，出错是在所难免的，而这些错误有的是因为学生粗心大意造成的，有的是因为学生对知识理解有误造成的，还有的是因为学生对数学知识掌握有所欠缺造成的。教师在创设示错情境时一定要对学生出现错误的原因进行深入的分析，将出错原因不同的问题分开讲解，提高课堂教学的针对性和及时性，帮助学生建立正确的认知，提高课堂教学效果。

高中数学教师在开始教授新课前可以适当地创设示错情境，将新的知识内容和情境联系起来，通过学生在利用已学知识解决问题的过程中出现的典型错误，引导学生对已学的知识进行复习和巩固，及时纠正学生的认知错误，避免学生在学习新知识的过程中出现类似的错误。教师在教学的过程中可以通过创设示错情境对知识进行拓展和延伸，让学生在质疑中对错误出现的原因进行分析，帮助学生拓宽知识的应用范围，加深对数学知识的理解，使学生获得举一反三的数学能力。教师在每节数学课的课堂总结中也可以加入示错情境，将学生在知识学习过程中出现的典型错误进行罗列，引导学生讨论出错的原因。通过讨论加深学生对新知识的理解和掌握，让学生对数学知识有一个准确的认识，同时也让学生在学习中掌握主动权，增强学生学习的积极性，提高数学课堂教学效率。

（六）利用信息技术创设实验情境

核心素养视域下，高中数学教学鼓励学生用数学去解决问题，去探索一些数学本身的问题。在高中数学教学中，教师不仅要培养学生严谨的数学思维，还要培养学生的数学建模能力和数据处理能力，注重加强对学生“用数学”的教育。高中数学教师在教学的过程中要借助多媒体的优势，利用几何画板、数学实验室等工具软件，为学生创设数学实验情境，鼓励学生利用多媒体设备进行数学探索实验，让学生亲身体会到数学知识的形成过程，加深学生对数学知识的理解和应用。比如，教师可以让学生利用电脑去做各种立体图形的截面，借助多媒体探索各种图形的变换规律、探索点的运动轨迹等，让学生通过自主实验去获得真知。和教师的口头教学相比，创设实验情境能使学生记忆得更牢固、理解得更透彻。高中数学教学中有很多数学实验需要学生合作来完成，教师可以根据教学需要创设实验情境，让学生通过动手演练获得第一手的感性认知，加深对理论知识的理解。比如，在教学“随机事件的概率”时，教师可以设计抛掷硬币 25 次以上的两人小组实验，一个学生抛掷，另一个学生利用电脑 Excel 输入实验次数和实验现象。教师指导学生利用 Excel 的自动生成功能自动生成函数曲线，使单调枯燥的数学知识变得更加直观化、形象化。

利用信息技术创设实验情境，让学生通过做实验去获取新知识，创新了教学形式，极大地激发了学生的学习热情，激发了学生的主动探究意识，同时也提高了学生的信息处理能力和实践操作技能，实现了学生核心素养的培养。

第三节　核心素养的教学建议

一、核心素养培养需要“慢过程”

当下，人们都在追求效率、效益，社会生活呈现“快节奏”，在教育教学中也已经出现了这种倾向，在教学中过度强调速度和教学进度，力求学生在有限的时间里可以获得最大的收益。因此，就出现了“快餐式”的学习，这种“快”有些“囫囵吞枣”的意味，缩短了学生问题探究的历程，减弱了学生的深度思考，阻碍了学生的思维发展和学习能力的提升。学习是一个长期的过程，不能急于求成，特别是核心素养的培养更需要一个慢过程。这里的“慢”不是有意地做事慢吞吞、拖拖拉拉，而是润物细无声、潜移默化地渗透和浸润，只有先慢下来，积蓄能量，才会厚积薄发、一飞冲天。践行慢教育，对学生的核心素养实行慢过程培养，不是为了慢而慢，而是为了更好的快，为了学生更好、更快的发展。

俗话说“活到老，学到老”，学习是伴随我们一生的成长过程，是每个人生命中必不可少的。学校是学生学习的主要场所，在学校教育中，教师的角色就好比放牧人，知识的获取、能力的提高、核心素养的发展、数学技能的训练都需要学生在广袤无边的知识、思想和智慧的大草原上自己去发现、探索、体验和感悟。这与教师的“灌输”相比虽然是慢了一点，但所获得的知识和感悟却记忆深刻，所获得的核心素养可以受用一生。所以教育的步伐需要慢一点，只有慢下来，学生才会有充足的时间去探索知识的奥妙，体会数学学科的魅力，培养自身的核心素养，才会有时间和同伴进行交流，才会有时间审视自己的内心，找准自己前进的方向，为核心素养的培养指明道路。

课堂教学是学生构建、发展数学核心素养的重要途径，因此，课堂教学需要慢过程。高中数学课堂教学的主体是学生，满足学生的学习需求是教师课堂教学的主要任务。而在具体的课堂教学中，教学目标的确定需要时间，为了使课堂教学可以面向全体学生，教师需要时间去了解每一个学生的学习情况，而学生的学情又是在求知的过程中逐步清楚的。所以，教学目标的确定不是轻而易举的，是通过慢慢地观察和不断总结而形成的。高中数学有很多知识深奥、难懂，为了让学生更深刻地掌握这些知识，自主合作探究学习必不可少，而学生自主探究是需要时间的，当教师把数学问题抛给学生后，学生需要利用自己已学的数学知识和已有的学习经验去分析、探究，尝试多种途径和方法来解决问题。当问题解决后，回顾解决问题的过程会发现其中经历了反复的尝试和多次的实践，耗费了学生大量的时间和精力，学习速度自然也是缓慢的。看似学习效率不高，但其实这样获得的知识远比直接获取的知识理解得更透彻、记忆得更牢固，学生数学核心素养的发展也更扎实。当前很多数学教师盲目追求教学进度，没有给学生留出咀嚼知识的时间，忽视了学生对所学知识的消化和吸收，最终快而不达，学习效果很不理想。在实际学习中，和快节奏相比，学生更倾向于和风细雨式的学习方式，因为只有慢下来学生才会有充足的时间去咀嚼知识、体验知识的形成过程、去尝试各种数学思想方法、沉淀学习情感，从学习过程中获得更多有益于自身核心素养发展的能力和品质。

学生的数学核心素养需要慢慢培育。对于高中数学，学生可以通过题海战术、强化训练形成一定的解题技巧来获取好的成绩，成绩是可以训练出来的，知识也是可以通过传授而获取的，但核心素养是训练不出来的，也是别人无法传授的。学生的数学核心素养是在学习过程中慢慢养成的，学生只能通过自己在学习中对数学学科的六大核心素养进行认知、感悟和觉醒，并在此基础上自我教育、自我约束、自我觉悟，从而实现自身数学核心素养的发展，使学生的心灵得到缓慢养育。学生的核心素养是学生道德、能力、学识、意志等多个方面的综合反映，是学生个人内在的体现，任何外在的干预都是无效的，任何一蹴而就的做法都是徒劳的。所以，学生的核心素养只能靠慢过程，让学生自己在漫长的学习过程中慢慢养成，否则欲速则不达。

二、在合作中让学生学会反思

目前，高中数学教学普遍采用的课堂教学模式是：复习—导入—新授—巩固—作业，这也是数学教学的基本模式。学生在课堂上听教师讲解、分析，在课后完成教师布置的作业，每天重复着机械、单调的学习过程。久而久之，学生就成了装知识的容器，在课堂中反思的时间和空间被无情地剥夺了，使学生缺乏自主探索和合作学习的机会，导致“投入多，产出少”，虽然学生和教师付出了辛苦，教学效果和学习效果却不尽如人意，抑制了学生思维和数学核心素养的发展。所以，在核心素养视域下，教师要转变传统的教学模式，根据教学内容积极开展合作学习，让学生在合作中学会反思，将自己学习的感悟内化为自身的数学核心素养。

（一）反思

反思是数学思维活动的核心和动力，其目的是概括。通过概括，学生的认识才能进一步升华，才能真正洞察到数学知识和数学问题的本质。很多学生在数学学习中经常表现出对基础知识不求甚解，对基础训练不感兴趣，热衷于大量刷题，不善于对自己的思路和思考过程进行反思、检验，也不善于找出和纠正自己的错误，导致学生获得的知识系统性弱、结构性差。当学生在应用数学知识去解决实际问题时，往往缺乏科学的解题方法和思路，面对问题无从下手，而出现这些情况的根源就在于学生没有反思的习惯。

数学反思能力是学生数学核心素养的重要内容。学生数学反思能力的提高会促进学生对数学概念、定义、公式、定理等的理解和掌握，使学生的思维能力和逻辑推理能力进一步得到提高，进而促进学生数学核心素养的发展。学生数学反思能力的提高还会使学生深刻理解数学的本质，让学生觉得数学学习并不是想象中的那么难，感到数学学习越学越轻松、越学越想学，增强学生的数学学习兴趣，深化学生对数学思想方法的领会和理解，让学生更好地认识数学的价值和功能，提升学生的数学核心素养。

（二）合作学习模式

合作学习模式主要是指学生在课堂上以小组合作的方式进行学习，并在学习过程中明确学习任务，发挥学生的主体性，以学生为课堂教学的中心，让学生形成良好的数学能力，发展学生的数学核心素养。合作学习可以调动学生的学习积极性，也可以让学生在彼此的交流中学到更多的数学思想和方法，对数学知识和数学问题有更多新鲜的认知，使学生的思维更广阔，也更有深度。同时学生在合作中，通过和其他学生的对照也会发现自己的长处和不足，对自己有更客观的认识，促使学生在合作学习中不断提高自己的能力和素养，使学生有效地分析数学知识，提高课堂教学效率，提高自身的数学核心素养。合作学习模式如今已经被广泛地应用于课堂教学中，给高中数学教学带来了极大的效益。

（三）在合作中学会反思

反思和合作学习是高中数学学习中必不可少的内容，二者既相互独立，又具有紧密的联系，在学习中将二者有机地结合起来，能够产生事半功倍的效果。所以，笔者提倡教师在教学的过程中要鼓励学生在合作学习中学会反思，实现二者的完美结合，使其发挥出最大的效力，为学生数学核心素养的培养创造机会和条件。

在合作学习中，通常是对教师抛出的问题和任务开展小组学习活动，审题就成了合作学习的首要环节。要达成合作学习任务，必须仔细审题，反思审题过程，准确理解题意，避免无效学习活动的发生。教师在教学时，要让学生静下心来，对教师布置的问题或任务进行细致解读，对题目中的关键字词细细揣摩、冷静分析，抓住问题的本质，弄清各种数量关系，挖掘其中蕴藏的隐含条件，找到合作学习所要完成的目标。之后，教师要引导学生对审题过程进行反思，查找在审题上是否还存在漏洞，确保合作学习目标的准确性。只有学生的审题能力提高，学生的思维才会全面打开，为核心素养的培育打开一扇大门。

在合作学习中，解题过程就是学生的思辨过程。由于合作成员数学知识水平、数学能力、理解能力的不同，在解决问题的过程中难免会走一些弯路甚至是错路。只有经过反思才能找出解决问题的关键，找到出错的根源，才能保证合作学习的正确方向。所以，在合作解题的过程中，教师要鼓励学生进行及时的反思，多问几个为什么，反思在解题过程中用到了哪些数学知识，还有哪些知识和现实问题与之存在联系，有没有其他不同的解法，这种解法是否为最优，如何避免类似错误的出现等。通过反思使合作学习过程更加的严密和科学，这样学生对知识的掌握也更加系统化和自动化，促使学生的数学能力和数学素养得到同步发展。

当合作学习完成后，教师还要指导学生进行解题后的总结反思，让学生通过横向或纵向的对比，反思合作学习中所表现出来的数学思想和数学方法；反思自己用到的数学知识和新学到的数学知识，建立起知识间的联系，完善自己的知识网络；反思自己在合作学习中的表现，查找自己的不足，不断提高个人素质，发展自身的数学核心素养；学生还要反思其他学生的表现，取长补短、为己所用，提高自己的数学能力和数学素养。

当教师对学生的合作学习进行总结评价时，可以采用错题教学法，在课堂总结中暴露学生在合作学习中出现的错误，向学生展示出现的错误典型，让学生在对与错的辨析、争论中，对出错问题进行反思，查找出错的根源。只有这样，学生才能更好地整理自己的思维，有效地避免相同或类似错误的再次发生。在日常教学中，教师大部分时候是用正面案例来教学，但有时候适当地用反面案例来教学也会收到意想不到的效果。教师在进行合作学习总结和评价时，可以恰当地采用反例教学法，用一些反面的教学材料对合作学习需要讨论的问题进行分析和讲解会比正面教学更有启发性，更易于突出合作学习的重难点，有助于学生思维深刻性、批判性的发展，也有助于学生数学核心素养的提升。

三、将知识与生活实际相结合

人们的生产生活都离不开数学，数学在日常生活中的作用是不可替代的。所以，高中数学教师在教学的过程中要将数学知识和生活实际相结合，在教学中引入数学知识生活化的思想，使数学知识与日常生活的关系更加紧密，让数学自身的魅力得到充分的体现，让学生可以学到更加真实、能动、有活力的数学知识。但值得注意的是，将数学知识与生活实际相结合并不是让学生回到生活中放任自流地去学习数学，而是在充分发挥课堂主阵地作用的前提下，将数学学习和实际生活有机结合。只有这样才能将数学核心素养落到实处，让学生通过数学学习获得更好的发展，使学生更加地热爱生活、热爱数学。

当前，有些教师在将数学知识与生活实际相结合的过程中存在很多问题，浪费了宝贵的教学时间，没有获得良好的教学效果，还对学生的思维产生了误导，需要引起高度的重视。将数学知识与生活实际相结合，开展生活化教学离不开生活情境的创设，在高中数学教学中，创设有效的生活化的教学情境，不仅可以调动学生的学习兴趣和学习积极性，还能够强化学生对数学知识的理解和记忆，提高课堂教学质量。但是，很多高中数学教师为了迎合新课程的教育理念，过度强调生活化教学情境的创设，创设了一些与教学内容无关的生活情境，使生活化的教学情境成为一种虚设，对学生的数学学习起不到帮助作用，甚至还会产生反作用，比如分散学生的注意力，影响学生对数学知识的理解和感悟。还有部分教师对“知识与生活实际相结合”存在认识上的误区，认为二者的结合就是要在课堂教学中引入生活中的例子。因而教师会收集大量的生活素材，但对生活素材的内容缺乏辨析，使得选用的生活素材和教学实际不符或超出学生的认知范围，给学生的数学学习带来一定的困扰，影响了学生对数学知识的理解和思考，给学生数学核心素养的发展造成了阻碍。

生活是数学的大课堂，只有在生活中学数学，将数学知识应用于实际生活，数学才会变得有血有肉、富有生机与活力，学生才会体验到数学学习的价值和意义，才会确立数学学习的坚定信念，提高学生的数学核心素养。所以，教师在教学中要转变从概念到概念、从书本到书本的传统教学模式，要将数学由“机械演练”转变为“生活应用”，引导学生用数学的眼光观察生活中的数学问题，用所学的数学知识去分析、解决生活中的问题，增强学生的数学意识，让学生的数学核心素养在生活实践中落地生根。

（一）学习模式生活化

数学知识是先辈们在日常生活中通过不断探索、总结、归纳而得出的结论，所以数学知识在生活中随处可见。很多学生觉得数学难学，对数学知识感到无比的陌生，其主要原因就在于这些学生割裂了数学知识与生活实际的联系。所以，在教学中，高中数学教师要从学生的生活经历和生活经验出发，结合教学内容，挖掘多种多样的生活现象，引导学生对自己熟悉的生活现象进行主动探究，感知生活中的数学，发现数学学习的乐趣，改变学生对数学的认知，深化学生对数学知识的应用。教师还要采用理论联系实际的教学模式，创造机会和条件让学生参与生活实践，为学生布置一些开放性的数学问题和学习任务，让学生到生活中去探寻答案，拓宽学生的思维，培养学生的创新意识和实践能力。教师还可以采用小组合作学习的方式，将一些与教学内容紧密相关的生活话题作为讨论内容引入小组合作学习，让学生进行深入的讨论，对于生活中熟悉的问题学生不再愁无话可说，讨论得异常激烈，达到了头脑风暴的效果。在讨论中不仅深化了学生对数学知识的理解，也升华了学生的数学核心素养。

（二）教学内容生活化

数学知识来源于生活，又应用于生活。高中数学教师在教学过程中要对数学内容进行科学合理的整合，引导学生学会观察和思考，认清数学知识中蕴藏的生活意义。教师要对教材进行深入的研究，并对其进行创造性的使用。例如，教师可以改变原有的章节顺序，把具有一定生活联系的知识点放在一起讲解，培养学生的数学意识，引导学生用数学思维去思考、分析生活中的一系列问题，帮助学生构建系统、完整的知识结构，形成数学知识体系，促进学生数学核心素养的全面发展。在生活情境中讲述数学知识远比传统的平铺直叙效果更好，教师可以结合教学内容，从学生实际出发创设生活化的教学情境，把抽象的数学知识形象化、具体化，消除学生对数学知识的陌生感，使学生进入深度学习，促进学生数学核心素养的纵深发展。教师还可以借助互联网资源对教学内容进行外延和拓展，让学生更深刻地感知数学知识中蕴藏的生活意义，为学生的数学核心素养发展注入动力。

（三）将生活事件再现于课堂

数学教学要立足生活、贴近生活、回归生活。在核心素养视域下，高中数学教学不能局限于传统的课本教学，还要向生活进行拓展和延伸，用生活事件充实教学内容、拓展教学空间，在知识和现实之间建立起联系，将生活事件再现于课堂，用生活中的真实案例辅助课堂教学。在具体实施中，教师可以通过角色扮演，让学生再现身边的生活事件，模拟现实中的生活场景，从而唤起学生已有的知识和经历，促使学生主动地参与对问题的探究活动，将数学问题寓于真实生活中，将现实生活中的问题抽象为数学问题，让学生在学中玩、在玩中学，进入最佳的学习状态。教师还可以利用图片、视频、音像资料等为学生再现真实的生活场景，调动学生的各种感官，触动学生的心灵，使学生不由自主地融入学习，让学生对数学知识产生更加深刻的领悟。

（四）开展数学实践活动

应用数学知识解决生活中的实际问题是数学教学的出发点，也是数学教学的归宿。所以，高中数学教师在教学的过程中要结合教学内容积极开展数学实践活动，让学生走出课堂，融入生活，让学生在真实的情境中去感受、去应用、去验证自己所学的数学知识，调动学生学习的积极性，让学生在数学实践活动中获得丰富的学习经验，以达到培养学生数学核心素养的目的。

教师可以设计一些开放性的数学课后任务，让学生深入日常的生产和生活，通过亲身体验和现场观察，更加深刻、直观地感受数学知识在各行各业中的应用，积累更多的生活经验和学习体验，把体验积累的数学生活知识和生活经验沉淀在内心深处，将其内化为自身的数学核心素养，受用一生。

在开展数学实践活动的过程中，教师要注意以下三个方面。第一，实践活动所选取的内容要符合学生的年龄特点，具有很强的可操作性。数学实践活动是教师结合学生的生活经验和知识背景而开展的，引导学生自主探索和合作探究的学习活动。所以，这个活动必须建立在学生的原有知识基础之上，并且要符合学生的年龄特点，是学生感兴趣的、可以操作实现的。只有这样，学生才能在实践活动中不断地积累学习和生活经验，感悟、理解数学知识的内涵，使学生更好地体会数学学习与现实生活的关系，激发学生的数学情感，发展学生的数学核心素养。第二，在数学实践活动过程中，要放手让学生去体验，鼓励学生在活动中及时交流、互相启发。数学实践活动是一种综合性的学习过程，它的实践和完成需要经过一定的程序，所以在数学实践活动中，教师要给学生更多的自主空间和时间，鼓励学生去体验、去创造。同时还要及时反馈，对学生给予必要的指导，让学生在实践活动中转变学习方式，收获知识和能力，提高自身的数学核心素养。第三，在数学实践活动中，教师应该更加关注实践活动的过程与方法、学生的情感和态度，而不仅仅是注重实践活动的结果。实践活动是在教师指导下进行的合作学习活动，其最终目的不是让学生去完成教师布置的某项任务或者解决某个实际问题，而是要通过实践活动来观察学生的学习方法、思维方式、学习态度等的变化。通过实践活动深化教师对学生的了解，也促使学生在实践活动中客观地认识自己、发展自己，体会数学知识在现实生活中的应用价值，让学生学会热爱生活，升华学生的数学情感。

将数学知识与生活实际相结合，学生通过丰富多样的教学活动不但可以更加深刻地了解数学与生活的广泛联系，加深对数学知识的理解而且可以运用所学数学知识去解决生活中的实际问题，获得运用数学知识的能力和方法，使学生的问题处理能力、人际交往能力、合作交流能力、实践能力等获得显著的提高。特别是学生在一系列的学习活动中获得良好的情感体验，更加真切地感受到数学知识之间的相互联系，体会到数学知识对于现实生活的重要性，促进高中生数学核心素养的全面、持续、和谐的发展。

第五章　核心素养下高中数学课堂教学设计

第一节　课堂教学设计的内容

课堂教学是教育教学中应用普遍的一种手段，是课程改革和课堂改革的主阵地，是新课标落地的重要一环。我们理想的数学课堂是这样的：在合适的教学情境中，教师提出科学的数学问题，启发学生独立思考，鼓励学生协作交流；在文化中浸润、在活动中体悟，掌握知识技能，理解数学本质；感悟数学基本思想，发展数学学科核心素养。

课堂教学是教育教学中应用普遍的一种手段。课堂教学具有非常强的目的性和意识性，它是教师引导学生学习知识、锤炼技能、感悟思想、生成体验的全过程。课堂教学的核心是调动全体学生主动参与学习的全过程，以情境和问题引领，组织展示、交流、评价等活动，引导学生自主学习、深度思考、和谐发展。我们主要通过“情境创设—问题引领—文化渗透—建模探究”四个方面来推进素养课堂建设。

一、创设情境，激疑生趣

数学学科核心素养通常是在综合化、复杂化的情境中通过个体与情境的有效互动生成的。创设合适情境是基于数学核心素养教学的关注点。数学教学情境包括课程学习情境、探索创新情境、社会实践情境。

课程学习情境关注考生已有知识基础和学习准备程度，包括数学概念、数学原理、数学运算、数学推理等问题情境；探索创新情境关注与未来学习的关联和数学学科内部的更深入的探索，包括数学实验、数学探究、数学创新等问题情境；社会实践情境则关注数学与其他学科和社会生活的关联，包括现实生活、生产实际、科学研究等问题情境。教师要充分利用教材中的情境，并广泛了解数学与生活、数学与其他学科的联系，创造出符合学生认识规律、有助于提高学科核心素养的情境。

（一）情境选择的基本原则

1. 目的性原则

情境创设是为教学服务的。例如，在讲授“三视图”时，可引用苏东坡的《题西林壁》：横看成岭侧成峰，远近高低各不同。虽然是以诗句引入，却与“三视图”联系紧密。几何体在不同视角下会有不同的外在呈现形式，多个角度观察才能了解事物的全貌。而且诗文的加入让“三视图”增添了哲学的含义。

2. 趣味性原则

情境应该具有一定的新颖性和生动性，能够激发学生的兴趣和好奇心。例如，在等比数列求和的讲授中，可以以“国王的棋盘的故事”为背景，辅以问题：“如果你是国王，你会答应数学家的报酬吗”引起悬念，吊起学生的胃口；又如，“函数模型的应用”中，可以以“良渚古城距今年代的测算”为背景，辅以问题：“考古学者是如何推算出良渚古城的建造年代，进而为中华五千年文明提供实证的”，激发学生的兴趣。再如，在学习“数学归纳法”时，可以插入多米诺骨牌的视频，甚至可以让学生扮演多米诺骨牌，进而让学生思考如何形成多米诺骨牌效应，直观且生动地感受其中的推理原理。

3. 障碍性原则

情境中产生的问题要有一定的坡度和难度，能够造成学生的认知冲突，调动学生的思维积极性，激发学生解决问题的欲望。

4. 开放性原则

情境可以具有一定的开放性，以使得学习水平不同的学生都能积极地参与问题的发现、探究和问题的解决。而且开放的情境可以激发学生发散思维，培养学生的创新能力和求异思维。例如，在直线与圆锥曲线的教学中，教师完全可以给出一个具体的椭圆方程，由学生自拟直线方程，研究二者之间的位置关系，条件开放、方法开放、结果开放。学生可以根据个人学习水平选择适合自己的问题，获得成功的体验，实现全体学生的发展。同时，这种开放性会营造开放、民主、自由的学习氛围，开阔学生思维，促进学生在开放和变化的问题中体会数学中不变的规律和思想，凸显数学的本质。

（二）情境创设的几种方式

1. 复习旧知，创设课程学习情境

知识的产生、发展是一个动态变化的过程，知识之间蕴含着紧密的内在逻辑关系。如果教师能够准确地把握学生的知识水平和认知结构，在此基础上延伸开拓，就可以创设很好的课程学习情境并深化学生对知识结构的认知。

2. 动手操作，创设探索创新情境

在几何的学习过程中，直观感知和操作确认是学习过程中非常重要的两个环节，教师可多采取动手操作的方式，创设具有探索性和创新性的情境，让学生动手动脑生成新知。

3. 关注生活，创设社会实践情境

数学源于生活，又归于生活。现实生活中有大量真实的情境需要数学的参与和解答。社会实践情境体现了数学的现实性和应用性，蕴含着数学的应用价值，学生可从思考和探究中感受到数学学习的意义与价值。

4. 融入文化，创设人文历史情境

把数学文化融入教学过程，引导学生感悟数学在社会科学技术中的作用，体会数学家所做出的卓越贡献。特别是中国数学的重要成就和中国数学家所做的贡献，让学生受到优秀文化的熏陶，从而提高自身的文化素养、思想素养和创新意识。

二、问题引领，凸显本质

在数学和数学教育中“问题是关键”，数学概念、定理、模型和应用都是在解决问题的过程中总结形成的。在数学课程目标中，强调发展学生发现问题、提出问题与分析解决问题的能力，在基于数学核心素养的教学中这也是关注的重点。

教师要充分利用教材中的思考、问题、探究、拓广探索等栏目，引导学生思考知识背后的思维、智慧、艺术、美，体会数学的科学价值、应用价值、文化价值和审美价值。

在教学设计中，教师要尤其关注问题的设置，必要时将思维稚化，与学生的知识水平相合、与学生的思维水平相适，设置指向清晰、功能明确、层次分明的问题和问题串，驱动学生主动思考、深度探究，跨越知识与能力，上升为学科素养。

（一）以问题为中心构建课堂

1. 教学目标要指向“问题解决”

问题是思维的起始，解决问题的过程也是思维活动的过程。教学目标应定位于问题的发现、提出、分析、求解的全过程。当然，问题的解决未必能够通过一节课完全实现，可能只是其中的一部分。但这并不影响让问题成为教学研究的中心对象，以问题的解决过程串联起全部的教学环节，并最终以问题的解决为最终的目标。所以，教学的最终目标是在问题解决的全过程中理解数学内容的本质，促进学科核心素养的发展。

2. 教学内容要问题化

教学中要结合教学任务及素养指向，将学术形态的知识转化为教育形态的问题和情境，设计切合学生实际水平、符合学生认知规律、贴近知识发展规律的问题，构建基于问题解决的“问题或问题串”。学生可以借助问题逐步探究，充分交流，进而生成新知，应用转化，深化理解，增强体验。而且，教学内容以问题驱动可以大大提高针对性和有效性。

3. 教学过程就是问题解决的过程

教学过程是教师和学生在双边活动中，用数学的眼光去观察现象、发现问题，使用恰当的数学语言、模型描述问题，用数学思想、方法解决问题的过程。在问题解决的过程中，教师要充分发挥主导作用，成为问题情境的创设者、问题探究活动的组织者、问题解决路径的指导者、学生学习的鼓励者；学生则要充分发挥主体作用，是现象的发现者、问题的提出者、探究活动的参与者、问题解决过程的评价者。

（二）问题设计的原则

有效的问题能充分调动学生的学习兴趣，激发探索欲望，提高学生发现问题、提出问题、分析问题和解决问题的能力，发展理性思维，培养学生的科学精神和创新意识。教师在进行问题设计与编排时，应遵循以下五方面的原则。

1. 目的性

问题的难度要符合课标要求，与教材设计相吻合；问题的指向要明确，服务于教学目标；问题的内容要贴近学生实际，符合数学知识发生发展规律和学生思维发展规律；问题的表述要准确、严谨、简明、扼要。

2. 适切性

学生是问题解决过程中的主体，以学定教是课堂教学设计的最重要的原则。因此，问题的设计要建立在学生已有的知识和能力基础之上，符合学生的学习内驱和心理需求，在“最近发展区”设计问题，既具挑战性，又具基础性，充分调动学生的学习主动性，有效地激发学生探究的欲望，促进学生深入思考，催化问题的解决。

3. 层次性

数学知识的发展具有系统性和连续性，学生的思维的发展正处于发展阶段，学习的过程也必然是渐进的，因而问题的设计要具有一定的层次性。问题的设计既可以是逻辑之间的递进，也可以是思维水平的递升。在教学中，对于难度较大的问题，教师可以利用“问题串”形成递进的“思维阶梯”，引导学生由易到难、由简到繁，从直观到抽象、从特殊到一般，经历发现、猜想、归纳的思维过程，在这种连续且持续的思维活动中循序渐进，逐步逼近数学的本质，归纳数学的规律，发展学生的数学思维。

4. 探究性

问题是教与学活动聚焦的对象，问题应该具有一定的探究价值。只有具有一定探究价值的问题，才能激发学生探究的欲望，发散学生的思维，进行迁移和转化，尝试利用所学知识解决问题，形成对于新知的认识与技能的掌握，并在其中感受成功，体会思维的乐趣。

5. 开放性

问题的设计在形式和内容上可以多样化、灵活化，甚至具有一定的开放性和选择性。教师可以通过改变条件或结论，出示解法多样的问题，甚至出示结构不良式问题，引导学生深度思考知识内部的逻辑关系，根据个人学习水平选择并补充问题，体会成功、树立自信。学生也可以在探究过程中学会从不同的角度去思考问题、用不同的方法和思路去分析解决问题，提高发散性思维的水平，培养创新性思维。

三、文化渗透，融入素养

中国传统文化凝聚着中华民族普遍认同和广泛接受的道德规范、思想品格和价值取向，是民族的血脉基因、独特标识、精神家园。学校是传承与完善中华优秀传统文化教育的主阵地。如何把中华优秀传统文化教育融入教材、融入课堂教学，从而提高学生核心素养，进而促进学科育人，实现“立德树人”的根本任务，是当前课程改革和教育实践面临的重要问题。

很多人认为，崇尚计算与推理的数学学科与传统文化没有太大的关联，这种观点是错误的。数学不仅是一门科学，而且承载着思想和文化，是人类文明的重要组成部分，并且与中国传统文化有着千丝万缕的联系。新课标强调把数学文化融入教学过程，引导学生感悟数学在社会科学技术中的作用，体会数学家所做出的卓越贡献。特别是中国数学的重要成就和中国数学家所做的贡献，让学生受到优秀文化的熏陶，从而提高自身的文化素养、思想素养和创新意识。

传统文化进课堂大体有以下几种方式。

（一）文化情境进课堂，呈现“中国韵味”

文化会显诸物而存在。中华传统文化显性地存在于古典建筑、民间工艺、古玩器皿等具体的实物中。在教学中，教师可根据教学内容选取合适的文化情境以导入课题，使课堂教学与人文历史、自然万物、生产生活等发生紧密联系，既能够让学生拓宽视野见闻，了解其中的数学知识，还能够增强艺术审美，激发学生的兴趣动机，感受独特的东方情韵。例如，教师在“函数的奇偶性”教学中可以通过幻灯片展示中国传统的窗花、剪纸、脸谱、砖雕、民族服饰等。学生在直观认识数学中几何图形的对称美的同时，也会感受到华美精致的东方美学；在学习立体几何的旋转体中，教师可播放传统陶艺制作的视频，甚至创设条件让学生亲手操作，感受陶器造型随旋转而发生的改变。学生既可体会旋转体的形成过程，加深对数学概念的理解，同时又能感受这门古老工艺的艺术特色与美学情韵。

（二）经典问题进课堂，呈现“中国智慧”

数学伴随着人类的起源而起源，伴随着人类的发展而发展，是人类认识和改造世界的一种工具。我国古代数学是以实用性和发展算法为主要特征。教师可援引这些古老而经典的数学问题，以例题、练习题、检测题等形式呈现给学生，让新时代的学生跟古人一起思考问题、探求方法、求解结论，并在古人提供的“术”（解法）中体会数学原理，深化对于公式和结论的理解，增加学习数学的趣味性和文化气息。

（三）古代哲学进课堂，体味“中国思想”

纵观数学和哲学的发展历史，可以看出数学和哲学存在紧密的关系，很多数学的理论渗透着哲学的思想。中国古代数学的发展也与哲学的发展相互交织相互推动。可以说，中国传统文化中儒家和道家思想深刻地影响着中国数学家的科学研究。同时，中国古代数学的很多成果也带着深深的“中国思想”的烙印。例如，儒家思想认为“知而弗为，莫如勿知”，讲究理论联系实际。中国数学以经世致用为目的，以问题的解决为目标，着重算法体系，这一特点与传统儒家思想非常吻合。而这种“知行合一”的思想与新课标中提出的培养学生提出和发现问题、分析和解决问题的能力的“四能”要求是一脉相传的。

另外，中国数学是以算术、代数和直观几何为基本内容的演算法体系的数学的典型代表，是形与数结合的数学，讲究数学研究对象的整体性和自然性。我国古代几何证明中的“出入相补”原理，通过分割和拼合的方法推证几何图形的面积或体积，贯穿的是道家的整体性思想。例如，庄子的“一尺之棰，日取其半，万世不竭”是形与数巧妙的结合，是现代数学极限理论的哲学表达，是数学与哲学思想结合的典型例证。

又如，老子讲“大直若曲”，用动态的观点认识“直”和“曲”，体现了对立和转化的思想，这与现代数学将直线作为半径为无穷大的圆以及微积分中的“以直代曲”是一致的，充分体现了哲学思想在数学发展中的巨大作用。

中国传统数学中的实用性、整体性、兼容性的哲学思想，在现实中依然有着积极的意义。学生在哲学的滋养下，在体味东方哲学的精华的同时也会摆脱知识的束缚，拓宽思维，走上具有中国特色的数学研究之路。

（四）历史故事进课堂，传承“中国精神”

数学本身是一种文化，也是一种具有高度渗透性的文化，它根植于人类丰富思想的沃土之中，是人类智慧和创造的结晶。数学文化的历史以其独特的思想体系，保存并记录了人类文化发展的状态，也记录了一代代中国人致知格物的严谨和精益求精的匠心，体现的是自强不息、坚忍不拔的中国精神。

教师可以在课堂中讲述数学家的探索过程，甚至可以以课题的形式，让学生追随先哲的足迹，经历发现、尝试、探究、问题解决的全过程，感受他们锲而不舍的钻研精神和科学态度，发展思维品质，提升创新能力，传承“中国精神”。

中国古代不乏像刘徽这样富于批判精神和创新精神的数学家。他们的立意造术令后人赞叹不已，他们的治学思想和科学精神更是深深影响、教育了一代又一代国人。作为教师，我们有必要让学生了解那些影响了历史和世界的伟大先哲，甚至让学生走近他们，了解并学习那些光辉人格和灿烂文明背后的文化，让自强不息、坚忍不拔、创新进取的中国精神薪火相传。

天下大事必作于细，天下难事必作于易。传统文化融入教育教学，尤其是融入像数学这样注重抽象思维的理科课堂，不是一蹴而就的工作，而是一项长期工程。当然，传统文化进课堂更是一项使命工程、战略工程、系统工程，值得我们深入研究，在实践中不断创新、在反思中不断探索。

四、参与建模，开展探究

数学建模是对现实问题进行数学抽象，用数学语言表达问题，用数学知识与方法构建模型解决问题的过程。数学探究是围绕某个具体数学问题，开展自主探究、合作研究，并最终解决数学问题的过程，它们是高中阶段数学课程的重要内容。

教师可以创新数学作业内容，设置生活化、探究性作业，在班内交流展示；开展数学问题解答展示，培养学生独立思考、合作探究的能力和自主发展的意识；开展数学论文写作，培养学生用科学的思维方式认识事物，用严谨逻辑的方式进行叙述和表达。

总之，我们理想的数学课堂应该是这样的：在合适的教学情境中，教师提出科学的数学问题，启发学生独立思考，鼓励学生协作交流；在文化中浸润，在活动中体悟，掌握知识技能，理解数学本质；感悟数学基本思想，发展数学学科核心素养。

我与学科研究中心的老师们经过研讨，聚焦学生学科核心素养的发展，以学科核心素养的培育为核心，以问题导学为指向，重新梳理课型模式，树立以学生为主体，以问题的解决为主线，以学生的思维发展为目的的课堂观，最终制定了课堂教学规范和各课型教学模式。当然，大家对教学模式见仁见智。俗话说，教学有法，教无定法。对于刚入职的青年教师来讲，掌握并形成教学模式是教学规范的开始，所以，教学模式是有研究必要的。对于成熟的骨干教师来讲，教学模式也是可以突破的。

第二节　新授课的教学设计

新授课是指讲授新概念、理解新知识、学习新技能的课型。在正常的教学过程中，新授课几乎占所有课型的2/3。人类获取知识不外乎两种途径：一是直接获取，二是间接获取。新授课就是学生在教师的引导下获取间接知识的一种重要途径。当然，一切新知识都有相应的产生背景，或来自现实生活，或来自旧知延展。所以新授课除了“新”之外，还要注重与现实生活的联系、与旧知的承接、与其他学科的融合。

一、新授课的教学目的及功能

新授课的教学功能是以课时目标为导向，教师通过创设适合学生认知规律和学习水平的情境，采取科学合理的教学方法，引导学生从情境中抽象出数学问题，经历发现、猜想、论证、归纳、完善等一系列学习活动后生成概念或定理，然后进行模仿应用，逐步理解并掌握，最终获得技能、提升思维。

二、新授课的教学内容设定

新授课的教学大多是关于某一数学概念的生成、某一判定定理或性质定理的确定、某一数学模型（函数模型或概率模型等）的发现等内容。如“函数的单调性”就是围绕单调递增函数、单调递减函数的概念而展开的，经历从现实生活中发现图像变化规律—利用自然语言描述变化规律—利用符号语言抽象刻画变化规律—逐步完善生成概念—概念辨析与应用的教学过程，聚焦于概念的抽象过程，突出知识内涵、外延的挖掘与分析。而“直线与平面垂直”则是围绕直线与平面垂直的判定定理的形成与应用而展开的，经历直观感知—操作确认—逻辑论证—定理生成—定理应用的教学过程，聚焦于定理的抽象过程，突出体验探究的过程及归纳、演绎推理能力的培养。

三、新授课的基本环节

无论是概念教学新授还是技能教学新授，新授课大多经历以下教学环节：情境创设—新知探究—典例精讲—提炼归纳—应用深化—自主小结。

（一）情境创设

情境引入要牢牢抓住“情境性”或“关联性”，体现新知产生的背景（现实背景与学科背景）以及新知引入的必要性和自然性，激发学生好奇心和求知欲望，开启学生的积极思考。例如，“函数的单调性”教学时，可以以最近本地日气温的变化情况为情境引入，体现数学与现实的紧密联系，同时抽象出气温随时间变化的规律，为函数的单调性奠定现实基础和认知基础。又如，“分层抽样”教学时，可以在上一节简单随机抽样的基础上提出问题：在树人中学关于学生身高的抽样调查中，简单随机抽样所得的样本是否一定具有代表性，如何避免极端样本的出现，既体现了分层抽样的现实必要性，又体现了数学知识之间的前后关联。学生可以轻松进入情境中思考，并在新知的形成过程中体会与旧知的联系，加深理解。

（二）新知探究

新知探究是新授课的重点，也是学生通过探究形成新知（新概念、新定理、新模型等），进而构建自身认知结构的重要过程。本环节具有显著的“探究性”和“顺序性”。教师在设计过程中要立足于“知识产生的自然性和顺序性”，设置主线明晰的教学活动，引导学生从旧知识、旧背景中寻找契机，设置指向明确、梯次明显的问题，驱动学生积极思考，发现规律，抽象刻画，严谨表达，并在新知的形成中逐渐内化，深刻理解新知的内涵与外延，建构知识体系。

（三）典例精讲

本环节主要是例题的讲解、拓展、探究，是强化新知、展示数学思想方法、培养学生能力的重要过程。本环节注重知识回扣，体现知识应用；注重方法发现，体现思维过程。教师设计时要深刻理解例题的教学目的及知识背景，挖掘思想方法，精准把握题目解答过程中的关键点与重点，预设学生思维阻断处，引导学生学会分析问题、利用知识和方法求解问题，感悟其中蕴含的思想方法，领悟分析、思考、解决问题的思维程序和步骤，提高思维品质。

例如，古典概型是概率求解时最普遍和最常用的模型。在古典概率的新授课中，理解并应用古典概型的特点，有限性和等可能性是本节课的重点。在教学中，我们常以“从有限个总体内抽取部分个体”为事例进行讲授，而按照抽取的方式，古典概型又可分为有放回抽取和无放回抽取。在有放回抽取和无放回抽取的条件下，求解概率时是否需要考虑顺序是有一定的差异的。教师们经常会告诉学生：对于有放回地抽取，必须考虑抽取的顺序；而对于无放回地抽取，是否考试抽取顺序无关紧要。可是，这是为什么呢？

显然，很多教师在教学中只是告知学生解法和经验，而忽视了追溯解法的来源，弱化了学生对于概念理解的促成，忽视了在问题解法探究中思维自然发展的过程。知识与体验成为教师轻易递送的廉价礼物，而非学生付诸努力的成功收获。

（四）提炼归纳

本环节是典例精讲后的升华。教师要在例题的讲解后进行必要的引申与类化，在引申与变式中体会知识的本质，在类化中生成解决一类问题的程序和步骤，引导学生从例题的求解中总结提炼解题方法，挖掘数学思想方法，归纳解题程序，提高问题解决能力。例如，在“函数单调性”教学中，可在例题后帮助学生归纳利用定义求解函数单调性的具体步骤和程序，并可适当简化，以帮助记忆。教师还可引导学生分析其中的关键步骤，思考解答过程中蕴含的知识理论基础与逻辑关系，增强知识的应用意识，学习应用技巧和策略，提高思维品质。

（五）应用深化

本环节是一节新授课的灵魂，决定了学生对于新知的理解水平和站位。本环节的重点是对概念内涵、外延的“挖掘”，思辨地理解概念本质，生成个人认识与体验，并在应用中进一步深化理解，建构起个性化的知识体系。

（六）自主小结

本环节是围绕新知识脉络、教学重点、解题体验等来设置问题引导学生反思总结，对包括知识、技能、思想方法、数学经验、情感与感悟等方面进行个体化表达。

第三节　讲评课的教学设计

讲评课是一种重要的课型，是教师在学生练习或考试之后，从学生作业或试卷中获取反馈信息，帮助学生分析阶段学习情况，查漏补缺、巩固四基，并引导学生从中寻找错误原因，吸取教训，总结经验和规律，从而对学生的概念理解、方法选择、思维过程，甚至学习过程进行矫正教学的一种课型。在单元、模块或学期教学内容结束之后，讲评课常常会成为一种主要的课型。

一、讲评课的教学目的及功能

讲评课的主要教学目的是在熟知学生对习题或试题初步掌握的前提下，采用订正答案，错例讲解，排疑解惑，总结规律，巩固提高。同时，通过试题（或习题）讲评还可以帮助教师发现自己教学方面的问题和不足，进行自我总结、自我反思，改进教学方法，最终达到提高教学质量的目的。所以我们可以这样认为，讲评课存在着“评学”和“评教”明暗两条线，显性存在的是“评学”，隐性存在的是“评教”。两条线同等重要，万不可只“评学”不“评教”，忽视了对于教学方法和教学进度的调整。

教学目标设定应该立足于让学生发生变化：如知识上的变化（模糊点的辨析、理解的深度、联系的广度）、方法上的变化（切入点的把握、预判的标准把握、方法选择的策略、方法的补充与评价）、能力上的变化（如何数学地提出问题、分析问题、解决问题）、经验上的变化（惯性思维、程序化操作、灵活的变通和转化等），甚至情感态度的变化（对某一知识的兴趣、对某类方法的持续钻研等）。教学目标的设定要具体到题型、方法，通过哪种形式达到（学生板演示错分析、教师引导、学生展示评析、自我纠错），如何巩固落实（针对哪个点进行反馈、题目难度设置、改换哪个条件）。

当然，讲评课并不仅仅是讲题，而应将重点放在知识的深层把握、题意和题源的讲评、方法的创新与规律的总结上，这就要求教师跳出题目讲知识联系、讲思路创新、讲方法规律。只有这样，讲评课才能真正起到弥补漏洞、加深认知、提高能力、巩固强化的作用。

二、讲评课的教学内容设定

讲评课的教学内容主要包括知识讲评（知识漏洞、知识应用策略、知识间联系）、方法讲评（情境分析、方法迁移、思路评判）、规范讲评（步骤规范、思维规范）等。

教学内容的确定需要基于教师对于试题（或习题）批改情况精准确定。一般需要经过以下过程：通过批改确定讲评题目—根据题目，展开联系与分类—确定类别（知识类、方法类、错因类；学生能自主解决的、学生在扶助下可解决的、学生无法解决的）—确定教学目标—确定讲评方式（示范式、示错式、评析式、点拨式等）—确定反馈点，命制反馈题。

教师批改时要及时记录每题的得分情况、学生作答情况（典型错误、独特解法）。批改时要注意观察并总结共性的问题，借助同情演绎、观察草稿、谈话了解等方式了解错因，找清错误根源，确定纠错措施。

题目要分类制定目标，确定措施，类别划分时要考虑好题目间的联系和异处；每一类别内要确定好主题与副题，确定好学生参与的方式，确定反馈点和反馈方式。讲评的题目大致有以下来源：全班出错率较高，得分率较低的题目及相对应的知识点；具有典型性、针对性和综合性的题目；在以往的教学中已多次接触，多次矫正，但学生仍未掌握的难点；关系到后继学习的重点知识，重点技能；平时教学中疏忽的“教学盲区”；学生卷面上独到见解的题等。

教学内容设定应该满足以下原则。

（一）靶向清晰

教师要有清晰的教学目标（当然，目标要依照学生在试卷中暴露的问题而设定），并在此目标指导下圈定所讲评的题目。教师在内容选择时应该多问几个问题：“需不需要讲”“为什么讲”。所以，有的老师说，讲评课要讲到学生的“痛处”，搔到学生的“痒处”。

（二）重点突出

讲评课切忌不分轻重、面面俱到。面面俱到意味着面面不到位，所以，讲评课必须在重点、难点、疑点处下功夫，并将备课、上课的主要精力、时间、活动集中在问题最突出、内容最重要的内容上头，使得在讲评课中，突出的问题能够得到有效的改善，并得以巩固强化；难点问题能够取得突破，并形成一定的解答规律和程序化的操作；疑点问题得以纾解，思路得以畅通。

（三）重视联系

讲评课上，教师要注意对试卷中暴露的问题进行分析归类，让学生对同一类问题有一个整体的认知，加深知识的理解和方法的掌握。例如，可按知识点归类，将同一知识点的考题进行归类分析，以便从不同的角度加深知识的理解；可按方法归类，将涉及同一解题方法的题目进行归类分析，既可以举一反三提高效率，又可以体现方法和题型的类化，方便学生总结和反思；可按错因归类等。

三、讲评课的教学环节

讲评课一般通过以下教学环节完成：自查自纠—分类示错—互动交流—释疑排难—变拓强化—当堂测评。

（一）自查自纠

在考试结束相关批阅、统计、采样工作完成后、试卷讲评课前及时将答卷还给学生，要求学生尽自己所能先自主订正试卷，即订正任务前置。自主纠错也要在教师的组织下有针对性地进行。除让学生聚焦于自身暴露的问题之外，教师要指定针对性的内容，难度要求要低，题目要具体；要定明确的任务，如请结合某题分析所考知识点（方法）有哪些、关键的转化是什么、何处易错等；要有灵活的方式，如请处理以下练习题，分析易错点（点评时可引申至试卷中的题目），或让学生（当时做错的学生）板演，再给他们一次修订的机会；要有有效的反馈，如学生评点、短平快的小练习等。

教师要结合批阅对学生作答情况进行有的放矢的问题分析，切忌假大空，理论名词一大堆，学生不知所云。例如，立体几何部分的讲评，教师在强调步骤问题，那么就应该让学生回到卷面上，去比对相应的步骤，甚至当堂现场改正。学生解题策略不对，就让学生再次深入问题进行反思或与周围的同学讨论交流，对方法进行比较评价。学生计算出问题就应该让学生回到关键步骤中，分析计算错因并挖掘算理。

总之，自查自纠并不是学生似散兵游勇，无目的、无预设地活动，而应是在教师有意识的组织和引导下进行的自我反思和完善的活动。只是因研究对象的难度偏低，故而由学生自主完成，以便加深体验，同时大大提高课堂效率。

（二）分类示错

教师讲评课时不能简单粗暴地按照题号顺序讲评，而应结合学生暴露的主要问题和突出问题进行分类示错、分类讲评。当然，分类的方法多种多样，关键是教师要结合具体情况和教学目标进行梳理。

所谓示错教学指的是老师通过刻意地或无意地向学生展示错误，引导学生剖析解题思路或过程中的错误之处或不规范之处，进行指认和改正，再用正确的方式答题，让学生在错误中反思、辨析、悟道、求真，从而最大限度地激发认知冲突，增强活动体验。

讲评课中很容易看到此种现象：老师全程托管，学生只是看个热闹。因为没有示错，学生的问题全部绕过去了，疑惑没有解决；只有讲，没有评。一种情况是学生未自我进行错因剖析，讲评的效果无法得到保证。切记，教师讲的是如何解题，而非题目本身。教师要引导出错的学生说出出现错误时的心理，以暴露隐藏在学生思维深处的错因，进行答卷失误分析，帮助学生提高应试能力。因此在纠错环节，要做到析错因、辨概念、明思路、评方法。

因此，教师可以在课堂中展示错题案例，设置合理的问题，引导学生讨论、辨析，找准错因错源，寻找解决对策，探究正确解题思路。让学生明白做一道题，如果把握好了每一个环节，把每一个细节做到完美，那么，最终结果的完美必将水到渠成。同时，在错误中反思，形成关于“陷阱”的深刻认识，做到“能预见，能避免”。

在讲评中，如果能有意识地进行示错教学，既可以充分暴露学生思维的薄弱环节，又能够让学生痛切而深刻地认识到错误所在，提高诊断的效果，优化思维品质，进而提高自诊自治的能力和水平。当然，一味地示错，缺乏有效的点拨、反思等活动，可能会产生晕染效应，加深错题的印象，对学生的学习产生不良的误导。所以，示错要谨慎，示错要以“明错”“析错”“纠错”为目的。

（三）互动交流

讲评课中尤其要注意突出学生的主体地位。讲评课中，教师更应从学生的知识基础出发，去启迪智慧；从学生的思维角度切入，为过程保驾护航；从学生的逻辑运算过程反思，优化思维，简化运算。切忌远离学生的思维水平，直接推介思路，不讲明道理；切忌远离学生本体，只讲对的，不析错处，避重就轻。课堂中的互动交流则是体现学生主体地位的重要环节。教师可以设计启发性、探索性、开放性的数学问题，驱动学生直面问题，经历思考、操作、探究、论证，进而明确错因，凝练观点，生成体验。

课堂中的互动交流可以在教师与学生之间、学生与学生之间有序进行。在讲评中，教师可以引导学生阅读题目中的关键字词，挖掘隐含信息，引导学生联想所涉知识点、类似题型、相关方法，引导学生探究题目中已知与未知之间的隐秘联系，并尝试推理论证、确定解题思路和解答策略等。在学生自主订正试卷后，学生可以根据分类示错环节中教师提出的问题，先自主思考，然后在小组内讨论、交换答案、交换解法、交换想法，在生生、师生的互动交流中相互借“智”，激活思维、加强体悟、共同发展。

当然，教师要把握好自主与引导的关系，确需引导，则要有度、要适时。而且教师要尤其关注那些解题有困难有障碍的学生。因为他们应该是讲评课中最大的受关注群体，也应该是讲评课最大的受益者。

我们经常会在讲评课中听到这样的对话：“不会”“好，你请坐，下一位同学”。我经常在想，难道老师只是想让一个会做题目的同学展示正确的方法和步骤吗？如果这样的话，是否一定需要提问才能完成，直接投影展示不是更省时吗？可是，如果这样讲评的话，那么，那些不会解答问题或解答过程中出现问题的同学将如何得以提高呢？而且，学生不会做就是全然不会吗，他的思维阻断处在哪儿，老师能否鼓励他大胆地假设猜测、勇敢地尝试探究呢？教学中只有会和不会、对和不对吗？人文关怀是否需要？如果引导成功了，他心里会有多大的感激，他对数学又会激发起多大的热情呢？

所以，讲评课中，要让学生在师生、生生交流互动中逐渐揭示错因，辨析正误，形成正确的、合理的思路和方法，只有这样，学生才能真正有所获、有所悟。

讲解活动后，学生感觉收获颇丰。由于讲解时是学生本人讲解，这就要求学生对于自己的答题过程进行充分的回顾和反思，并进行一定的梳理总结，提炼个性的主张和经验，这对他们本人也是一种历练和提高。而且，由于讲解者是学生，听课的学生更加专注和好奇，他们也会在聆听中进行自我的反思和调整，把讲解者树为榜样和标杆，悄悄地进行学习方式的改变。

（四）释疑排难

讲评课中，教师需要针对错处和疑惑处进行辨析和解释，并不是简单地进行“当然式”的步骤呈现，更主要的是“所以然”的分析：如何去切入、如何去联系知识经验、如何去选择方法、如何去转化问题、如何面对困境、如何借助讲评生成智慧和经验。

讲评课需要通过对学生疑难问题的剖析与讲解，达到总结、提炼通性通法的目的，以此提高学生对学科知识的整体把握。对典型题目的讲解要做到：一是讲思路，即解法的发现过程，如何读题、如何寻找解题的切入点、解法探索，讲清“为什么这样想”的问题；二是讲方法，即通过典型问题，讲基本解题方法和技巧，引导学生突破定式思维，创新解答方法，通过一题多解、一题多变、多题一解等手段，深入挖掘典型试题的潜在功能，讲清“可以如何做”的问题；三是讲规律，即通过对某一道目的解法，提炼并归纳出一类问题的解题方法，形成相对固定的解题策略和程序化的操作方案，达到讲一题、会一类，纠一道、会一种的效果，讲清“以后怎么做”的问题；四是讲变化，即借发挥，对原题进行合理的变形，引导学生多角度、多层次地分析问题，辩证地认识知识与方法的联系，在变化中思考、顿悟，以巩固强化学习效果，讲清“灵活解题”的问题；五是讲规范，即如何规范表述解题过程，如何对试题中的条件进行等价转化等，提高学生的思维的严谨性和科学性，讲清“规范解题”的问题。例如，在“几何概型”中，学生常常对所选测度（长度、角度、面积、体积等）有疑问。教师要通过条件的比对，帮助学生分析其中的差异，同时，也要注意引导学生体会其中的辩证关系。

（五）变拓强化

在正确解答思路揭示后，教师应该趁热打铁、乘胜追击。教师针对所讲评的问题设计相应的变式练习，进一步巩固教学成果，达到以练习促巩固、以变化促反思以拓展促提高的效果。

题目可以有一定的变化和递进性，让学生通过训练，发展深度；通过拓展，体现广度。同时，借助讲评对问题的解答思路及方法进行归纳和升华，以达到举一隅而三隅反的效果。

（六）当堂测评

试题讲评后，必须根据课中反馈的情况进行测评，这是检验课堂学习的重要环节，也是保证讲评课教学效果的必要环节。所以，当堂测评是落实知识的有效载体，是提升学生能力的重要环节，是教师进行课堂教学反馈的重要标尺。当然，讲评课后的矫正补偿同样重要。教师可以要求学生将解答有问题的题目订正在试卷上，或将典型的错误收集在错题本中，做好标注和说明。教师也可在条件允许的情况下精心设计反馈题，让讲评课的效果落到实处。

第四节　复习课的教学设计

在学期临近结束时以及高三复习过程中，复习课是一种主要的课型。复习课，涉及一个单元或主题的知识，知识覆盖面广、教学内容多、思维容量大。复习课可分为单元复习课、期中（末）复习课、学业水平考试复习课、高三复习课（一轮复习、二轮复习等）。

学生可以通过复习课系统地回顾单元或主题知识，发展数学思维能力。同时，教师可以通过复习课弥补教学过程中的缺憾，提高教学质量。但是，复习课的教学也有很多的误区，如把复习课上成习题课，甚至新授课，复习课成为机械的训练的场所。故而，有的教育专家指出，好的复习课一要防止考点化，加强专题化；二要防止材料化，加强课程化；三要防止训练化，加强学习化。

一、复习课的教学目的及功能

复习课最重要的是达到“温故知新”的目的，让学生对已学过的内容进行归类、整合、转化，体会知识的内在联系，进而融会贯通，建立起知识间的内在体系，形成对知识完整、系统的认知；让学生通过典型例题的分析和解答，在方法与技能的训练中进行信息提取与加工，知识回忆与联想，技能锤炼与思想感悟；让学生在陌生情境或开放问题中深度探究，感受知识的选择与应用和方法的顿悟，形成个性化的策略行为，提高提出和发现问题、分析和解决问题的能力。

二、复习课的教学内容设定

复习课的教学过程主要是围绕单元或主题教学目标，对全单元或主题的知识进行梳理，建构知识体系；通过典型例题，复习基本方法和基本技能，查漏补缺、突破疑难，并能站在更高的维度进行分析和解答，形成更深层次的知识认知，进而在归纳反思中形成个性化的解题经验。因而，复习课的教学内容包括知识的梳理与知识体系的建构、典型问题或例题的分析与解答、方法的总结归纳与规律的提炼升华。

一般地，复习课的教学内容设定应满足以下三个重要原则。

（一）系统性原则

复习课是对一单元或某主题进行的复习，因此，复习课首先要体现统领性。复习课不是新授课的重复，而是要把平时所学的零碎的、局部的知识纵横联系，甚至与其他单元或主题的知识相关联，使之系统化、结构化，揭示各部分内容之间、数学与其他学科之间的内在逻辑联系，使学生进一步明确各部分知识在教材中的地位与作用。复习课也不是习题课的压缩，而是将相关题型放到整个单元或主题内容的高度上去审视、分析、提炼。教师要引导学生在题目的解答中有意识地淡化一招一式的练习，着重感受知识的应用、突破的角度、方法的优劣，并在此基础上生成丰富的个体化体验，形成基本活动经验，提高分析和解决问题的能力。

（二）针对性原则

复习课中题目的设计、重难点的确定等都要有相当强的针对性，否则，无法在一到两节课内对单元或主题的内容进行有效的复习。复习课在内容上不能面面俱到，要突出重点，否则就会出现胡子眉毛一把抓，不分主次地梳理，课堂上产生大量无效或低效时间，复习课成为新授课的“压缩饼干”；复习课要瞄准学生需求，并以“大”视角解析，要选择在知识的交会处、在思想方法的凝结处、能“牵一发而动全身”的题目进行练习和讲解，使学生通过复习有新的收获、新的体会，否则就会形成“原地转圈”式效果；复习课要瞄准“形而上”的“道”，而不是一招一式的“技”，教师要引导并帮助学生提炼解题规律与方法，生成个性化感悟，否则就会出现聚焦过甚，在细枝末节上下功夫，导致只见树木不见森林，复习课成为点对点的“针灸”。因此，复习课要兼顾“大”与“小”。“大”指的是大局观、整体观。教师要针对课标的要求，针对教材的重难点，结合学生学情，设置全面、准确、有度的教学目标，既要凸显出知识的系统性，又要突出重点知识和重点题型，还要瞄准学生的薄弱处与提升处。所以，在复习课时，教师可以适时地出示课时的学习目标以便引导学生在课堂上带着目标学习，明确学习任务和学习要求，提高学生的学习专注度，提高课堂达标度和课堂教学的总体效益。

（三）整合性原则

复习课的系统性要求和高观点视角就要求教师要对单元或主题的内容进行合理有效的整合与开发，先破后立，深刻挖掘单元或专题中的核心知识及目标，并以之为中心组织课堂设计。教师可以将教材或教辅中的问题进行整合和改编，将教学情境和内容进行适当的“陌生化”，使学生在陌生的情境中，进入探究状态，让学生在分析和解决问题的过程中提高思维的品质。教学过程中可以适当地打破章节顺序，对内容进行重组，甚至基于单元的视角提供结构不良问题，使得课堂呈现一定的开放性，挑动学生站在单元或主题的高观点下积极思考、大胆联系、勇于创新、乐于表达。

三、复习课的教学环节

复习课一般通过以下教学环节完成：基础回顾—典例引路—交流展示—精讲点拨—巩固强化—评析升华。

（一）基础回顾

教师要充分地发挥学生的主体地位，通过问题导引方式，引导学生主动进行知识回顾，能够熟练地掌握单元或主题中的概念、定义、定理、公式及其应用（推导、正用、逆用、变形转化等），并能准确自然地使用自然语言、图形语言、符号语言等进行表达和运用。在此基础上将已学过的知识点按一定的标准分类，将知识条理化、系统化、结构化，构建知识网络并达到理解记忆的目的。教师可在学生构建完知识网络后，进行必要的总结完善。

在基础的回顾中，教师通过问题或叙述帮助学生将知识串联成线，为复习奠定知识基础。同时，在知识的整合过程中，学生能够清晰地感受到知识的结构脉络与发展过程，为知识的序列化、结构化奠定基础。

（二）典例引路

复习课重在通过例题的练习和讲解，整合知识的应用和能力的提高。因此，精心地选择适量的典型例题，分析并解决这些问题是一堂复习课的课堂明线。当然，例题的目的并不单纯是训练方法，而是通过题目的解答过程，为学生分析问题和解决问题提供一个原型和可借鉴的思维路径，为方法的迁移应用提供范本。因此，复习课课堂的另一条暗线为思想方法的提炼与归纳。基于此，例题的选择除了要覆盖复习的内容之外，还必须有一定的典型性、示范性、综合性、拓展性，甚至有时可以考虑根据学生学习水平，设置开放性的问题。教学过程中，要充分挖掘例题本身所蕴含的价值，掌握其中的共性通法，理解背后的思想方法。教师要注意引导学生通过纵深探索、横向关联，逐步优化认知，开阔视野、增强体验。

（三）交流展示

教师设置好典型例题后，要给予学生充分时间独立思考，有一定难度的问题可以在独立思考的基础上再进行小组合作。教师要最大限度地发挥学生的主观能动性，给学生提供自由发表意见的舞台，在学生之间倡导自由、平等、民主的学术氛围，鼓励学生展示、评价、辩论，让学生通过观察、表达、比较、评析的过程，以培养学生正确运用知识、多角度分析问题、灵活选择方法、客观科学评价的能力。教师也会在学生的交流和展示中，观察学生学情，预估学习效果，并根据学生交流展示中暴露的问题和呈现的资源开展下一环节的“精讲点拨”，实现以学定教、以生定教，进一步提高课堂的针对性和有效性。

（四）精讲点拨

教师可根据学生在交流展示中暴露的问题（知识错误、步骤规范情况、思维转化、方法选择等）进行精讲，正本清源。同时对学生交流中呈现的有价值的教学资源（独特的思维和方法等）进行合理利用，真正体现以学定教。教师的讲解和点拨除了对题目解答的思路进行梳理、步骤进行规范之外，重在对题目解答内在规律的总结与提炼。另外，需要特别指出的是，解题的目的绝不仅仅是解决一个题目，而是要通过该典型问题的解答归纳提炼出通性通法，揭示解决问题的一般方法及问题背后的内在规律，体会其中蕴含的丰富的数学思想方法，提高分析问题、解决问题的能力。所以，“讲”和“点”要突破一招一式的训练，指向思维和思想层面。当然，精讲点拨往往会和上一环节穿插进行，实现师生、生生之间充分、有效地互动。

（五）巩固强化

经过前面的典例解析和教师的点拨后，学生需要进一步巩固强化，使之内化形成技能。教师应设置一些基础性和挑战性的问题，设计不同层次的习题，引领学生通过反馈巩固所学、强化认知，教师也借此判断学生是否达标。教师可以在典型问题的基础上，精心挑选反馈练习题进行检测达标。题目可以是类似问题，直接检测知识是否熟练准确、方法是否娴熟；也可以将条件与结论互换、加强或削弱命题的条件、删除其中某个条件，使之结构不良化等方式，引导学生举一反三、融会贯通，提高知识应用意识和创新能力。

（六）评析升华

本环节是复习课课堂教学过程中不可缺少的、最重要的环节，是整节课“灵魂”的揭示、“思想”的提炼。恰到好处的评析总结能够有力地引导学生对所学知识进行归纳梳理，使知识系统化和网络化，使重、难点得到强化和升华，发展学生的思维能力。同时，教师的评析升华还会形成有效的示范，引导学生形成主动归纳、提炼、建构的意识，提高归纳的能力，培养良好的学习习惯，有效转变学习方式。

第六章　核心素养下高中数学课堂建构

第一节　核心素养与翻转课堂教学

新课程教育改革推动核心素养培养要求。新课程改革逐步深入，要求加强对学生学习能力的培养，核心素养也对学生的创新精神和思维能力提出了要求。翻转课堂教学模式中，学生的自主学习能力受到极大重视，学生的思维能力有明显促进，翻转课堂教学模式成为推动我国教学改革和教育发展的一个重要契机。随着互联网普及和教育信息技术的发展，社会已经进入信息化时代，互联网以及智能终端在中国城镇的普及程度很高，对于教育教学的影响渗透非常明显。加上教育信息技术本身的发展，包括学校信息技术基础设施建设，教学相关信息技术的普及与进步以及教师信息技术教学水平的提高，使得翻转课堂教学模式的常态化应用具备了重要的前提和基础。毕竟，翻转课堂的教学是以信息技术为基础前提的。翻转课堂让学生的学习更加主动、更加自由，是一种很好的培养学生核心素养的方法。

一、翻转课堂的概念和内涵

基于微课的翻转课堂学习模式是指教师下载、录制、编辑、制作的学习视频，学习者利用手机微信或教室多媒体等，在业余时间观看视频、独立完成自测。然后，将信息反馈给老师，等到下节上课的时候，师生、生生之间面对面进行交流、讨论，学生对不懂的知识点进行巩固和提高。通过这种方式教师可以顺利完成教学任务，学生也可以完成对知识体系的架构。

从整个框架来看，翻转课堂是学习者在家里或者其他课余时间学习微视频，课堂上师生面对面一起讨论交流的学习模式。因此，一些学习者觉得它是一种将传统讲授式（先教后学）转变为“学生先学教师后教”的模式，与传统课堂在本质上并没有什么区别，只不过是将导学案改编成了微视频。归根结底，两者在很多方面有着本质上的不同。以下利用“四个衔接”来解释和具体论述，因而也将翻转学习称为“衔接学习”。

第一个衔接是课堂与课外的衔接。课堂上按照翻转课堂的要求，将学生尽可能地平分为几个小组，各个小组在教师的指导下围在一起面对面交流同一个问题，彼此可以各抒己见，整理后形成结论，这个过程适合于步调一致的协同性学习，学习的时间和场所比较固定。而课堂外学生的学习时间和场所就比较灵活，学生可以按照自己的意愿选择适合学习的场所观看视频，这样课前学生学习的时间和场所就完全由自己掌控，不受教师的任何制约。学生可以根据自身的能力随时调整学习进度，教师也可以参考学生课前自主学习的实际情况，在课中适当调整学习计划，尽可能地留给学生更多的时间去参与学习活动，进而独立解决问题。

第二个衔接是学生自主性学习与教师引导性教学的衔接。学生通过观看视频，自主探究教师布置的任务，对于当中不理解的内容或者模棱两可的知识点，通过微信群等反馈给教师，教师在课堂上针对学生的疑难问题进行分析，从而解决问题。从这个过程可以看出，学生成为整个学习过程的主体，但教师的作用仍然不容忽视。在翻转模式中，教师变成了整个学习过程的引导者，主要体现在以下两个方面：第一，学生虽然在课外可以管控自己学习的时间、节奏和方式，但是学生所观看的学习内容和学习要求都是教师提前帮他们准备好的，更准确地说，就连学生这节课需要思考和解决哪些问题都是由教师确定的。第二，在课中知识内化环节，虽然讨论交流的问题是学生在课前没有弄懂的内容，但是到了课堂中如何解决以及解决到何种程度都是在教师的引导下完成的。

第三个衔接是网络学习与书本学习的衔接。教育信息化越来越普及，各种各样的学习模式层出不穷，其中，最受欢迎、最受学生喜爱的学习方式是将网络学习与书本学习有机地结合起来，创建一种适合多数学生学习的方式。大多数教育工作者认为，可以利用网络技术解决学生都不会的问题，即共性问题；利用书本解决极个别学生不会的问题，即个性问题，这是共性和个性的有机融合。

第四个衔接是能力与素养的衔接。翻转课堂既是能力教育，更是素养教育，是能力教育与素养教育的完美结合。为了保证翻转学习在我国稳步地推进，我们就必须关注和警惕一个问题——伪翻转课堂，它的本质特征是衔接，因此，翻转课堂又称为“衔接课堂”或“衔接学习”。

我认为，它是互联网时代发展下的一场学习方式的变革，但不是对传统学校学习的“颠倒”，准确地说是对传统讲授式学习的一种改善和创新。因为以学生为中心的学习模式已是大势所趋，是不可能改变的事实，学校教育不能视而不见、听而不闻，而要积极应对，寻求解决办法。

二、翻转课堂三个环节设计

基于微课的翻转课堂在高中数学学习过程中的融合，反映在学生学习过程的每一个环节，教师应该逐个设计和突破。为此，主要从以下三个环节来设计翻转课堂的学习过程。

（一）课前自主学习环节设计

翻转模式要求学生上课前根据自己的时间自行学习视频资料，并完成自学环节设置的一系列思考问题。在这个环节中，教师应该依据自己所带班级学生的实际情况，亲自动手制作微课视频或者下载适合学生的视频，最好将抽象的数学概念转化为通俗易懂的语言，使学生在观看视频时像在看很受欢迎的一部电影，这样可以帮助他们快速地进入学习。举例来说，在函数奇偶性的学习过程中，教师先播放一段自制的微课视频，在视频播放的过程中教师应该一边演示一边讲解，帮助学生深刻理解奇偶性的概念，让学生初步理解这一概念的形成过程。其次，教师引导学生从对称性和单调性两个角度分别观察函数图像的共同特征，帮助学生用简单通俗的语言来翻译微课视频中的要点和难点，尽可能让学生理解视频中函数图像和符号的意义，用自己的语言抽象概括、归纳总结，为随后的学习做好充分的准备。而学生则根据自己的实际情况，选取最适宜学习的时间段进行学习。这时，善于思考并且接受能力较强的学生可以用很少的时间获取重点知识；而基础相对薄弱的学生，可以按照自己的节奏调整进度或者反复观看视频资料直至理解，实在不行也可以寻求教师和同学的帮助。这种模式正是新课标所倡导的，教师要加强这一过程中学生数学核心素养的落实。

（二）课中知识内化环节设计

课中知识内化环节主要基于翻转课堂与微视频来督促学生自主学习，

将课前内容结合课上内容来实现重点突出、难点突破，进一步催化学生的各项学习能力，形成有效学习反馈。教师要引领学生完成数学知识的重点掌握和难点突破，教师此时可利用课前自主学习环节所收集到的学生学习的反馈信息，同时，结合本节内容学习目标来为学生剖析学习重点、挖掘学习难点。例如，在函数奇偶性的学习过程中，教师会通过微视频给出实物中对称美的几组图片，生动形象地激发学生的学习兴趣，做到“形”中有“数”、“数”中有“形”，帮助学生深层次地理解奇偶函数的概念。利用“数”与“形”的有机结合，总结出判断函数奇偶性的方法和步骤。将难点问题放在微课视频中，学生则可以结合教材与教师引导来突破学习难点，帮助学生更好地掌握内容。在翻转学习过程中，教师就可以融入微课视频、导学案、测试题等方式来提高学生的数学建模能力、交流合作能力、发现问题与解决问题能力，最后培养学生发散的、创造性的创新能力。

（三）课后评价与反馈环节设计

在课后评价与反馈环节，教师还要基于微课视频中知识点的呈现与布局来评价学生的学习成果，实现学生对于知识的有效内化过程。微课堂学习的优势也体现于此，可以通过多次反复的学习呈现来让学生形成好的学习思维和习惯并积累学习经验。而通过翻转课堂学习理念，教师也实现了针对不同学生个体的差异性教学，学生可以在观看视频过程中提出问题，教师通过反复播放和其他微课视频辅助来帮助学生解决难点问题，并评价学生的具体学习成果，为后续学习进程的顺利推进提供参考。

在翻转课堂的整个学习过程中，教师根据学生的学习水平的高低不等可以多层次设置思考问题，及时了解学生的学习动态，有针对性地调整学习进度，尽最大可能满足各类学生的学习需求，这也反映出学习需要因材施教。除此之外，数学教研组教师在实施同课异构的教学模式时，可以依据不同教师上课的方式方法，总结提炼出适合本班学生学习的方式。之后根据学生在课堂上的具体学习情况，教师客观地写出本节课的学习评价，并认真总结学生的优势和不足，思考学生出错的主要原因。在这种形势下，尽可能地让学生花费很少的时间掌握重点知识，拓展各项能力，实现教学相长。

三、翻转课堂的要求

（一）教师方面的要求

一是资源的录制。翻转课堂的有效实施要求教师必须根据自己所在学校学生的具体学情录制视频和相关支撑材料，加上教师自身对微课也不是特别熟悉，因而，在对数学知识进行选点、设计、录制时需要花费的时间远比想象的要多得多，这无形当中给学科教师增加了很大的负担。因此可以说，翻转课堂作为一项大型的教育教学改革，若要将它更好地运用到数学课堂的学习中，就要对它不断地进行探讨→设计→实践→再反思→修改→再实践……这样一个反复推敲、逐步形成的探索过程。这个过程不可能是依靠一个人或者几个人的能力就可以完成的，它的形成、发展、成熟需要政府和学校各级领导的肯定和大力扶持推广，更需要有一个专业的团队，在综合考虑各种可能因素的前提下去录制、下载、编辑、制作适合学生学习的视频资源，再将其上传至互联网共享。

二是微课的适用范围。虽然通过专业的师资团队能够录制、下载、编辑、制作微课视频，但是不是每节数学课都需要用微课来上？这又是当前我们需要考虑的一个大问题。其答案是否定的，也就是说，微课并不是适合于所有的数学课程的。从微课的特点和数学课程的结构可以看出，微课不太适用于逻辑推理性、概念性和系统性较强的内容。因此，对于高中数学中的三角函数、数列、解不等式等需要一步一步进行演算的章节内容，翻转课堂的学习效果就不比传统学习模式的效果好。而那些直观的、动态的，如立体几何、圆锥曲线等比较适合微课形式。因而在进行数学教学时，我们不能盲目地、不假思索地滥用微课，要想让微课达到预期的效果，我们就必须在课程的设计上下苦功夫，对于能够用微课学习的数学课程做到心中有数。

三是课堂管理模式。针对每一节数学课堂是不是微课想怎么用就怎么用，学生想怎样观看就怎样观看，完全不需要考虑其他因素呢？其实不然，任何一种新的学习模式要用于课堂的实践过程中，它都不是一件简单又容易的事情，而是一个复杂且繁重的过程。这个过程能否得以顺利进行就需要有一套规范化的课堂管理制度和有效的评价机制做支撑，引领教师和学生有条不紊、井然有序地去操作、去执行、去实践。

（二）学生方面的要求

一是要求学生必须具备较高的自主学习能力。从我开展翻转课堂的实践看，目前，本校的大多数学生仍然不适应翻转课堂学习模式，还是觉得传统讲授模式较好，只有教师讲解了之后，自己才会应用这个知识点解题。这样下去只会使学生越来越依赖教师，自己对问题没有独特的见解和思考，学习过程只会变得越来越被动，完全失去了对知识的有意义建构。这就与新课标的要求相背离，因为学生必须逐渐地去培养自己的自主学习能力，这样才能在真正意义上达到对知识的系统化理解和掌握。

二是搭建个性化的网络学习平台，保证翻转学习的高效运行。我根据自己运用翻转模式的过程，再结合高中数学必修一“函数单调性”和“函数的奇偶性”这两节课在我校高中学生数学学习中的实践探究，总结得到这样一个结论：使用翻转课堂的教师只有随时随地清楚地掌握每位学生的最新学习动态，才有可能针对每一个学生进行个性化指导。

（三）硬件设备方面的要求

我所在学校的微机房只是提供给学生上信息技术课，并且我校的大部分高中生是住校生，在校不可以带电子设备如手机、电脑等，致使学生很难接触到电脑。若要将翻转课堂进行推广使用到现在的课堂学习中，会使学校的教学设备严重不足，导致翻转课堂的实施不是特别顺利。加之周内高中生，白天的时间几乎都用来上课，也就是说即使教室有多媒体，一天下来也几乎没有时间去播放微课视频。因而，现在只能利用课余时间让学生通过微信观看视频，随后将自己的学习情况通过微信反馈给教师，但是这样做的弊端就是教师不能够很准确地了解每个学生的学习动态和学习任务的完成程度，也不能够及时地对学生存在的问题进行有效辅导。这就需要每位教师考虑能不能在硬件设备方面多下点功夫，让翻转课堂可以顺利地进行下去。例如，可以向学校申请为学生观看微视频专门提供一个场所，让学生可以根据自己的时间自行去学习微视频，这样就减少了学生没场所观看视频而产生的烦恼。除此之外，还可以购买一些专门用于制作微课的软件，方便教师根据学生的学情去制作适合本班学生学习的微课视频，这样的微视频可以对当前本校课堂的学习模式起到一定的辅助作用。

第二节　核心素养与概念教学

数学核心概念的教学作为培养学生数学核心素养的重要途径，应当也必然受到教育者的广泛关注与应用。如何在核心概念教学中培养学生的核心素养、划分的水平如何以及应该运用怎样的策略进行教学，都是我们应该思考的问题。概念的教学一般处于新授课的位置，教师在讲授某一概念之前应该对这一概念整体的知识网络有一个基本的掌握，抓住概念的核心点形成知识主线。在概念生成过程中要体现与概念相联系的思想方法，教学过程中要有前后贯穿一致的思想主线。高中生的思维水平与初中时期相比，逻辑推理能力、抽象思维已经有了更大的提升，这就要求教师在精准地把握一节课主线的前提下，从学生的认知水平出发进行教学，所设计的教学内容要符合学生的最近发展区。这就要求教师自身要有过硬的专业素养，同时精心设计教学环节，针对教师如何在核心概念教学中培养学生的数学核心素养，笔者提出以下的建议及策略。

一、加强教师自身专业建设，整体把握核心概念结构

高中数学课程可以分为必修课程、选择性必修课程和选修课程。以必修课程为例，分为五个主题，分别是预备知识、函数、几何与代数、概率与统计、数学建模活动与数学探究活动。由于以新课标为指导的教材尚未完全编写完成，教师在授课中所采用的教材大多依据旧版教材。而现有教材知识点的编排与新课标的知识顺序有着一定的不同，所以这就更要求我们高中教师自身专业水平要过硬，应对高中数学知识有着整体的把控，对于核心概念的把握要更加精准、精确。要主动提高高中数学教师的专业技能，增强自身对于“什么是核心概念？”“怎么提炼出核心概念？”以及“怎样构架出核心概念与非核心概念之间存在的逻辑关系”等问题的思考与把控。提高其对于核心概念教学的重视程度。在新课标倡导的“学生主体、教师主导”教学模式的背景下，充分发挥学生的主观能动性去思考、去学习。但由于学生处于知识积累阶段，对于高中数学知识体系认识程度较低，因此，更要发挥高中数学教师在课堂中的主导作用。

这样的教育要求的大背景之下，对于高中教师素质提高提出了更高的要求。所谓“育人者，先育己”。增强自身对于核心概念的掌握与思考。借助核心概念来构建整个数学体系的认知结构。教师在引导学生学习数学核心概念时，不仅要表达简练，教会核心概念本身，更要从培养学生核心素养的角度出发来引导学生，发散思维；不仅仅拘泥于概念本身，更要深入生活。

新课标对核心素养的要求已经很明确，对于核心概念明确认识，有利于更好地培养学生核心素养，帮助学生构建自己的数学知识体系，更明确、更发散地利用数学的逻辑去解决生活中所遇到的问题。例如，在“概率”模块的教学中，教师应该在讲授新知之前，首先针对高中概率相关的内容，建立有关“随机事件”的结构体系，并对在高中数学教学中所涉及的相关概念进行分析，从中区分出哪些概念是核心概念、哪些是一般概念，并建立核心概念图。从“概率”模块的知识结构可以发现，“随机事件的概率”是其中最重要、最核心的内容，在授课的时候，不能将内容只是局限在某节课的内容里。通过对概念的分析以及概念图的建构，我们会发现概率这一模块的内容分支是沿着随机事件是否发生这一可能性展开的。

在新课标里将原来统计—概率这一部分内容的顺序变更为概率—统计，可以发现，通过对随机事件和与之相对的确定事件以及其所包含的必然事件与不可能事件进行定义，并对事件在发生的可能性上做了完整的分类，这对后续学习事件之间的关系以及运算并利用相关知识理解概率模型起着很重要的作用。在之后的统计部分，利用无限重复实验，对某一事件发生的次数进行统计，利用频率的稳定值对概率进行定义。这一过程本身也是重现了历史上对概率的定义，从而可以帮助学生认识概率的本质。后续所学习的古典概型以及几何概型都是历史上人们总结出的一般性的结论。通过对概念整体上的把握，并且在教学中注意引导学生通过日常生活中的一些实例来了解随机事件及概率的意义，帮助学生通过对实际问题的分析、推理、归纳总结，选取合适的模型来解决相应问题等，从而落实对学生数据分析、数学建模、逻辑推理等素养的提升。

二、体悟数学核心素养

数学教学是培养学生数学核心素养最重要的途径，在落实素养的过程中究竟应该怎么做？教育家们的观点各有不同，但是在一点上是达成共识的，那就是提倡“为培养学生核心素养而进行教授”。例如，有人说“学科教学的目的是培养核心素养，而不是单纯地传授知识”。又如，“我们不应该把某学科的教学局限在这个学科内部，教学中只是考虑所教授学科的知识技能并不利于学生的视野的开阔，也不利于我们对具有敏捷的思维、丰富的文化气质以及哲学素养的人才的培养”。还有人以爱因斯坦说的“教育就是一个人把在学校所学全部忘记后剩下的东西”为依据，提出“把知识忘记了，剩下来的就是素养”。在这些观点下，难免有一些教师会对课程究竟应该怎么教，素养到底怎么落实产生疑惑。一些教师也并不清楚培养数学核心素养和培养学生“四基”“四能”以及数学思维有着怎样的联系。

三、制定突出数学核心素养的教学目标

教学目标是教育目的和培养目标的具体化，也是进行教学活动的起点。只有在明确了教学目标的基础上，教师在教学活动中才能结合教学任务及学情，设计合理且丰富的教学内容，进行教学活动。数学核心概念中所蕴含的数学思想极为丰富，许多数学核心概念的本身也是数学课程的主线。在数学核心概念的教学中所体现及培养学生的核心素养也并不单一，并且是在数学的学习过程中循序渐进地达成。因此，教师必须综合考虑课程标准、教材内容以及学生学情这三个核心要素来确定一节课的教学目标，将“三维”目标进行整合，在深入理解数学核心素养的基础上，结合数学核心概念的特点，制定包含强调对数学知识的理解、数学技能的运用、数学思维的培养，帮助学生形成正确的价值判断、积极的心理取向等要素的教学目标。也就是以教学的内容为载体，在教学目标的制定上充分突出数学学科的核心素养。只有明确了具体的教学目标，基于数学核心素养的数学核心概念教学才能在教师的指导下有效进行，教师才能以宏观的角度进行分析，从微观的角度作为切入点，在教学环节的设计中体现数学核心素养的培养以及不同层次水平的达成。

教师在教学过程中要注重对定理的发现、探索，并用渗透说理的方式讲清楚判定定理的可靠性。要以培养学生的直观想象素养、数学抽象素养、运用数学语言交流问题的能力为本节课的重要任务。同时，学生在初中及高一已经学习了空间结构体的几何特征，对简单的几何体有了初步的认识，能够从现实事物中抽象出几何元素，但是空间想象能力还不足，概括问题本质

的能力还比较欠缺。如何从直线与平面平行的具体模型中想象并发现线面平行的判定定理，发现研究线面关系的一般方法，对学生来说难度还比较大。

综合考虑上述问题，以突出培养学生数学核心素养为导向，本节课的教学目标可以设计如下。

①通过直观感知、观察提炼、操作确认等方式初步发现、理解并掌握线面平行的判定定理；能够准确地运用符号语言、文字语言及图形语言表达定理；能够运用判定定理解决简单的实际问题。

②在经历判定定理发生发展的过程中，感受降维思想、转换化归等数学思想，提炼空间问题平面化等解决空间几何问题的一般方法。

③经历从现实背景中抽象出数学模型过程，培养学生发现问题、提出问题、分析问题及解决问题的能力，提高学生的直观想象、数学建模、数学抽象等素养。

四、在丰富的情境中教学，激发学生的学习热情

数学与我们的现实生活是密不可分的，我们培养学生的数学核心素养，根本上，也就是要让学生会用数学眼光观察世界，用数学语言来描述现实世界，数学从现实生活的需要中诞生，也应该回归于现实。因此，在情境中教学是培养和发展学生数学核心素养的重要方式。同时，我们会发现，数学中的许多概念也确实是与生活密切联系着的，数学概念尤其是我们所研究的数学核心概念本身是非常抽象的。传统教学里的概念讲授过于陈旧，在揭示概念本质的问题上难度很高，学生对核心概念本质的掌握也片面，理解得不深刻。因此，教师在教学中应该设计合适的教学情境，结合核心概念与生活现实中的模型联系起来，选择的素材丰富、全面易感悟，能够帮助学生将头脑中原有的经验与所学的知识建立联系，对冰冷美丽的数学知识进行火热的思考，更有利于学生对概念的抽象，对数学思想的感悟以及对概念的形成也符合布鲁纳学习发现说。同时，采取多元的情境教学也有利于教学中激发起学生的兴趣与学习的欲望，达到事半功倍的效果。

五、揭示概念本质，数学文化融入教学

在数学核心概念的教学中，应注意到，作为核心概念，既属于数学概念，同时又具备了比一般数学概念更丰富的内涵及数学思想。因此，在教学中要尤其注意揭示概念的本质。核心概念所特有的根基性、可生长性、广泛联系性这些特点，使得数学核心概念在教学中具有可持续性以及长期性，所包含的数学思想会贯穿模块知识的始末。而其中具有根基性的概念在高中数学课程中一般会作为课程模块初始章节，引领后续的知识学习，为其后面的知识做铺垫。而数学的发展史往往也体现了数学概念的发展，众多数学家为了一个理念的进步共同努力着，对一个对象下定义、建立概念这一过程本身就具有极强的逻辑性。在教学中，重视数学史的引入也有助于教学对核心概念本质的揭示，数学应该被融入数学教学活动。通过教师有意识地将之与相应的教学内容相联系，引导学生认识了解数学的发展历史，有助于学生在数学学习中认识数学在科学技术、现实生活、社会进步等中的作用。同时，也有助于学生感悟数学所存在的价值，激发学生学习数学的兴趣，拓宽学生的视野，并且在提高学生的科学精神及人文素养上有很大帮助，同时，有利于学生进一步理解数学的本质，提升学生数学学科核心素养。因此，教师在数学核心概念的教学中也应该尤为重视对数学文化、数学史的融入。

在教学中，有必要引入函数的发展史，而纵观函数概念的发展史，会发现对函数概念的形成这一本身的过程实质上就是一系列的弱抽象，通过不断舍弃函数的非本质属性（如函数可以表示为曲线、解析式等），进而探索其本质性是对应的过程。这一过程包含了在物理运动、天体运动的规律中抽象出具体的函数模型，并从具体的函数模型中再抽象出更一般的函数概念，在一系列问题的推动下逐步修订、补充、完善函数的概念。数学史的融入帮助学生认识到函数与生活息息相关，同时，在高中学习中通过集合的角度对函数进行定义，本质上就是将生活中的数学问题去除其物理背景，将之抽象出来。只有学生从不同角度来认识函数，才能对其概念的本质有深刻理解。

第三节　充分运用现代教育技术

现代教育技术让高中课堂变得更加灵活和充满魅力。运用现代教育技术，能够有效辅助核心素养的培养。现代教育技术不仅能够改善高中数学课堂教学，提高课堂效率，而且学生也能够独立应用现代教育技术。数学课堂参与性学习强调学生是作为主体参与课堂的学习活动，具有一些与学生参与紧密相关的显著特征，如主体性、民主性、情境性和互动性等。只有充分把握这些特征，教师在实施教学活动的过程中才能充分发挥现代教育技术的优势。

一、运用现代教育技术促进课堂参与性学习的应用原则

在参与性学习中，如何看待现代教育技术这一角色呢？在具体的教学中是否用和如何用呢？这是本节要探讨和解决的问题。

（一）现代教育技术在数学参与性学习中的角色定位原则

在参与性学习中，如何定位现代教育技术这一角色呢？建构主义理论认为，在教学活动中，教师是学生学习的引导者和促进者，而学生自己则是学习的意义建构者。那么，教师如何才能做好这一角色呢？许多学者普遍认为教师在教学活动中要注意以下四个方面：第一，创设相对更真实和复杂的问题情境；第二，营造良好和谐的学习氛围，以便学生可以提出自己的不同见解，平等地与教师、同学沟通和交流；第三，提供必要学习工具；第四，还要给予情感上的支持，鼓励学生发现、探索问题，从而使学生主动进入建构新知识的角色，充分发挥学习主体的能动性。也就是说，参与性学习的主角是教师和学生，而教育技术只是“跑龙套的”，是为了促进教师的教和学生的学而生。以建构主义理论为依据，在参与性学习中坚持教师是主导，学生是主体，现代教育技术是辅助这一角色定位。因此，要特别注意把握师、生和多媒体三者的关系。

1. 以教师为主导

在教学过程中，教师是整个教学活动的组织者和管理者。教师的主导作用主要表现在三个阶段：准备阶段——钻研教学目标，了解学生的实际，选择合适的多媒体，精心地设计教学活动；实施阶段——利用现代教育技术，有针对性地讲解或练习，进而灵活地、创造地组织学生参与教学活动；反馈与评价阶段——对学生的提问做出智慧的解答，评价学生以及指导学生进行自我评价。

2. 以学生为主体

数学参与性学习中，学生是认知活动的主体，是知识意义的主动建构者。因此，要让学生参与教学过程，使多媒体技术成为激发学生学习兴趣的手段、参与数学活动的工具和环境。学生的主体性体现在学生具有自主性、能动性和创造性。其具体可表现为有明确的学习目标、自觉积极的学习态度、迫切

的学习愿望、强烈的学习动机；学习上能举一反三，善于利用已有的知识来解决新问题；能利用多媒体资源和网络平台进行选择学习内容和进一步有效的自学活动。

3. 现代教育技术是辅助

多媒体只是教师教学的助手，是学生参与学习的抓手，不能代替教师进行教学，更不能替代学生动手动脑。多媒体作为教学手段只能辅助知识的传递，而知识的传承只能由人来完成，也就是学生必须参与学习。多媒体教学的优势在于能使教师的表达更丰富和形象，能把学生推到踮起脚看得见却够不到的地方。也就是说，配合教师充分发挥在教学中的主导作用，调动学生课堂的主体参与积极性，才是多媒体生命的意义和发展方向。同时，通过现代教育技术可以创设逼真的数学学习情境，用图像和动态的形式呈现数学问题，使得数学的学习材料更具有活动性和可视性，进而使学生切身参与学习，深刻感受到数学的魅力与价值，激发学习数学的兴趣，增强学好数学的信心。

（二）现代教育技术在数学参与性学习中的使用原则

人本主义心理学是针对之前的心理学总是把人的行为、认知与情感分裂开来研究的这种现象提出的。它认为一个学习者首先是一个完整的人，即“躯体、心智、情感、精神、心力融会于一体”，所以任何人在学习时都既有理性的思考，也有情感的投入。人本主义把学生的学习分为两类：一类是无情感因素参与的学习，这种学习效果当然不好，所学知识易忘；另一类是有情感因素参与的学习，效果当然比前一种好。而后一种学习要具备以下四个方面因素：学习是由学习者自己发动的；学习全过程中有学习者认知和情感的同时参与；学习者能参与对学习过程和效果的评价；学习活动能够诱发学习者情感的共鸣。秉承着以人为本的教学理念，教师在进行教学设计的过程中，关于现代教育技术在参与性学习中是否用和如何用应遵循以下四个基本原则。

1. 目的性原则

目的是一切教学活动的出发点和归宿。多媒体辅助教学的目的是实现数学课堂参与性学习的目标。数学教学目标应包含知识与技能、过程和方法、情感态度与价值观、行为与创新四个维度。将现代教育技术应用在参与性学习中的目的是促进学生主体的参与，也就是上文中提到的学习过程中要有学习者的认知和情感参与。只有学生的行为、情感参与进来，才能实现数学教学的四维目标。

2. 多媒体与教学内容的选择组合最佳化原则

依据优先选择原理制定选择组合最佳化原则。教学设计是以分析教学需求为基础，以确立解决教学问题的步骤为目的，解决教学问题的步骤中包括媒体、信息资源与教学内容相互选择的设计。我们知道，数学的最大特点是抽象性、逻辑性，这也是在教学中要突破的难点。而这些难点的突破，必须依靠传统教学中严谨地分析、概括、归纳和论证来完成。因此，学生参与教学活动的重要前提是有一个高素养的教师，能用渊博的知识和灵活的头脑通过分析学情后设计出符合学生身心发展和需求、尊重学生个体差异的教学活动，合理智慧地去整合、配置和有效利用各种教学资源。现代教育技术在数学教学中所扮演的角色无论是工具还是平台都是用以促进学生对抽象的概念和严谨的证明的有效认知，实现学生的认知参与，提高学生参与兴趣，激起学生参与热情。当然，无论是参与性学习还是接受性学习，使用多媒体技术应该关注的是数学课的最佳效果，如对学生的启发性，学生的思考积极性、主动性等不能为用而用。根据教学目标和教学内容的实际需要，恰当地选择是否使用多媒体、选择哪一多媒体来达到设定的教学目标是在教学设计中首先要思考的问题。

3. 形式多样化原则

形式多样化原则的制定是源于多元智能理论和信息加工理论。加德纳提出，一个人至少包括语言、逻辑、视觉、音乐、运动、交际、内省、观察和存在九个方面的智能。每个人各有所长，且每一种智能都不是单独存在的，它们之间相互促进。它的理论被教育学家运用于学习领域，就产生了“在学习过程中，强调让学生多方面智能参与、多感官并用，可以增强学习效果”的理论。教师要根据学习内容的特点，合理地选择多媒体技术，一方面丰富多样的学习形式可以激发学生积极主动地探究，情感参与自然会引发行为参与，进而达到事半功倍的效果；另一方面，多媒体不同渠道信息的传递，可以让位于学生的主体性和差异性。要想使学生的参与性学习从感性上升到理性，多媒体辅助教学中要注意问题情境与真实情况的统一，多媒体演播和教师的讲解密切配合学生的看、听和思考。学生带着问题去参与，更能有效地获得数学学习的知识。

4. 及时、准确的反馈原则

依据反馈评价原理制定及时、准确的反馈原则。反馈控制是系统科学的重要方法，就是利用反馈信息使系统的反应输出状态与预期目标相比较，然后根据比较的结果，对输入值进行修正，以达到系统输出状态与目标要求相一致的目的。参与性学习必须有反馈，不仅包括学生对教学做出的回应反馈，还包括学生在自己动手动脑的学习中真实的情感体验以及教师对学生的表现做出的点评。这些反馈都要及时、准确，进而通过反馈来实现对教学的调整和把控。在多媒体教学中，学习者接收信息的渠道更多，知识的容量也会更大，那就更应关注学生的反馈信息，才能准确把握学生的最近发展区，进而调控教学过程，保证教学质量。

二、现代教育技术在数学参与性学习中的应用策略

新课程衡量学生参与数学教学活动的标准是学生能否通过参与数学教学活动、习得更多的数学知识、培养更好的数学思维、发展更高的应用数学知识和思维解决实际问题的能力等。具体来说包括教学活动设计是否符合学生发展与需求，是否尊重学生的个性发展；引导学生参与的时机是否恰当，能否最大限度地吸引学生；活动气氛是否和谐，活动是否民主开放，活动的内容和形式是否有层次感；时间和空间是否充分合理；学生行为参与的同时是否有深层次的认知参与。针对以上标准，根据现代教育技术的特点归纳总结了以下策略，以便更好地发挥现代教育技术的工具作用，进而实现现代教育技术促进参与性学习的目的。

（一）收集信息

将教育技术作为收集信息的工具，制定参与的目标，培养学生主动参与学习的意识。有目标才会有接下来的行为，而行为参与恰恰是课堂参与性学习的一个重要维度体现。目标是行动的指南，只有让学生参与目标的制定，学生才能对学习目标有较为深刻的认识和体验，才不会在学习中迷失或是迫于升学压力等机械地学习。根据课程的内容和学习目标，一方面教师可以利用教育信息技术的强大搜索功能，从庞大的数据库资源中选取符合课程目标的内容为己所用；另一方面教师也可以组织学生利用互联网检索进行社会调

查，了解可供自己学习的主题，并利用信息技术来选择和确定预习任务，同时制订主题学习计划，包括确定目标、小组分工、计划进度等。学生参与了学习目标的制定，进而才可能主动地为达成该目标付出努力，甚至还能为自己设计出不同的达到该目标的路径。

（二）提供材料

将现代教育技术作为提供材料的工具，创设问题情境，激发学生求知的热情。事实上，学生情感参与比行动参与更为重要。在参与中情感逐渐地投入，才能取得良好效果。情感的参与拉近了知识和学习者之间的距离，让知识不再高冷，让学习者相信每一个人都能够学会旧知识，也能够创造新知识。可见，有了兴趣，才会更好地指导行动。问题是思维的起点，一切发现、创新都是以问题为中心，在探究的过程中来完成。如果说问题是种子，那么数学情境就是数学问题发芽的土壤，也就是说只有精心创设的数学情境才会引导学生发现问题和提出问题。

在参与性学习活动中，只有让学生意识到问题的存在，才能激发学生参与和探究的兴趣。合理地选择多媒体创设情境，为学生提供丰富生动的学习背景。教师要根据学习内容，从社会生活实际出发，将学生熟悉和感兴趣的实例作为情境，设计出具有启发性、挑战性和适度性的问题，激发学生求知欲的同时，也要在学生的最近发展区内让学生能够解决问题。因为问题是在情境的作用下才产生的，生动直观的形象有利于学生有意义联想的发生，进而使学生利用已有的知识、经验，完成当前新知识的同化或顺应。对比之下，在传统的课堂讲授中，所提供的情境不足够生动、丰富或形象，不能有效地激发联想，难以提取长时记忆中的有关内容，因而知识的建构发生困难也在所难免。也就是说，传统的教学手段由于缺乏情境性，以致学生难以将所学新知识纳入原有图式。恰恰多媒体作为提供丰富形象的学习材料的得力工具，可以为创设教学情境提供极大的便利。它通过提供图片、视频、声音等多种媒体，构建情景交融的问题情境，吸引学生的兴趣和求知欲，把需要强制学生有意注意，才可能接受的新数学知识。通过兴趣使然，水到渠成的无意注意就可以轻松获得，为课堂教学的顺利进行和良好的课堂教学效果提供了前提。

（三）探索和认知

将教育技术作为认知的工具，设计探究活动，给予学生主动参与的机会。认知参与是学生在学习活动中采取的学习策略，主要划分为高级学习策略和低级学习策略，培养学生的学习能力，从学会到会学。活动是知识的载体。关于知识，建构主义认为知识并不是对现实的准确表征，只是一种可能的解释或假设，并非问题的最终答案。因此，教学不能把知识作为预先确定好的东西强塞给学生，学生学习知识的过程是以他们原有的知识经验通过参与活动，依靠自己的意义建构来完成的。在数学参与性教学中，探究活动必不可少，无论是以主题探究为中心，还是以问题解决为中心，或是以任务驱动为中心的探究活动，教师都可以引导学生去积极参与、主动探索发现知识，不仅能使学生充分地参与学习，更可观的是培养学生的思维能力。

在各种各样的课堂探究活动中，多媒体并不只是把教学信息简单地丢到学生面前，让其自己接收，而是与其他教学方法融合，最大限度地激活学生的经验与思维，促进学生在活动过程中完成对新知识的同化，构建新的图式。作为促进主动学习、协作探索的认知工具的多媒体有多种多样的形式和形态，如投影仪、电子白板、数学实验室、“Z+Z”智能教育平台、几何画板和 mathematica（一款知名数学计算软件）等，可以建立数学模型、图形和轨迹，开展数学实验，化静为动，化抽象为具体，为学习者的认知参与提供帮助。可见，利用现代教育技术可以从多角度为学生的数学参与性学习创设一种接近真实情境的外部条件和学习环境。

（四）交流和互动

将教育技术作为交互的工具，营造和谐的师生关系，充分发挥学生的主观能动性。交流互动是情感生长的土壤，良好的交互工具会使情感参与的种子长成森林。参与性教学中，师生关系是核心。教师应与学生建立起民主平等的和谐师生关系，严肃却又不失幽默，张弛有度，让学生在自由民主的氛围中无拘无束地交流，进而唤醒学生的主体情感参与，充分发挥学生的主观能动性。多媒体的交互性是其最大魅力的体现之处，为师生、生生的沟通交流打开了一扇窗。在具体的实施过程中，可以将多媒体与信息资源库技术相结合，可以使学生与学生之间、学生和教师之间的交流沟通跨越时间和空间的限制；可以无限扩充每一个学生的信息来源，从而拓宽知识面，提高眼界，培养从不同角度发现问题和解决问题的能力。最重要的是，输入输出手段的多样化、个性化使学生的主观能动性得到了极大的发挥。

（五）评价反馈

将教育技术作为评价反馈的工具，建立对教师评价体系是促进参与性学习规范化的重要措施；健全对学生评价体系是让参与性学习得以推广的必要前提。评价反馈是为了促进发展，参与性教学评价是激励性评价。来自教师、家长等长者的赏识和表扬等激励性评价是学生学习动机中的附属内驱力；来自同伴、同学的积极肯定性评价，是学生学习动机中的自我提高内驱力。这些内驱力必然增加学生的学习信心，最终提高其学习成绩，促进认知内驱力的形成。多媒体进行评价反馈时，具有评价的主体多元化、反馈的形式多样化的特点。多媒体的超大容量可以实时详尽地记录学生的课堂表现，一方面可供师生课后反复观摩和使用，总结和反思教与学中存在的问题，进而改善各自的教与学；另一方面，作为教学资源的积累，使其精华在课下供学生使用，避免了教师的重复劳动。同时，多媒体作为一个舞台，不同的学习成果、学习作品以图片、音频、视频来展现学生的创造性，为学生的成功体验提供见证。

三、现代教育技术在数学参与性学习中的具体应用措施

现代教育技术贯穿整个教育过程，因而恰当地运用现代教育技术可以优化课堂教学，提高学生的课堂参与。根据教学内容和教学对象的特点，一方面发扬传统教学媒体的优良作用；另一方面合理地引进现代教学媒体，使两者各发挥其优势，相互补充，形成合理的教学过程体系，达到最优化的教学效果。以下即为下一章教学实验活动中所实施的一部分相关具体举措，期望为一线高中数学教学提供一点参考。

（一）指导课前行为

参与这一活动的指导策略主要是利用现代教育技术收集信息的作用，同时也最能体现形式多样化的原则。活动中虽然容易实现学生为主体参与教学目标、任务、内容的制定，但一定要对学生收集什么样的学习材料做出指导和要求。

指导课前行为包括参与备课，让学生课前收集有关课程内容的数据和资料；自主课前预习，选择适合自己的方式完成预习任务。通过微视频，学

生在课前对集合的概念有所了解并能简单地举例，进而在课堂中就可以有针对性地学习，提高课堂行为参与的积极性，增强学好数学的信心。同时，又可以培养学生独立学习、选择学习，最终会学习，培养了认知参与能力。

（二）创设问题情境

情感参与的基础这一活动的指导策略主要是现代教育技术提供材料的作用，但同时要坚持多媒体与教学内容的选择组合最佳化原则。

吸引学生注意力，激发学生兴趣，营造主动探索的课堂气氛，为学生的情感参与做准备。由于现代教育技术突破了传统教学手段音效、视频的限制，恰好可以在新课伊始，利用视、听的强烈冲击，引入和学习主题相关的教学背景。首先，在尚未开始学习新知识之前，就引起了学生强烈的注意，将课堂导向了学生积极参与的氛围。其次，利用生活中学生熟悉的实际问题所包含的数学原理，激发了学生的好奇心，进而驱动学生积极思考，带着求知的欲望，学生很快就会进入主动学习的状态。温故知新，展现新旧知识的联系，让学生的思维得到训练。由于多媒体可以扩大课堂的容量，加快节奏，更能清晰地呈现知识的生成生长过程。

（三）设计探究活动

行为参与的载体这一活动的指导策略主要是现代教育技术认知探究的作用，多灵活地运用及时、准确的反馈这一原则。化抽象为直观，提供丰富生动的直观材料，攻克抽象的数学概念。例如，在讲锥体的体积公式时，可以运用多媒体进行演示，将三棱柱分割成三个体积相等的三棱锥的过程。一方面照顾了部分空间想象能力较弱的学生；另一方面也锻炼了动手能力比较强的学生。同时，运用分割法这一知识的迁移，使学生的思维得到了训练。化静为动，展示动态的变化过程，完成知识的意义建构。

第七章　核心素养下高中数学课堂教学质量的提高

第一节　培养数学抽象素养与能力

一、数学抽象素养的内涵

（一）数学抽象素养的含义

“数学抽象”居于六大核心素养的第一位，对于学生的数学学习和思维发展影响较大。史宁中教授认为，数学在本质上研究的是抽象的东西，数学的发展所依赖的最重要的基本思想也是抽象。

数学抽象是指舍去事物的一切物理属性，得到数学研究对象的思维过程，主要分为两个方面：第一是能从数量和图形的关系中抽象出数学概念及其概念间所具有的关系；第二是能从事物的具体背景中抽象出规律和结构，并且能够用数学语言和数学符号进行表征。

数学抽象反映了数学的本质特征，是形成学生理性思维的基础。数学抽象作为数学最基本思想的过程之一，不仅仅在数学的产生过程中起到了重大作用，而且对于数学的发展和应用也有不可替代的价值，这使得数学成为高度概括、表达准确、结论一般、有序多级的系统。

数学核心素养是在新的历史时期发展素质教育的体现，为了适应时代的要求和学生的发展，教育部和有关研究人员正在抓紧研究不同学段数学核心素养的具体内容，制定核心素养的学科结构体系，促进课程改革和建设。在修订稿的课程标准中，从课程宗旨、课程内容、教学活动和学习评价四个方面对核心素养的培养提出了具体要求。具体落实到“数学抽象”素养，在数学抽象核心素养的形成过程中，积累从具体到抽象的活动经验。学生能更好地理解数学概念、数学命题、数学方法及其体系，能通过抽象、概括去认识、理解、把握事物的数学本质；能逐渐养成一般性思考问题的习惯，能在其他学科的学习中主动运用数学抽象的思维方式解决问题。

数学抽象思维过程作为众多数学思维中最基本、最重要的思维过程，无论是对于学生的日常生活还是学习发展都有不可替代的作用和意义。在日常生活中，数学抽象能使学生从具体事物中抽象出本质特征，排除无关特征，得到所需要的信息。而在数学学习中，形成数学概念、证明数学命题和运用数学规律都不可缺少数学抽象的思维过程。因为数学核心素养彼此间相互独立，又相互交融，是一个有机的整体，如“数学建模”素养是在对现实问题进行数学抽象的基础上，建构模型解决问题的过程。所以要在教学过程中培养学生的数学素养，作为六大核心素养第一位的数学抽象素养，我们要重视对学生的培养，使学生掌握抽象的规律和方法，这对于学生将来的实际生活和数学学科的学习有着十分重要的作用和价值。

课程标准中将数学抽象进行了定义，认为数学抽象是指舍去事物的一切物理属性，得到数学研究对象的素养。其主要包括从数量与数量关系、图形与图形关系中抽象出数学概念及概念之间的关系，从事物的具体背景中抽象出一般规律和结构，用数学语言予以表征。

数学抽象是数学的基本思想，是形成理性思维的重要基础，反映了数学的本质特征，贯穿在数学产生、发展、应用的过程中。数学抽象使得数学成为高度概括、表达准确、结论一般、有序多级的系统。

数学抽象素养是指通过高中数学课程的学习，学生能在情境中抽象出数学概念、命题、方法和体系，积累从具体到抽象的活动经验；养成在日常生活和实践中一般性思考问题的习惯，把握事物的本质，以简驭繁；运用数学抽象的思维方式思考并解决问题。数学抽象素养主要表现在获得数学概念和规则、提出数学命题和模型、形成数学方法与思想、认识数学结构与体系。

（二）数学抽象素养水平的划分

课程标准中对数学抽象素养水平进行了划分，主要包括以下三个方面。

一是水平一，即能够在熟悉的情境中直接抽象出数学概念和规则，能够在特例的基础上归纳并形成简单的数学命题，能够模仿学过的数学方法解决简单问题；能够解释数学概念和规则的含义，了解数学命题的条件与结论，能够在熟悉的情境中抽象出数学问题；能够了解用数学语言表达的推理和论证；能够在解决相似的问题中感悟数学的通性通法，体会其中的数学思想；在交流的过程中，结合实际情境解释相关的抽象概念。

二是水平二，即能够在关联的情境中抽象出一般的数学概念和规则，能够将已知数学命题推广到更一般的情形，能够在新的情境中选择和运用数学方法解决问题。能够用恰当的例子解释抽象的数学概念和规则；理解数学命题的条件与结论；能够理解和构建相关数学知识之间的联系。能够理解用数学语言表达的概念、规则、推理和论证；能够提炼出解决一类问题的数学方法，理解其中的数学思想。在交流的过程中，能够用一般的概念解释具体现象。

三是水平三，即能够在综合的情境中抽象出数学问题，并用恰当的数学语言予以表达；能够在得到的数学结论基础上形成新命题；能够针对具体问题运用或创造数学方法解决问题。能够通过数学对象、运算或关系理解数学的抽象结构，能够理解数学结论的一般性，能够感悟高度概括、有序多级的数学知识体系。在现实问题中，能够把握研究对象的数学特征，并用准确的数学语言予以表达；能够感悟通性通法的数学原理和其中蕴含的数学思想。在交流的过程中，能够用数学原理解释自然现象和社会现象。

二、培养学生数学抽象素养与能力的建议

（一）制定有利于学生数学抽象素养发展的教学目标

教师制定教学目标，要树立发展学生数学抽象素养的意识。学生的数学抽象素养是在日常的数学学习过程中逐渐形成的，其发展具有连续性和阶段性，所以，教学目标的设计要有阶段性目标和每堂课的教学目标，将阶段总目标分解细化成具体、可操作的每节课的教学目标，注重教学过程性目标的达成，促进学生学习的稳步进阶，最终实现阶段教学的总目标。同时，我们也要认识到，数学学科的每一个核心素养并不是孤立存在的，而是一个相互联系的整体。在培养数学抽象素养的过程中，同时也会涉及其他的核心素养。

教学目标设置可以从关注学生从情境中抽象得到数学问题的能力培养；学习过程中，感悟数学知识之间的相互联系，将所学的知识形成知识体系；设置课堂的学生活动，以促进学生基本活动经验的积累；设置交流与反思的环节，给学生留有感悟数学基本思想的空间这四个方面入手，促进学生数学核心素养的提升。以函数性质教学为例，设置目标要考虑函数性质与函数概

念相结合，注重知识的系统性和完整性，培养学生在各种情境中发现、提出函数性质的问题的能力，在课堂活动的过程中去发现函数性质，交流反思感悟函数思想。教师设置教学目标要从传统的注重数学知识的理解和运用转换成重视学生个体能力和习惯的培养。

在制定教学目标时，教师要结合教学内容，思考如何将数学抽象素养的培养融入教学内容、教学过程中，通过教学内容和教学过程来承载数学抽象素养的培养。

（二）创设有利于学生数学抽象素养发展的教学情境

创设问题情境不仅是为了学生顺利接受新的知识，更重要的是通过创设有效的问题情境能够将课堂所学数学知识与现实生活建立联系，拓宽学生的认知领域，将学生带入具有真情实感的生活化、社会化、科学化的氛围。创设与学生的智力和知识水平相适应的、与社会文化背景相联系的情境，有利于调动学生的学习兴趣，培养学生的数学抽象素养。在情境作用下，生动直观的形象能有效地激发学生的联想，唤起学生在原有认知结构中的相关知识和经验，从而使学生利用有关知识与经验去同化或顺应当前的新知识，达到对新知识的构建。因此，教师可以设置恰当的情境引发学生探究结论的兴趣，发展学生的数学抽象素养。

数学情境和问题要结合具体的教学任务设计。数学情境和问题是多样化的，可以从学生熟悉的生活情境出发设计数学问题，不仅可以把抽象的知识具体化，激发学生的求知欲望，有利于学生对知识点的理解和掌握。同时，还可以打破学生固有的思维定式，让学生真正体验数学与生活的关系，树立学以致用的意识，提高解决实际问题的能力。教师还可以考虑学生已经知道了什么、掌握到何种程度，然后再根据数学教学内容的难易程度来提出问题，使学生原有认知结构与新的数学知识同化或顺应。教师还可以设计情境，让学生了解数学知识的实际发现过程，体验数学家探索和发现数学知识的过程和方法，实现对数学知识的再发现。教师还可以从其他学科中挖掘资源来创设问题情境，不仅让学生切实体会到数学思想无处不在，提高学生学习的兴趣和分析、解决问题的能力，培养学生的科学素养和人文素养，还能有效加强学科间的联系与综合，体现数学的应用价值及其工具性。通过恰当的情境与问题的设置使学生理解数学的本质，促进学生数学抽象素养的发展。

（三）注重数学知识系统性以促进数学抽象素养持续发展

数学知识与技能在数学抽象素养培养中有着重要的地位和作用。数学知识是数学素养的载体，很多数量的计算与表达包括一些图表、语言和图形描述的信息的抽象过程都需要相应的数学知识。分析这些数量和图形所表达的含义以及数学抽象的能力要比单纯教给学生怎么解题更加重要。根据学生的认知水平和数学知识的抽象度，每个数学知识与其他数学知识之间都有着递进的抽象关系，数学知识都不是独立的，而是相互之间有着逻辑关系。教师在实际教学中，要充分认识到数学知识的联系性和系统性，加强数学知识间联系的教学。新知识的传授要在原有认知结构的基础上，通过同化或顺应来获得，对学生学习新知的过程进行密切关注和适当调节。

在巩固新知识的习题类型选择上力求多样化，通过各种不同的呈现形式，让学生体会到看待问题要从多角度出发，要看到问题的本质。只有这样，学生在面临复杂的实际问题时，才能做到从整体上考虑，对抽象所得数学问题进行合理推断，真正做到学以致用。整体把握数学课程内容有利于数学抽象素养水平的发展。

（四）感悟数学基本思想方法以促进数学抽象素养养成

数学思想方法是在认识数学知识的过程中提炼上升的数学观点，它具有更一般的指导意义，是数学的灵魂。数学抽象是数学的基本思想之一，因此，引导学生领悟和掌握以数学知识为载体的数学思想方法，从而在生活和科学情境中拥有选择和运用数学方法解决问题的数学素养，真正懂得数学的价值，建立科学的数学观念，促进数学抽象素养的养成。

在教学中，教师要挖掘数学知识中体现的数学思想方法，有计划、有步骤地选择恰当的方法使学生体会和掌握数学思想方法。例如，数学概念的教学过程可分为知识发生和应用两个阶段。对于新知识的学习过程，也就是其思想方法发生的过程，教师不应直接给出定义，而应该通过现实生活中简单而直观的实例或使学生通过亲身操作体验得到定义。在获得定义的体验过程后，从具体问题及其解决过程得出具有一般性的解决思想和方法，这一过程也是数学抽象素养培养的过程。解决数学问题的过程就是命题不断变化和数学思想方法反复运用的过程，教师应充分利用学生解决数学问题的过程深化数学思想方法，这样，学生才能在其他情境中创造性地运用数学方法解决问题，这也是数学抽象素养水平提升的表现。总结与复习是揭示知识之间的内在联系以及归纳、提炼知识中蕴含的数学思想方法的过程，是数学思想方法系统化的形成过程，使学生感悟数学学科是高度概括有序多级的知识体系。

（五）经历数学抽象活动过程以培养数学抽象素养

数学抽象过程就是经历一次完整的发现问题过程，数学抽象活动可以发展和培养学生的抽象素养。在课堂学习的过程中让学生经历一个完整的数学问题发现过程是十分有必要的，学生通过发现问题的活动，就能逐渐理解怎样用数学的眼光看到事物，学会舍弃表面看到问题的本质，从而培养对待新生事物能够透过表面现象研究本质的素养。另外，学生进行一次抽象的过程能对所学的数学知识和技能有更加深入的认识。正是在解决实际问题的过程中，才能逐渐把知识转化为能力，而拥有扎实牢靠的知识基础是学生能解决情境中的抽象数学问题的保证。

在现实数学课堂教学中，教师对学生经历抽象活动过程并没有加以重视，甚至是忽略。学生没有机会去感受知识的发生发展过程，他们的思维也就没有机会经历数学问题得出的抽象过程，基本概念、基本原理甚至由教师直接给出，在学生还没有对基本概念有清晰的理解时，就要求他们应用概念去解决问题。显然，这与数学知识的抽象过程背道而驰，对培养学生的抽象素养是很不利的。

针对这样的教学现状，课堂教学要从关注课堂教学任务是否完成转向关注学生学习的效果，关注学生知识、技能和品格的实际变化。现在的课堂教学往往将焦点放在教师教学计划的完成情况上，而不重视评价学生通过学习后是否获得了切实的发展。

（六）探索多样化课堂教学方式培养学生数学抽象素养

教师课堂教学的最终目的就是使学生学会学习并发展数学素养。因此，数学课堂教学的方式不仅仅局限于讲授与练习，教师应该探索多样化的课堂教学方式。

数学抽象素养的培养是使每个学生都能得到发展，阅读自学的教学方式恰恰可以为学生提供个性化的学习空间，并且阅读是提高学生数学语言水平的有效方法，阅读自学有利于培养学生的数学抽象素养。首先，在教学中要重视学生独立思考的过程。在传统教学中，教师往往会通过讲授的方式将知识传授给学生，这种教学方式会增加学生对教师的依赖程度，不利于学生形成数学素养。在学生独立思考的过程中，教师应加以引导，让学生通过独立思考来解决所遇到的问题。其次，要使学生积累独立思考的经验，培养数学抽象素养。动手实践的教学方式能使学生的主动性和主体性得到发挥，学生自己经历知识的发生过程有利于增强学习兴趣。在动手实践的过程中，学生将活动经验抽象成数学问题，使学生的数学抽象素养得以发展。自主探索的学习方式是数学课堂充分体现以人为本的教学理念的体现，把学习的主动权交给学生，使学生能够积极有效地参与课堂活动主动地获取知识，最终得到数学素养水平的提升。最后，在数学课堂教学时要给予学生充分合作交流的机会。学生通过交流讨论不但可以起到相互促进的作用，而且有利于培养学生的数学语言表达能力。课堂上要给学生展示自己、表现自我的机会，使学生在收获知识的同时，数学素养也得以提升；要充分利用计算器和相关软件，促使学生进行数学抽象。对于特别抽象的数学问题应利用相应的教学软件处理，其关键是掌握数学知识与技能背后的数学原理和思想。

总之，数学抽象素养的培养是多种因素交互作用的过程。在实际教学中，教师在讲授数学知识和技能的同时，也应把多种有效的方式和途径应用于数学课堂教学中，促使学生把学到的数学知识内化为自身的思考和看待问题的习惯，形成适应今后社会生活需要的数学素养。

第二节　培养逻辑推理素养与能力

一、逻辑推理素养的内涵

（一）逻辑推理素养的含义

课程标准对逻辑推理素养进行了定义，认为逻辑推理素养是指学生在已有逻辑推理能力的基础上，在逻辑推理活动中通过对逻辑推理的体会、感悟和反思，在真实情境中表现出来的一种综合性特征。从广义上说，它是一种综合性特征；从狭义上说，是指在真实情境中应用逻辑推理能力与技能理性地处理问题的行为特征。

（二）逻辑推理素养的构成要素

从信息社会对逻辑推理素养的需求特征、时代要求的公民以及“受过教育的人”的特征、我国颁布的科学素养框架、数学课程标准及国内外对逻辑推理素养分析框架的分析，可以发现逻辑推理素养是由以下五个要素构成的。

1. 逻辑推理知识素养

任何素养的产生离不开知识，逻辑推理素养的产生离不开逻辑推理知识。逻辑推理知识是逻辑推理的本体性素养，逻辑推理素养只有在学习逻辑推理知识以及应用逻辑推理知识的过程中才能生成，没有逻辑推理知识，逻辑推理素养就是无源之水、无本之木。只有在具备逻辑推理知识素养的基础上才会拓展形成其他素养，这点是国内外逻辑推理素养研究者的一致观点。

2. 逻辑推理应用素养

关注知识的应用是任何教学的价值追求之一。逻辑推理应用素养指的是学生在真实情境中应用逻辑推理知识和技能问题的能力，也是最直观地反映逻辑推理素养的重要方面。个体的逻辑推理素养的其他方面都是通过在现实情境中对逻辑推理的应用而体现的。

3. 逻辑推理思想方法素养

逻辑推理思想方法素养表现为学生对逻辑推理中蕴含的科学方法和逻辑推理特有的方法的掌握和在真实情境中的应用。在义务教育阶段，逻辑推理能力主要包括判断真假是非的能力、抽象概括能力、论证反驳能力、理解识别能力、形式推理能力、比较类比能力等。

4. 逻辑推理思维素养

思维素养的生成是当代教育家的共识。培养学生的思维是教育的主要价值之一，因为思维的重要性在于，一个有思维的人，其行动取决于长远的考虑，它能做出有系统的准备，能使行动具有深思熟虑和自觉的方式，以便达到未来的目的，或指挥我们去行动以达到现在看来还是非常遥远的目的。

5. 逻辑推理精神素养

在逻辑推理教育中，逻辑推理教育精神素养的生成是逻辑推理素养的最高层次。但是，逻辑推理精神的生成是逻辑推理教学中最为忽视的部分，即在我们的逻辑推理教学中，对逻辑推理精神的教育与研究尚未引起应有的重视。相当多的教师不懂得什么是逻辑推理精神，更谈不上用逻辑推理精神铸造学生高尚的人格。因此，这导致不少学生在数学学习中会解题、能考试，却缺乏理性精神；唯书、唯师、唯上，却缺乏求真与创新精神；有追求，敢实践，却不知反思和自省。这种在数学工具论指导下的形式主义的数学教学对学生的发展是不利的，既影响了他们的综合素质，又影响了他们的专业水平。

总之，上述讨论基本明确了逻辑推理素养各层次的含义，而这五者之间的关系是，逻辑推理知识素养是逻辑推理的本体性素养，在逻辑推理知识素养的基础上，拓展出逻辑推理应用素养、逻辑推理思想方法素养、逻辑推理思维素养和逻辑推理精神素养。

二、培养学生逻辑推理素养与能力的建议

马克思主义原理告诉我们，一切科学的理论认识如果离开了为实践服务这个根本的目的都将失去其存在的意义。而且人类认识世界的根本任务不仅是要正确地说明世界，更重要的是要有效地改造世界。前面讨论了逻辑推理素养的内涵与构成要素并结合笔者的相关调查，为逻辑推理素养生成的教学策略构建奠定了坚实的基础。下面，笔者从教学策略实施的基本理念、教学过程、教学内容、师生关系设计以及评价方式等方面构建逻辑推理素养生成的教学策略。

（一）以具有真实情境的问题为驱动，指向素养的各个层面

从逻辑推理素养的内容构成来看，其包括逻辑推理知识素养、逻辑推理应用素养、逻辑推理思想方法素养、逻辑推理思维素养、逻辑推理精神素养。对学生逻辑推理素养的教学现状研究表明，我国学生的逻辑推理素养的教学现状是注重数学知识的教学，忽视逻辑推理素养的整体生成；注重数学知识与技能的常规应用，忽视在具有真实的、多样化的、开放性问题情境中的应用；注重数学问题的解决，忽视学生对问题解决以及对数学的体验、感悟、反思和表现能力的引领；注重课堂教学，忽视社会生活中应用数学的引领。所以，逻辑推理素养生成的教学必须以具有真实情境中的问题为驱动，在具有真实情境的问题解决中以数学应用为核心，在数学应用的过程中引领数学精神素养、数学思维素养、数学思想方法素养和数学知识素养的生成。

具有真实情境的问题是指将数学真实地与现实世界结合起来，凸显数学在现实世界中的作用，使学生建立数学特别是逻辑推理与现实生活相联系

的问题。在逻辑推理素养生成的教学中，应该以具有真实情境的问题为驱动。具有真实情境的问题能够使学生真实地体验、感悟和反思数学在现实生活中的作用，并且在处理问题的过程中，表现自身的逻辑推理知识素养、逻辑推理应用素养、逻辑推理思想方法素养、逻辑推理思维素养、逻辑推理精神素养。如果情境不真实，会造成学生对数学与现实生活是否紧密联系产生疑问。

逻辑推理素养生成的实践指向性表明逻辑推理素养的生成是在认识真实世界、解决现实问题、完成真实世界的任务中进行的。因而，逻辑推理素养的生成是在数学与真实世界的联系中实现的。归根结底，数学的生命力的源泉在于它的概念和结论尽管极为抽象，但却如我们坚信的那样，它们是从现实中来的。并且在其他科学中，在技术中，在全部生活实践中都有广泛的应用，这一点对于理解数学是最重要的。所以，无论是数学知识的获取，还是理解数学；无论是数学思想方法的掌握，还是数学思维的活力，都来自学生对真实情境问题的处理。

（二）以多样化数学活动为载体，引领学生体验与感悟逻辑推理素养

逻辑推理素养的生成需要引导学生体验数学发现、数学问题质疑、数学问题解决、数学审美以及数学精神的熏陶，体验、感悟和反思的结果，并在各种活动中表现出来。也就是说，课堂教学应该关注再生长、成长中的人的整个生命。对智慧没有挑战性的课堂教学不具有生成性；没有生命气息的课堂教学也不具有生成性。从生命的高度来看，每一节课都是不可重复的激情与智慧综合生成的过程。所以，逻辑推理素养生成的教学过程需要通过设计多样化的数学活动，从而引领和激发学生体验、感悟逻辑推理素养。

所以，需要在数学教学中设计与逻辑推理素养各层面对应的综合性的数学学习过程。在这个过程中，学生要有与之对应的数学活动经验，并在此过程中引领和激发学生体验、感悟逻辑推理素养。

（三）开发从教材走向社会生活的教学资源，引导学生体验逻辑推理在现实生活中的应用

课程资源是课程建设和教学的重要方面，逻辑推理素养的开放性表明，逻辑推理素养的生成不能仅仅靠教科书和一些辅助性的练习册，需要在教学中不断地建设。而逻辑推理素养生成的课程资源来源于真实的社会生活。此外，逻辑推理素养的课程资源需要数学教师和学生共同建设，从开发的社会

资源中挖掘指向逻辑推理素养展示的开放性的真实问题。

逻辑推理素养生成的课程资源分为四个方面，即逻辑推理应用、逻辑推理思想方法、逻辑推理思维以及逻辑推理精神。具有真实情境的问题需要从教材走向社会，从社会不同的环境中寻找来自生活中的逻辑推理、作为人类文化遗产的数学、工作场合的数学、科技领域的数学等。所以，逻辑推理素养生成的课程资源需要走向社会，挖掘社会生活中不同层面存在和应用的逻辑推理，激发和引领学生体验、感悟、反思逻辑推理在现实生活中的应用，并在真实的情境中表现学生自身的逻辑推理素养。

（四）以开放性的情境问题为工具，激发和引导学生逻辑推理素养的养成

逻辑推理素养的境域性表明逻辑推理素养评价需要与之对应的真实情境。逻辑推理素养的综合性特点表明，逻辑推理素养的培养需要逻辑推理素养的评价方式多元化。而逻辑推理素养的外显性特征需要学生能够把逻辑推理素养表现出来，所以，创建适合于学生表现逻辑推理素养的情境极为重要。为此，逻辑推理素养评价策略关注表现性评价和真实性评价策略。

真实情境是指学生所面临的一种情境。在这里强调真实情境，是因为有些情境是不真实的，通常是为数学知识的应用而有意编写的情境。逻辑推理素养教学现状调查结果表明，我国学生对于开放性问题解答的平均正确率落后于国际平均水平，甚至在一些开放性问题上接近平均正确率最低的国家。而这一点与我国长期的数学问题答案的唯一性有关，学生形成只有唯一正确答案的习惯。所以，基于逻辑推理素养的特征，构建真实的、开放性的问题情境是逻辑推理素养在评价过程中的核心。

总而言之，通过进一步的研究可以明确，逻辑推理素养的生成教学策略可以从中推动素养的整体生成，对于数学的教育教学发挥了巨大的价值作用。逻辑推理素养的生成只有进行全面的拓展，才能处理好不同情境的不同问题，才能对数学的体验、感悟具有较为深刻的影响。通过进一步的概括分析，了解到对素养生成的策略影响具体包括以下三个方面：第一，逻辑推理素养生成策略主要就是针对当前高中生的学习情况进行掌控，保持一定的优势所在并给予相应的弥补。第二，逻辑推理素养生成策略，对学生的学习情况具有较强的影响，同时，对素养生成教育教学也发挥了巨大的作用。第三，

逻辑推理素养生成的教学策略注重以具有真实情境为侧重点，将情境与数学知识进行有机结合，共同促进学生逻辑推理素养的提升。

第三节　培养数学建模素养与能力

一、数学建模素养的内涵

（一）数学建模素养的含义

数学建模是建立数学模型并用它解决问题这一过程的简称，也就是说，把一个现实生活的问题经过一番必要的简化假设，用数学的符号、公式、图表等对客观事物的本质属性和内在规律进行描述，运用恰当的数学工具，得到一种抽象、简化的数学结构，并反过来将这个数学结构用于研究实际问题。也就是把现实问题抽象成一个数学问题，又合理地返回到实际中去，这个过程就是数学建模。数学建模与应用题有着明显的差异，又有密切联系，主要体现在以下四个方面：一是问题给出条件的充分程度；二是问题解决过程中是否需要假设；三是问题的讨论与验证的复杂程度不同；四是问题解决的表达形式不同。

（二）数学建模素养的重要性

数学建模素养在这里是指运用数学建模知识解决实际问题的思维和能力，是素质教育的较高体现。

数学建模素养对青少年的发展尤为重要。近年来，国内外专家对数学建模素养的研究也越来越突出。在中学课堂教学中加入数学建模既是新课标要求，也是当前高中生数学学习中正缺乏的素养。由于数学建模连接现实世界和数学世界，引起了研究者对数学建模活动的广泛兴趣，这是国内教育专家将数学建模素养列为数学核心素养的重要原因之一。

随着科学技术的飞速发展，数学建模素养的重要性日渐突出。数学的思考方式具有根本的重要性，数学为组织和构造知识提供了方法。在信息技术支持下，数学建模对社会的作用将会更加强大。因此，数学建模素养的培养越来越受到重视，数学建模的重要性主要体现在以下四个方面。

第一，数学建模素养打破传统观念，重塑数学新形象。人们以往对数学的印象大概就是“学了数学好算账”，将数学视为一门计算工具。其实不然，学生从小就开始数学的学习，近年来国内外各种数学相关竞赛的开展，正是为了开发青少年的创造性思维，开阔学生的视野，让学生在学习生涯进行各种新尝试并不断开发探索。

第二，建模素养促进学生想象力、洞察力和创造能力的提高，有助于培养学生语言表达能力、文字理解能力。一般的建模问题都没有固定的模型和唯一的标准答案，需要学生根据自身知识储备和计算能力去分析求解问题。这需要学生发挥想象力、观察力、创造力，结合经验和相关研究资料，抽象地得到数学问题的解。

第三，建模素养促进学生身心发展。培养中学生的数学建模素养有利于培养学生严谨求实、一丝不苟的学习态度，独立自主的、善于团结协作的学习工作品质以及迎难而上、敢于攀登的拼搏精神。

第四，数学建模素养将数学与其他学科领域相结合，从而实现跨学科多领域研究，充分发挥数学建模在科学发展中的重要作用。数学建模是一个数学家转型成为精通其他领域的专家的必经之路，可见，数学建模素养对科学领域发展的作用不容小觑。

（三）数学建模素养的构成要素

1. 数学建模品格

（1）定义

品格也称作品性、性格。性格也可称为个性或人格，是指个人思想、行动上的特点。在对数学品格的探讨中，有的研究认为数学品格是由积极的思维态度、科学的思维方式以及思维的内驱力构成的。有的认为数学品格是学生对待数学的兴趣和情感，也有的认为数学品格是学生的学习情感、学习积极性、学习中的合作意识以及学生的综合发展。因此，数学建模品格可认为学生在经历数学建模的学习过程后，对数学建模表现出的情感、自信心以及对数学建模价值的认识这三方面的表现。

（2）数学建模品格维度

根据对数学建模品格的定义，数学建模品格可以分为以下三个维度：学生对数学建模的情感、对数学建模学习的自信心及对数学建模的价值观。

2. 数学建模能力

（1）定义

数学建模能力是一个综合运用知识解决实际问题的数学能力，它在当今是衡量一个学生数学能力的重要标准之一，是数学应用广泛性的体现。著名学者吴长江指出，数学建模能力是指对问题做相应的数学化，构建恰当的数学模型，并将该模型求解返回到原问题中进行检验，最终将问题解决或做出解释的能力。

（2）数学建模能力维度

根据已有的研究成果和自己对数学建模能力的思考，数学建模能力维度的确立必须满足以下要求，即包括学生经历整个数学建模过程所体现出的能力，维度涵盖的范围要具有全面性。

本书对数学建模能力维度的划分是依据数学建模整个过程中体现出的各个方面的能力。由于计算机能力和团队合作能力不容易测量，结合实际的可操作性，确定以下六个方面的维度以测试学生的数学建模能力。

①阅读理解能力。一般意义上的数学阅读理解能力是指较流畅地实现文字语言、符号语言、图形语言的相互转化，发现数学题目解释的内涵和外延。在数学建模中遇到的实际问题材料都是比较复杂的，没有明确给出数学关系。要把复杂的实际问题转化为数学问题，就需要读懂材料，也就是从所给材料中提取可以帮助问题解决的有价值的主要要素和数据，这是本书中所指阅读理解能力。

②数学应用意识。对数学应用意识的解释有许多，此处的数学应用意识是指学生在面对生活实际中的问题能用与数学有关的知识、方法、思维等解决实际问题的心理倾向。

③分析和逻辑推理能力。分析和逻辑推理能力是指对一个比较复杂的问题，经过敏锐细致的思考分析迅速掌握问题的核心，把问题分成相对比较简单的部分，并能对问题做出合理的回答与选择。

④创新和发散思维能力。创新和发散思维能力是指当人们面对问题时，根据问题特征和已有经验，运用所掌握的知识让思维展开各种可能的联想与想象。

⑤数学化能力。“数学化”是由弗赖登塔尔提出的，他认为的数学化

能力是指用数学的思想方法来分析和研究客观世界的种种现象并加以组织和整理的过程。在本书中的数学化是指学生通过已有的数学知识储备和数学思想方法，能将实际问题抽象为数学模型。通俗地讲，数学化能力就是把实际问题转化为数学模型的能力。

⑥模型求解能力。在建模过程中，将实际问题转化为数学模型后，需要对数学模型进行求解，以达到得到结果的目的。所以，模型求解能力是指能利用简单有效的数学知识和数学思想方法，对数学模型进行合理的求解，获得结果的能力。

二、培养学生数学建模素养与能力的建议

高中阶段的学生思维特点是能够提出和检验假设，思维具有抽象性、可逆性。根据笔者对数学建模素养的调查得出，第一，学生的数学建模知识广度和深度不足；第二，学生建模能力普遍偏低；第三，学生对数学建模活动缺乏自信。所以基于以上问题，笔者提出了以下五点建议。

（一）拓展学生数学建模知识，加强理论修养

各地学校数学建模教学活动收效甚微，最基本的原因是学生缺乏建模知识储备。因此，拓宽知识面、加强理论知识势在必行。

1. 开设数学建模读书角，营造建模氛围

各学校可以根据自身情况开设数学建模读书角，让更多对数学建模有兴趣的学生可以更好地交流学习。如果学校对数学建模感兴趣的人数较多，可以在各班专门开设读书角，也可以在学校图书室专门成立读书角，设时设点进行交流讨论，还可以开设数学建模读书课，按大班（100 人左右规模）进行统一管理。

2. 多进行建模讲座，了解建模研究前沿动态

学校可以邀请研究数学建模的专家学者到校做相关的学术讲座，给学生提供与专家一对一交流的机会。与专家交流，可以快速拓展学生专业知识；可以获取数学建模前沿发展信息；可以开拓学生对数学建模新的认识。

（二）注重创新教学，提高学生建模能力

数学建模能力的培养需要循序渐进。在课堂教学中只有针对数学建模进行创新改革，才能对学生形成潜移默化的影响。因此，教师要创新教学方式，加强思维训练。

1. 在解题教学中创新教学

数学应用题在传统教学中都是有固定答案的，因此，大多数学生在解答过程中在按解题套路求解，这就形成了所谓的“答题套路”，因而导致学生的数学思维和能力得不到锻炼和提高。因此，在课堂教学中，应该打破传统的就题讲题，为考试而做题的教学训练模式，打破学生的定式思维，面对要解决的问题鼓励学生从多角度思考、大胆创新，学有学法、学无定法。

在课堂教学讨论中，关于模型假设，教师可以根据学生的理解提出更多模型假设，只要合乎情境均可，不拘泥于常规设置。师生在模型假设讨论时应当注意其合理性，所设模型能用中学范围之内的数学知识求解，不满足于一种模型。鼓励不同小组假设不同模型。

2. 在教学思想上创新教学

在课堂教学中渗透建模思想，可以开阔学生视野、打开学生思维，让学生领悟数学的魅力。数学建模不仅是一种工具，更是一种思维方法，生活中的许多实际问题都可以通过转化为数学问题而得以解决。这个过程中最重要的就是数学模型的建构，培养学生建模思维对学生今后的学习或工作都大有裨益。实际生活中、其他学科领域、数学其他问题等都可以成为建模中面临的问题，要想把它们经过加工变成理想化的数学题，再通过数学建模过程得到答案，使得问题解决，建模思维尤为重要。

3. 在考试题中突出数学建模

丰富考试题型，将数学建模试题设为开放性题目。一些学校尝试设立数学附加题，数学建模题就是最好的选择。这样可以让学有余力的学生在考试中挑战自我，锻炼其数学建模能力。

（三）让“数学建模”学生化，增强学生数学建模信心

1. 开发教材

对数学建模的教学，不能仅限于教材上与数学建模有关的知识和内容，还应该开发教材，把教材与实际生活、数学建模相结合，对教材进行合适的调整。教师在教授数学建模课程时，对于教材上一些建模部分的内容，可以进行适当的改编，并让学生参与将实际问题转化为数学模型的过程。

2. 选择“接地气”的数学建模案例进行教学

不少学生之所以对建模敬而远之，学习建模信心不足，其原因在于它

的问题情境离学生接触的环境太远，所以要让“数学建模”走近学生，增强学生对数学建模学习信心和兴趣。

3. 编写具有民族特色的数学建模校本课程

学校及相关部门可以通过对一线数学教师进行再培训，拓展教师的数学建模专业基础知识，提高教师的数学建模技能，组织优秀数学教师成立数学建模校本课程编写组，广泛收集整理具有当地民族特色背景的实际问题，编写以这些实际问题为情境的数学建模教程，增加数学建模在当地学校学习的实用性和趣味性。

（四）加强对教师的培训

教师要不断学习充实自己，提高专业技能，这是教会一个学生的前提。数学建模教学需要学生拥有许多方面的能力，因此，教师应该先提升自我对数学建模的理解和运用能力，提高自己对数学建模的修养。

（五）积极开展数学建模活动

适时安排数学建模活动可以使学生从固有的学习模式中解放出来，缓解学生的学习压力，激发学生对数学建模的学习兴趣。可以通过讲座的形式作为数学建模教学的补充，还可以根据学校的自身情况，组织开展一些数学建模社团或者协会，使爱好数学建模的学生都能参与进来。定期组织参加一些数学建模竞赛，通过数学建模竞赛，让学生在数学建模活动中挖掘潜能，感受集体意识，拥有较强的团队合作意识，使集体和个人都得到发展。

参考文献

[1] 李玲. 落实核心素养关注差异发展 [M]. 上海：上海社会科学院出版社，2019.

[2] 杨剑春. 基于学科核心素养的教学评价引领 [M]. 南京：南京师范大学出版社，2019.

[3] 刘玉琛. 中学数学核心素养的培养与探索 [M]. 长春：吉林人民出版社，2019.

[4] 王丽萍，郑百易. 核心素养视角下的学校德育协同实践与研究 [M]. 上海：上海教育出版社，2019.

[5] 靳玉乐，张铭凯，郑鑫. 核心素养及其培育 [M]. 南京：江苏人民出版社，2018.

[6] 韩炳秀. 核心素养下的课堂教学 [M]. 青岛：中国海洋大学出版社，2018.

[7] 闫战民，李奎武，朱玉廷. 核心素养下的课堂教学 [M]. 沈阳：辽宁大学出版社，2018.

[8] 龚孝华，黄泽纯. 基于核心素养的新观念与新行动 [M]. 天津：天津教育出版社，2018.

[9] 王国江，张倬霖. 基于核心素养的数学创新教学设计 [M]. 上海：上海社会科学院出版社，2018.

[10] 冯斌. 基于高中数学核心素养的教学设计与反思 [M]. 宁波：宁波出版社，2018.

[11] 吕新哲. 基于核心素养的有效学习与学业评价策略 [M]. 长春：东北师范大学出版社，2018.

[12] 周鹏程. 培养核心素养 [M]. 长春：吉林大学出版社，2017.

[13] 余文森. 核心素养导向的课堂教学 [M]. 上海：上海教育出版社，2017.

[14] 严先元. 学科教学如何培育学生的核心素养 [M]. 长春：东北师范大学出版社，2017.

[15] 蒋洪兴，王聚元. 学生发展核心素养视域下的课堂教学革新 [M]. 长春：东北师范大学出版社，2017.

[16] 耿文强. 聚焦核心素养课程理解范式下的地理教学实践 [M]. 杭州：浙江大学出版社，2017.

[17] 师前. 高中数学教学“三思” [M]. 上海：上海交通大学出版社，2018.

[18] 于健，赵新，黄辉. 大数据下高中数学教学研究 [M]. 长春：吉林人民出版社，2019.

[19] 单凤美. 高中数学教学方法研究与实践 [M]. 天津：天津科学技术出版社，2018.

[20] 于利合. 核心素养理念下的高中数学教学策略 [M]. 长春：吉林人民出版社，2019.

[21] 王克亮. 高中数学教学“问题驱动”的探索与实践 [M]. 苏州：苏州大学出版社，2017.

[22] 王建伟. 高中数学教学指导 [M]. 延吉：延边大学出版社，2018.

[23] 李志朋. 高中数学教学口诀及解读 [M]. 延吉：延边大学出版社，2018.

[24] 阳洁，鲁贤龙，魏扬. 高中数学教学模式分析 [M]. 长春：吉林大学出版社，2018.

[25] 张宏伟. 创新思维与高中数学教学 [M]. 延吉：延边大学出版社，2018.

[26] 付秀丽. 高中数学教学策略探究 [M]. 长春：东北师范大学出版社，2018.

[27] 孙国林. 高中数学教学探究与思考 [M]. 延吉：延边大学出版社，2018.

[28] 郭崇君. 高中数学教学论与数学教学改革 [M]. 长春：吉林人民出版社，2018.

[29] 方泽泉. 高中数学教学实践、反思与感悟 [M]. 长春：吉林人民出版社，2018.
[30] 王开林. 基于核心素养的高中数学教学探索 [M]. 长春：吉林大学出版社，2018.